谨此纪念翁文灏先生诞辰130周年

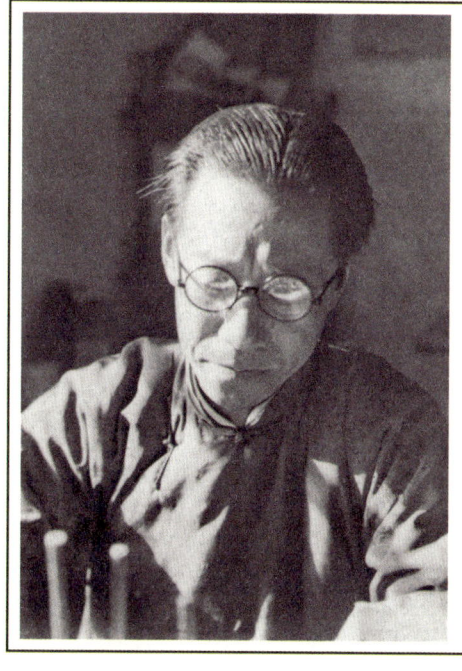

翁文灏往来函电集

1909-1949

从地学家到民国行政院院长

李学通 编

团结出版社

图书在版编目（ＣＩＰ）数据

翁文灏往来函电集 ： 1909-1949 ： 从地学家到民国行政
院院长 / 李学通编. -- 北京：团结出版社，2020.7
　ISBN 978-7-5126-8053-1

　Ⅰ．①翁… Ⅱ．①李… Ⅲ．①翁文灏（1889-1971）
－书信集 Ⅳ．①K826.14

　中国版本图书馆 CIP 数据核字(2020)第 119559 号

出　版：团结出版社
　　　　（北京市东城区东皇城根南街 84 号　邮编：100006）
电　话：（010）65228880　65244790　（出版社）
　　　　（010）65238766　85113874　65133603（发行部）
　　　　（010）65133603（邮购）
网　址：http://www.tjpress.com
E-mail：65244790@163.com（出版社）
　　　　fx65133603@163.com（发行部邮购）
经　销：全国新华书店
印　装：三河市腾飞印务有限公司

开　本：170mm×240mm　　　　16 开
印　张：27
字　数：258 千字
版　次：2020 年 7 月　　第 1 版
印　次：2020 年 7 月　　第 1 次印刷

书　号：978-7-5126-8053-1
定　价：68.00 元
　　　　（版权所属，盗版必究）

· 翁文灏像

·翁文灏（前排左二）、丁文江（后排左）、胡适（后排右）1930年鹫峰

·翁文灏 1940 年代在重庆

· 1944年川西轮中

· 1944年岷江轮中

· 翁文灏（抗战后）

· 翁文灏致行政院长蒋介石函 1

· 翁文灏致行政院长蒋介石函 2

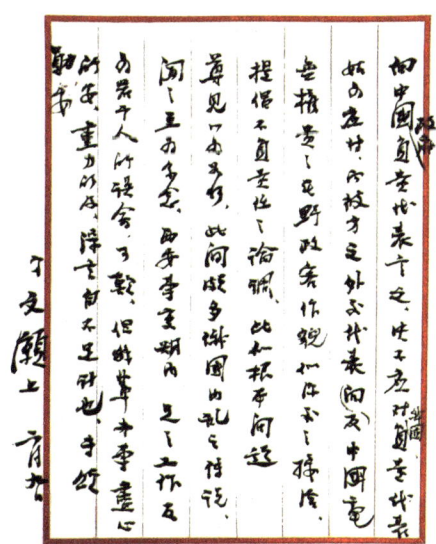

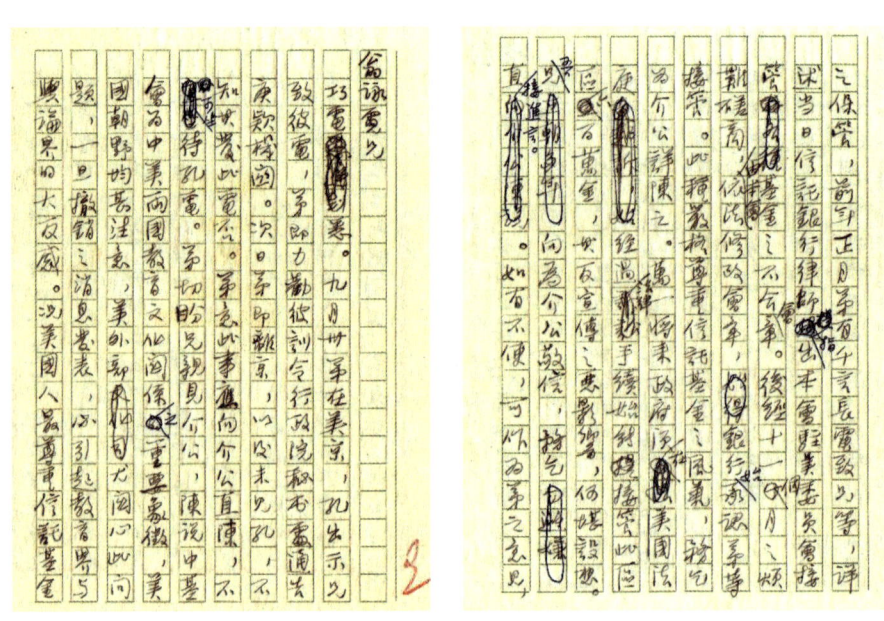

・胡适致翁文灏函 1   ・胡适致翁文灏函 2

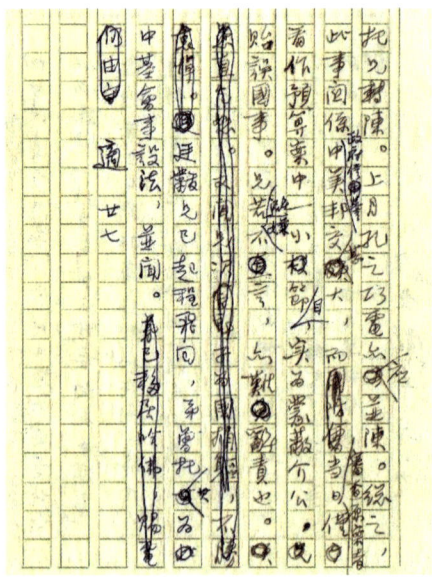

・胡适致翁文灏函 3

志希先生道鉴

覆示拜悉，在君先生纪念基金承中大

慨九千元

盛谊担负咸恒量请地筹足舍舍计

惟募款是提同收捐王板经瓯挡

希隆由中大之发人之锡如与弟

于此作今叩谢

敬祗

弟翁文灏谨碰

五三士

· 翁文灏致罗家伦函

009

·致束云章函1

·致束云章函2

前　言

　　由于种种原因，一些历史人物的知名度与其对历史的实际影响力往往有很大的落差。即便是对中国近代史的专业人士而言，翁文灏也是一个比较陌生的名字，因而有必要首先对他的生平做一简单的介绍。

　　翁文灏字咏霓，浙江宁波人，出生于清末光绪年间（1889 年），是近代一位地质、地理学家，也是这两门现代科学在中国传播、发展的奠基人之一。他幼年时曾考取秀才，科举制度废除后，改入上海震旦学院，后又留学比利时的鲁汶大学学习地质学，获得博士学位，是中国第一位地质学博士。民国初年回国后，翁文灏即与章鸿钊、丁文江一起担负起培养中国第一代地质学者的任务。此后，他即从事中国地质及矿产资源的调查与研究，先后担任中国第一个地质学专业，也是第一个国立科学研究机构 —— 中国地质调查所的副所长、代所长、所长。在他的带动和领导下，中国地质调查所短时间内就取得了一系列重要的科学成果，除他本人提出的"燕山运动"学说及中国金属矿成矿理论外，地质调查所在中国地质图的绘制，中国古生物研究，周口店"北京人"的发掘与研究，中国土壤学研究，地震考察与研究，中国地理研究与地图测绘等众多领域，都取得了非凡的成绩，也培养造就了一大批著名科学家，如谢家荣、黄汲清、杨钟健、裴文中等，成为 20 世纪上半叶中国最重要的科学机构。他还曾在国内多个学术团体，如中国地质学会、中国地理学会、中国科学社、中国工程师学会、中国矿冶工程学会等，担任会长、理事长，是中央研究院首届院士，中国近代科学界最重要的领袖人物之一。翁文灏及中国地质调查所的成就，也得到了国际同行的肯定和赞许。他先后于 1922 年、1937 年两次担任国际地质大会（International Geological Congress）的副会长（主席），任世界动力会议（World Power Conference）名誉会长，并当选英国伦敦地质学会（Geological Society of London）会员和美国艺术与科学院（American Academy of Arts and Sciences）院士，是当时中国最具国际知名度的科学家之一。

　　翁文灏还是民国时期中国工业化建设的重要领导者和理论家。"九一八事变"以后，由于民族危机的加剧和南京国民政府的征召，在强烈的爱国意识驱动之下，翁文灏弃学从政，逐渐由一位科学家转变为国民政府工业建设的主管官员。他先是于 1932 年出任国防设计委员会秘书长，领导了中国首次大规模的国情调研，随后于 1935 年担任资源委员会秘书长，于 1936 年担任行政院秘书长，从事对日经济备战工作，主管国防工业的筹备与建设。全面抗战爆发后，翁文灏出任国民政府经济部长八年，领导了沿海工业内迁，以及抗战大后方国营工业建设及扶助民营企业的发展，为抗战胜利奠定了重要的经济基础。与此同时，他对未来中国工业化道路进行了系统深入的思考，提出了一系列具有重要价值和真知灼见的主张。他于 1951 年由欧洲回到中国大陆，得到了新政权的接纳与欢迎。翁文灏先后当选第二、第三、第四届全国政协委员，并担任民革中央常委等职务，积极参政议政，毛泽东主席在《论十大关系》中高度赞扬了他的爱国精神。

　　作为民国时期最著名的科学家和科学界领袖之一，国民政府工业建设的重要领导者，翁文灏不仅与科学界、经济界、军政界具有广泛的社会交往与联系，也是许多重要历史事件的亲历者、当事人，其往来函电中记录和反映着众多重要甚至隐秘的历史真相，当然是中国近代史研究不可多得的重要参考史料。

　　据知，现在保留下来的翁文灏民国时期往来函电，不仅内容极为丰富，而且数量相当庞大。这些重要的历史资料，不仅保留于海峡两岸的众多公立历史档案收藏机构中，而且在私人收藏者及国外众多学术机构中也都有相当数量的保存。

　　本函电集收录 1909-1949 年间，翁文灏与各方往来公私函电 500 余通，20 余万字，是编者从事翁文灏相关研究中陆续搜集整理的，其中绝大部分此前未曾公开发表。书中所收函电，相当多都是翁文灏亲笔起草的，即使是由秘书起草的，大多也经翁本人动笔修改过。尽管这大大增加了辨识整理的难度，但也更显出其史料的珍贵。从目录中我们即可以看到，这些往来函电涉及民国时期知识界、军政界诸多著名且重要人物，如知识界领袖级人物丁文江、胡适、傅斯年、竺可桢、蒋梦麟、罗家伦，和许多著名的科学家，其中以地质学家为多，如黄汲清、杨钟健、裴文中、李春昱、孙健初，以及茅以升、吴有训、李济等，还有一些来华的外国著名科学家，如安特生、斯文赫定、李约瑟、萨凡奇等。军政界人物大都是翁文灏从政以后，因工作和职务上的关系而发生往来的人物。翁文灏担任公职的层阶，也决定了与其函电往来者也多是政治高层人物，如蒋介石、李宗仁、阎锡山、何应钦、孔祥熙、张群、朱家骅、吴鼎昌、邹鲁、顾维钧、卢汉、杨永泰、张嘉璈、钱昌照、雷震等等。

也正因如此，这些往来函电中，往往记录或涉及民国时期一些重要历史事件，如"北京人"头盖骨的遗失、中央研究院评议员的选举、金圆券改革的内幕等，因此具有重要且独特的史料价值。另一方面，因为是以个人名义往来的函电，并非以机构团体名义进行的公务函电，所以尽管这些函电主人具有高层阶的官方职务，但其内容又常有涉及私人交往的情谊，例如相互间的酬应请托。这又为我们探讨民国时期重要历史人物的相互关系，透析表象背后的深层心理与利益，提供了一个"内窥镜头"。

总而言之，这些往来函电的内容，记录和反映出翁文灏对近代中国科学事业、抗战时期后方工业化建设等多方面的重要影响和历史贡献。相信它的整理出版，不仅有助于翁文灏相关研究的开展，也一定有助于民国史、近代科学史的研究。

谨此纪念翁文灏先生诞辰 130 周年。

目　录

痛论沪杭路事告全浙父老（1909 年）

昊天不吊，降厄神州，欧美风雨集于东亚。我国拥富源而未辟，启列强之狭伺，路矿之争，此伏彼起，已有年矣。邦人知生命利权之所系，或谋恢复，或筹自办，兴亡关键，盖在于斯。同人旅居海外，寡于国闻，每得邮报，辄置他业，伸纸展读，盖欲知外交之得失，政事之兴替何若，而深冀路矿开辟、实业发达也。

乃者读报，知浙路公司汤、刘总协理有引退之说，为之奔走骇告，嗟叹无已。非为汤刘，为浙路也，非第浙路，为全国之命脉也。今者知汤、刘二公已允继任矣。此我父老挽留之力，岂第浙人之幸。然而同人之虑则犹未已也。夫列强以经济涨溢之力，挟狂飙卷海之势，奔注远东。我国土地肥沃，物产丰饶，甲于全球，而乃工商不振，矿业不兴，政治臁坏，军备废弛。此正彼逐鹿之场也。彼外人既具虎狼之心，复擅魑魅之技，攘夺土地之不足，则霸我市场，以吸我膏血。据我交通机关，以扼我命脉。铁路之权在握，而经济之权随之。而政事、人民、土地继之，极其势将使四万万神明之裔胥供牛马之贱役。南洋猪仔、孔哥土奴，殆彼经济家、外交家日夜之所以期我者也。冥思此境，谁不寒心。我国人知其然也，故年来恢复利权之思想日益兴起。曩者粤汉铁路、山西矿务之赎回，今日铜官山矿与河南福公司售煤之争议，皆其征也。我国人又知宝藏不辟，大盗不止，于是谋自办路矿者纷纷而起。当此国库空虚，财政棼乱之际，使各省人民皆节衣缩食，合力同心，以开无穷之富源，增地方之权利，则岂第异日衣食生命不致受制于外人，即以完已缺之金瓯，宰未来之天下，亦无难焉。然此皆报章所习书，国人所熟闻者，奚以赘言。为今日同人之不惮哓哓者，则欲知实行之与言论相去何若也。夫粤汉废约之议起，全国激扬，内外协争，此真吾国无前之盛举也。然而赎约期迫，则借款于英矣。迨夫集股自办，粤人之踊跃，震动中外，只以意见未泯，事难就绪。粤之不幸，湘亦如之。忆两载前英商之举行年宴于香港者，演说中有"粤汉决非中国人所能自办，英人不可忽置之"云。当时读者忿然，今何如矣。粤路功成无几，前途可危。湘鄂则已入于欧美之手矣。又如川汉，英所熟图，欲连络印度于其扬子江势力范围者也。法亦耽耽虎视，冀伸其滇粤铁路之长臂，以探神之心腹。川鄂知之，而有川汉路局之设。然今川路未兴而鄂路去矣。又如福公司，山西之矿，晋人割膏血，赎回兴办，发达尚需时日。他若川缅、川滇、开济、秦豫，与夫闽桂赣等。全省之路线若不急起直追，恐使孙策坐大。呜呼，言之匪艰，行之惟艰。此诚吾国今日之大患矣。

顾其间差可人意者，则沪杭甬之路殆其一。西八月十四号沪电至英，曰："沪杭路工告竣，已于日昨通车。"任事诸公尽瘁路事，假以岁月，告厥成功，同人虽远居三万里海程以外，亦将与国人同声致谢也。

夫商办铁路不假手于官府外人，开前此未有之局。一路之成败，影响及于全国，此同人所以甚重视沪杭甬一线也。斯路藉我江浙父老与任事诸公之毅力，幸逃意外之险恶，今成功过半，全路竣工为日不远，不第可为江浙人保守祖产，他省之人必有闻风则效，群焉奋起者。此争存救亡之一大转机也。虽然彼英人外交深沉圆滑，乘隙而进，刚柔两术皆所擅长，其筹划我之铁路大欲所存，何尝须臾忘哉。今苏杭甬恃邮部与江浙公司之约为护符，而英人则视外邮两部与中英公司之约为铁券，迎拒之间有毫厘千里之殊。

前《伦敦泰晤士报》北京访事捏造蜚语，重诬此路，岂无故哉？该报持论素不利吾国，自此路事发见以来，常谓中国各省路矿为土人所把持，外部不能压服，实有碍于中国之进步。日前该报北京访事论安奉铁路事件，复谓："由此观之，更见中国当集权中央，以重臣任外部，俾克肩负责任，展施权力。"盖彼外人之政策，在以我外部为傀儡，驾驭我四百兆人民。庚子和约使外部居各部之首，又使亲王领外部，良有以也。（近顷当局与德人订粤汉之约，德人要求增入一款，禁止该省士民干涉本省路事，阴谋昭揭，吁可畏哉。）《泰晤士报》既耸动其国人干涉沪杭甬路，英之议员曾诘问其外部数次，答谓：已由驻华公使向中政府交涉矣。我外部素开诚布公以待外人而不敢轻信国人；凡有关于吾民权利之举动，更守秘密，不使闻知。即如津镇路线改为津浦，去岁约成揭晓，国人始哗然怪之。不知中英公司以既有沪宁一线，津镇不如津浦，四年前所拟正约早已更改，特吾民未之知耳。此等之事不胜枚举。盖彼外人之谋事，其先决不张皇出之，以阴谲事成，乃乘我不备而发表之。其筹划我之路矿，心深手毒，未尝或间。二三年前，东报有言，欧美各邦将以实业同盟并吞中国。盖以前者列强相忌，所谋即不互相败坏亦多延滞，不如协力合谋之为便。故数年前中英公司福公司及法比资本家已合为一中国中部铁路有限公司（Central Chinese Railway Ltd.）。今津浦南段、浦信、川汉及沪杭甬，皆其所规画。近则德华银行亦与英法联盟。虽各国之竞争不因是而止，而其并力东向，攫取我权利之猛进则可见矣。

前者比王演说谓，当鼓励其国人殖业中国，有成功者不妨以孔哥之土地褒奖之。蕞尔比国，气焰如是，他可知矣。今彼英使之与我外部交涉，我外部对付如何，非吾人所能知也。前途夷险，正未可料。沪杭虽竣，杭甬犹未。就浙而言，杭甬以外犹有他线。外邮与中英公司之约谓，若需外资建筑支线，当先让之。此为日后张本也，夫岂第支线而已。当苏杭甬路于千八百九十八年由总理衙门允中英公司建造后，其明年该公司曾谋延长此路由杭至广德，期经南昌以达长沙。（据英人肯梯所著《中国铁路事业》）当日虽未就绪，谁敢谓其阴谋之已寝哉。鬼蜮之技，得间即入，觊觎未已，防范宜周。此沪杭甬一路所以不可因风波已平而忽之也。此同人所以闻汤、刘二公求退之说而深虑也。夫二公素尽力于路事，而乃起引退之思，且非以路款不支、邦人袖手之故，其殆有苦衷欤。今我父老顾谋公益，已挽留二公继任矣。然而外人之运动、宵小之倾排盛于既往，难保不见于今。兹浙路前途来日方长，非有众望咸孚如汤、刘二公者，提纲絜领，始终其事，则他事之覆辙不远。商办铁路蹶者已多，倘又弱一个，则岂第股东之不幸，岂第浙人之不幸。此与国权之安危、民气之消长，皆有极大关系在焉。夫谋画路线与夫建筑管理，当事者之责。若夫保全浙省之权利，则浙人皆当任之。我父老既留二公，不可使二公仅作暂留之计，亦不可使二公独当其难，更宜求其所以思退之故，群策群力，以备不虞。我父老筹谋路事，维持公益，周详深到，复何疑虑。顾同人受异邦之戟刺，忧祖国之艰难，愚虑所及，形于楮墨，细流土壤，我父老殆不我弃也。

嗟呼，神州多故，惧来日之大难；民命所关，虽匹夫而有责。引领乡间，振地方之实业，固全省之公权，非我父老，其谁与归。同人既作书挽留汤、刘二公，以为公益之责不仅在一二人，故不惮哓哓，愿我父老鉴之。

留欧学生叶景莘　潘灏芬　严　江　胡祖同　沈同祉　李景镐　卢成章　曹惠群　王怀份　包光镛　庄熙序　郑滋榇　徐　榉　王怀曾　陈廷纪　林汝耀　翁德鎏　丁紫芳　钱宝琮　陶　镕　张　铸　徐新陆　卫国垣　任家金　罗忠谌　李树芬　王旭荣　罗鸿年　庞全晋　赵锡圻　王世澄　施震华　吴菱嵩　李昌祚　高　端　金　绶　刘曾撰　梁上栋　应　时　周永裕　赵承畏　李光启　吴梁臣　叶树梁　靳多福　伦允襄　胡文耀　孙（文）耀　王季同　王季绪　黄炘祖　翁文灏　谢毓汶　谢永森等同启

与安特生①往来函（14 通）

安特生函（1924 年 9 月 25 日）

尊敬的翁博士：

真诚地感谢您于 3 日来电建议我将绥远护卫队之事正式电告部里。来电 14 日方收到，延迟了 11 天。我 17 日从镇番到此，又花费几天时间协调与当地官员的关系，所以复电直到 23 日才发出。

稍后我再回到这一话题。现在请允许我简要介绍一些最现实的问题：关于过去几周的各种变化和部分戏剧性事件的详情，我已竭尽全力为最紧迫的启程做好了准备。

针对我们采集标本的阴谋剧情。

首先，最诚挚地感谢您和丁博士通过我妻子陆续将有关的重要信息传递给我，也非常感谢丁博士关于此事的友好来函。

结束了一次有趣的沙漠旅行（其结果以后再叙述）返回镇番后，我收到了妻子的电报。

我以最快的方式于 17 日赶到兰州。

在我开始讲述此事如何被解决之前，请允许我用少许文字说说事情的背景。

这里本没有对我工作不满或反对将标本运到北京的公众情绪，所有事情都是在我赴镇番期间，由三位中层官员引起的。其中的两位是业余收藏家，在我确证了本地存在这些东西之后，他们喜欢上了这些东西。

他们在不同的场合都受到过我的邀请，而我愚蠢地以为坦白地解释我的工作性质后，他们会对我的研究给予友好的关注。您可以从下面的场景判断出他们的做法：在我出发去镇番之前的一天，他们表达了学习我所做工作的渴望。于是，我请其中两位喝茶，并向他们展示了我的地图和方案等。这件事的后果

---

① 安特生，J. G. Andersson，瑞典地质学家、考古学家，时任北京政府农商部顾问，在华从事地质矿产调查与考古发掘与研究。

是当地媒体上出现了指控我盗掘古墓、亵渎古人尸骨的文章。

当地最高长官对这些毫无兴趣，这三位绅士却得以阻挠我回京。

现在这些都已过去，一切都被安排妥当了。请允许我表达最深的谢意——决定性因素是部里发来的电报。这份电报显然产生了强烈效果，恢复了我作为一个诚实的、非商业性质的科学工作者的地位。尊敬的翁博士，对我来说这太重要了，我感受到了自己深陷困境之时部里给予的充分而有效的支持。

希望您即刻向总长转达我深深的谢意，他的支持令我们在甘肃的工作成果得以保存下来。我被北京答复的多次提及深深感动，情不自禁地体会到那不仅仅是部里的名义，其实也包含了颜博士的贡献和人格魅力，它们共同赢得了胜利。

当我说部里的回复是决定性因素的时候，我并不完全相信自己已经彻底摆脱了麻烦。我独自与当地政府进行了口头协商。只有最高长官的发言坦白明确，而其他人，那些有兴趣的人，态度却一直非常暧昧。尽管有部里的回复，若仅有最高长官的认可，而没有得到邮政专员（局长）杜达哈（B. N. Doodha）先生有力的、机智的、毫无保留的帮助，我的处境恐怕仍会非常糟糕。作为一个强大而举止又有魅力的人，他博得了当地高官们的信任和尊敬。在我从镇番抵达之前，他就利用这些优势帮了我很大的忙。在我匆忙赶奔兰州的那些焦虑不安的日子里，他使我在每个邮局都能及时得到信息。这本身就是最吸引人的篇章。

在兰州，他多次带我去见司令官和其他大人物，那么令人信服地解释我的工作。当时我甚至感觉到自己几乎成了伟人，但这绝不能归功于我自己的能力，而是源自杜达哈先生友善且精彩的辩护。

杜达哈先生在那非常艰难的环境中给予我的帮助，故事很长，也颇富戏剧性，我回京后再详细讲给你们听。我会直接去找总长，请求他找到某种合适的方式，来表达我们对那位邮政局长深深的谢意。不仅仅在这起事件中，而是在我于甘肃如此长的工作期间，他都在不知疲倦地给予我最有效的帮助。

看到我表达自己对次长和杜达哈先生强烈的感激之情，您可不要认为我忘记了您本人在我渡过这难关时提供的帮助。我很在意您和丁博士历次明智的行动。甚至，我妻子也是值得称赞的，她总是随时向我报告一切情况（令我消息畅通）。

我恭敬地、衷心地感谢您们所有的人。

在杜达哈先生的慷慨帮助下，一些日子以来我进入了这里社交生活的中心。我已经将自己精美的印度军官的帐篷送给了司令官，将墨西哥马鞍送给了参谋长。

出于教育民众的目的，我也挑选了 25 箱标本，将它们放在公园的一所漂亮的大房子里展览。参谋长魏将军在杜达哈先生的陪伴下，花了几小时时间来作关于那些古物的笔记，表现出了对它们的浓厚兴趣。

杜达哈先生真是非同寻常的善良友好。我与他共同邀请了司令官和最高行政长官，后天我们将在他那迷人的家里与几位外国人一道进餐。三天以后，我将请一些地位低些的朋友吃中餐。您可能注意到了，在最艰难的时刻，我拥有好友。现在，我在兰州的处境很乐观了。

其次，返程路线的选择。

这些麻烦事终于都结束了，剩下的只是我对那些慷慨助我脱离困境的人们的感激。

当前的首要问题是如何将采集的标本和其他工作成果安全带回北京。

在认真考虑且与朋友们反复讨论之后，我决定走水路。请允许我非常简明扼要地阐述理由。

（1）非常便宜。我特别注意到，较之用车运到陕州，走水路将这些物品运抵包头至少要节省一半的费用。

如果在您的协调下，已送交绥远铁路局的运输申请可以取消，节省的费用将会相当可观。在我可用资源行将耗尽之时，这可是好事。

（2）比起用车运往陕州的颠簸，水运非常平稳。如果一切顺利，材料到达包头时将与现在完全一样，不会在长途运输中破损。

（3）采取水运方式还有一个主要原因，它相当奇怪，但我的朋友们强烈赞同。

我们现有的、收集的物体积非常庞大，很多大箱子中只盛有一两件陶器，因为其中的陶器必须被认真且结实地包裹四次。

全部标本共装了 250 大箱。其中的 160 箱盛的是前文描述过的完整陶罐，另 90 箱装的是我们发掘出的各种标本。

假如用大车运送标本南下河南陕州，至少需要 25 辆大车。显然，如此庞大的一支车队沿途必将非常引人注目。当官方查询的时候，我们不得不报告说运送的是考古标本，这自然容易令人产生关于无价的青铜花瓶或其他珍宝的联想。

这是几周前身处战争中的当地官员们的典型情况——我过去所经历的。如今，已经打开的 25 只箱子和其中的物品令他们终于明白，我们的材料价值纯粹在于其科学性。

这次我希望能够让你了解并且转告总长（如果方便的话），我们标本中的铜器和青铜器只是最简单且最微不足道的小件，比如纽扣或者类似的东西。由于年代久远，这些物品在科学上是非常重要的。但对于普通的收藏家而言，似乎非常不值。我可以用一只手就把我们收集的所有的铜器都遮住。

我那些了解情况的朋友们强烈建议我将所收集的巨量标本用船悄悄地、分散地运到北京，且都支持使用皮筏子的想法。皮筏子是运载货物的工具（一只大皮筏子可装三万斤），兰州输出的所有的烟草用的都是类似我们用的那种箱子。

如果我们决定用车将标本运到陕州，我能否同时集齐 25 辆车都很难预料，甚至一次性出动如此庞大的一支车队本身都是失策的。我只能派一个人带着比如说六辆车守候一些天，等待其他车辆。这意味着我们的团队将被分割成几个小且弱的部分。

我尤其担心的是，在当前陕西和河南动荡不安的形势下，我的小团队车辆被军队征募的可能性很大。如果那样的话，标本的命运就非常难料了。

况且，即便我们能够同时集齐 25 辆车上路，万一在路上遇到劫匪，这样长的队伍将非常难以控制。

如果在船上，我们的人会在一起，标本都存放妥当，我们可以自由走动以守卫它们。我对我的行动计划了如指掌。我们将尽可能地停靠在河心的小沙洲上过夜，避开危险的河岸。白天，我们严密监视任何试图靠近并拦阻我们的人。一旦我们认出他们是强盗，我们的五支来福枪、一支短枪和三支自动手枪就会以最快的速度开火。如果强盗的人数不是压倒性的，他们一定招架不住。

再次，护卫问题。

尽管我们自己的防护能力已经相当可观，但我仍然从不同的视角充分体验到了拥有一支当地士兵组成的护卫队的重要性。我诚挚地希望 23 日我向部里请求由绥远政府提供护卫的正式电报已送交予您，且我的请求已被转送绥远。

我希望你们早前要我正式电请护卫的电报意味着，您们已经考虑到包头路线的可行性，准许给予护卫，因为我在较早的一封电报中就包头路线征求过您的意见。

现在电报很慢，也许是因为政局不稳（您的电报走了 11 天），如果 10 月 4 日前北京的指令还没有到，我就不再坐等了。这里所有的人，包括友善的魏将军、参谋长，都示意我尽早离开以免被黄河结冰所阻。

魏将军显得特别友好，他承诺写一封私人信件给宁夏防卫司令马将军，请求他提供宁夏护卫，他们将从磴口正式返回。万一我们到磴口时马福祥的部队还没有抵达，宁夏卫队将会送我们到包头。这当然是很大的面子了，很大程度上要归功于杜达哈先生以极好的方式向善良的魏将军表达了我的担忧。

因此，如果我到磴口时没有绥远卫队，我也会按原计划进行。但有一件非常重要的事情需要解释一下。这里所有从水路去过包头的人都说，除了上游靠近包头的一段外，沿途遇到劫匪的可能性非常小。如果绥远卫队不能到达磴口，能够在离包头还有八天路程的官渡口（Kuan chu ko），甚至五天路程的吉山水（Chi shan sui）与我们汇合也可以。

全程最危险的时刻可能是到达包头的时候，因为据说该地有劫匪出没（据包头的教会消息）。我被告知火车站离码头有八里路，将标本平安运抵装卸站需要耗费我们一些时间的。

在这种情形下，我请求您帮个大忙。您能否安排中国地质调查所某位先生，最好是袁（复礼）先生，如果他愿意帮我这个大忙的话——他是最合适的人选了。我希望这位先生能够在接到这封信后立即前往绥远再去包头，在那里等候我们的到来。他到绥远后应与马福祥将军协商我们事先的计划，并请他介绍给包头驻军的指挥官（如果我的消息无误的话，应该是张团长）。

如果我们的代表到绥远时没有什么事情的话，也可带些护卫到上游距包头几天路程的地方与我们会合。

包头驻军指挥官需要安排两件重要的事情：第一，派一些士兵，当我们一到河边，就守住船，直到物品全部运走；第二，车辆尽可能提前准备好，以便可以尽快将东西搬完。

如果您的某位部下能够到绥远和包头去安排这些事情并等候我们到达的话，那无疑将大大加快我们将物品运抵安全地带的速度。

我妻子可能会去包头和我见面。因此，我请求我们正在谈论的这位先生能够与她同行。他们能够在我们之前到达那里，办理应该办理的事情，在全程最后同时也是最紧要的关头带来护卫队，这对我来说是相当大的帮助。

我相信自己很久以前寄给您的，向北京—绥远铁路局申请免费运输至少是在运输时提供一些便利的请求书，已经提交给铁路局并得到答复了。该铁路局1920年曾给予我相当大的免费额度以运送设备和标本，我诚挚地希望这次至少能够给我们同样的优惠。最好能够在包头拿到他们的复信。

尊敬的翁博士，请接受我最真挚的谢意，感谢您不厌其烦地为我安排诸多事情。

镇番西部的沙漠之旅极有趣，但，唉，尽管它们那么吸引人，却实在没有时间讲述它的科学细节了。希望在船上时能够多写一些，寄一份详细的科学报告给您。

我已经拿到了阿诺（Arne）关于河南彩陶的论文，不幸的是，他是用瑞典文写的。我已经让他尽快翻译了。他精通各种文献，将波斯和我很不了解的俾路支斯坦（Baluchistan）的遗址做了有趣的对比。对我来说，他的文章使我非常兴奋，恢复了信心。他肯定了我早前提出的观点，甚至可以认为，在我和弗朗茨（Franz）关于河南和安诺（Anau）文化期次的小分歧上，他站在我的一边。阿诺将仰韶文化置于公元前 3000 年，认为我们在河南的工作"建立了一个可以回顾整个旧世界文化发展史的平台"。

您可以帮我将此信和我最友好的祝福转给丁博士吗？因为我此刻忙得没有时间另写封信给他了。我会在皮筏子上给他写信。

心怀感激的安特生
1924 年 9 月 25 日于兰州

致安特生函（1924 年 11 月 10 日）

尊敬的安特生博士：

随信呈还您关于考古标本的信稿，天津的丁博士已阅。我们仅希望在第二段中加上这样一句话：

"归还中国地质调查所的标本，应尽可能地，达到所收集材料的一半左右。"

翁文灏敬启
北京 1924 年 11 月 10 日

安特生函（1924 年 11 月 12 日）

尊敬的翁博士：

　　参阅您本月 10 日来信。我满怀感激地承认，丁博士所加的句子严格地符合从前我们所达成的口头协议的精神。我非常愿意加上这句话。因为在我刚刚听到您关于增加句子的讲述、尚未看见丁博士深思熟虑的表述时，我是有些焦虑的。

　　对于这一新句子，我只建议增加一处，我想这也是您们两位会欣然接受的。

　　我建议新句子如此表述："归还中国地质调查所的标本（包括先前已分给中国研究机构的少量标本），尽可能地，要达到所收集材料的一半左右。"

　　数日前，我在信中向瑞典支持安特生在华科学研究委员会汇报了您们的建议，从取自河南和甘肃的标本初步选了一套以供中国地质调查所立即使用。还选了一小套采自河南的样品，以履行我们当初对历史博物馆的承诺。我已告知瑞典支持安特生在华科学研究委员会，这两套样品规模比较小，且纯粹由副本组成。然而，为了确认在进行科学研究之前，除重复的副本外，没有任何标本被送掉，不可避免地，已经被认真包装好的材料相当大的一部分要被拆封，经仔细检查后再重新包装。中国地质调查所陈列馆迫切需要立即陈列一些甘肃的标本，我极赞同您这一观点。丁博士和您也一定会非常乐于同意我小小的附加词语，这完全符合我们的口头协议。

　　恕我直言，我希望能在这段话里再做一个小改动，即用下面这段略嫌冗长的解释来替换这个词——"收集的"。

　　"在剔除经统计检验只能丢弃的劣质碎片材料之后所保留下来的。"

　　在我起草我们现在正在讨论的这封信的时候，眼前清晰地浮现出，必须分一件给中国地质调查所，即便是这两件样品各自具有相当独立的特征。在那种情况下，需要注明每件样品都代表一个原件。幸运的是，只有少数情况是不能分配的。举个我们最精美的宝物的例子：R242 号（野外编号）箱子里有两件从半山地区买来的陶罐，顶部做成人头的形状。这种类似的人形陶器在□东和新墨西哥都有。阿恩曾在论文中惊叹，为何在中国没有发现这种形状的器物——现在我们已经有了回答。至少从科学的视角来看，这是两件真正的珍宝。这两件陶罐的造型和图画都很不相同，不是可以互为副本的。尽管如此，我仍支持并负责将它们归还给中国地质调查所。我非常强烈地意识到，需要解决的问题是巧妙地、不断地努力，为中国地质调查所陈列馆的利益而收藏少量稀有且珍贵的物品。大量的、我认为应该丢弃的劣质碎片是很容易处理掉的。

我建议我们不再使用那么冗长的解释（替代"所采集的"），仍采用丁博士的原话，再添上我关于先前那些标本的简短附加。如果你们对劣质碎片的感觉和我类似，请给我写一封短信，告知我有权抛弃那些绝对劣质的材料。否则，我们不得不运送大量的物品给您们。我必须预先告诉您们，这里面一部分是我不打算给您们的、没什么价值的东西。如果在挑选和归还材料期间我亡故或者出现其他情况不能工作，可能会被不太熟悉材料性质的人，在工作中不经意间在某种程度上用数量代替了质量。

您们会注意到，我只是请求理解，让我在所有大批材料被登录之后有权处理掉我认为毫无价值的垃圾。

安特生敬启

1924 年 11 月 12 日北京

又及，为明晰每个细节，请允许我将口头提到的事情再用文字重复一遍。

我已经答应安德鲁（Andrew，曾给予我们有力帮助的传教士），送一到两件普通类型的陶器给大英博物馆的霍布森（Hobson）先生。您知道的，安德鲁为我们找到并买下了最初的大量墓葬器皿，为我们这几年的工作开辟了崭新的前景。况且，霍布森先生，如您所知，在开始阶段通过提供英国考古学家的陈述，解决了彩绘陶器的西方亲缘性问题，对我们曾有非常实际的帮助。

兰登·华尔纳（Landon Warner）返程途经兰州时，访问了我们的居所，我外出了。袁先生无意中给他了一些彩绘陶器，令他兴奋不已，请求我立刻让他拥有一两件，"仅仅是放在家里，作为样品给朋友看"。我拒绝了，并强调指出在做出描述之前，保持材料的完整性是非常重要的。但我也承诺，在适当的时候给他一两件陶器、一些残片以及少量普通的石器和骨质的人工器具，以回报他为我们提供的关于美国史前彩陶的文献。

我提议，将送给霍布森和华尔纳的这些小礼物从瑞典的份额中扣除，就如同早先存放在中国的标本要从送交中国地质调查所的份额中扣除一样。

上述两件事情涉及的材料量都不大，但我写下来以求给出关于所有细节的完整的说明。

致安特生函（1924 年 11 月 17 日）

尊敬的安特生博士：

　　我已收到了丁博士对您 11 月 12 日来函的答复。我们完全同意将涉及考古标本分配的新句子修正如下：

　　"归还中国地质调查所的标本（包括先前已交给中国研究机构的少量标本），应尽可能地达到值得保存的材料的一半左右。"

翁文灏敬启

1924 年 11 月 17 日于北京

安特生函（1924 年 11 月 24 日）

尊敬的翁博士：

　　请允许我用书面形式总结一下，最近我们就我未来的科学工作问题所进行的交流。

　　鉴于北京缺乏考古学图书馆和进行比较研究的标本，我返回欧洲，准备甘肃考古及其标本的科研报告是恰当的。

　　斯德哥尔摩大学为我提供了一个职位，给予我使用考古学图书馆的便利。因此，在此两年期间，除依现有合同，在第一个五年服务期满后每月 300 美元的退休金外，我将不再从北京领取任何薪水。

　　我计划明年利用休假年去欧洲。除每月 300 美元的退休金外，我会将薪水全部交给中国地质调查所出版基金。在这一前提下，请允许我利用这个休假年从事上述科学研究。

　　如休假年不能完成上述工作，请允许我在瑞典再停留一年，同样只支付退休金。

　　在第二年结束时，即 1927 年 5 月，我将返回北京，继续按照现有合同条款工作。当然，是否续聘我取决于中国政府。

　　致以最尊敬的问候。

安特生敬启

北京 1924 年 11 月 24 日

安特生函稿（1924 年 12 月 30 日）

丁博士和翁博士，

尊敬的朋友们：

考古标本问题最终得以解决，使我可以更加明确地计划未来几年的工作，为此要向翁博士深表谢意。

对农商部的承诺，即对大量的甘肃采集品进行科学研究，并在两年之内将其中的半数归还中国，给了我责任感，敦促我尽可能地集中精力于考古工作。目前，美国组建的一支实力强大的考古队即将从北京出发前往甘肃，这也更加迫使我尽最大可能准备好我们的考古学著作。

我的计划是请求瑞典支持安特生在华科学研究委员会以某种方式，让我在瑞典期间至少有一年时间可以完全自由地从事考古研究。还有一线希望的是，说服大学给我第二年的自由时间。这不仅对我着手整理考古学著作有巨大帮助，而且也可能使我对农商部的承诺变得更为简单。

然而，考虑到校方很可能会拒绝这一请求，我也做好了放弃大学职位的准备。我将向瑞典支持安特生在华科学研究委员会阐明自己的意图，请他们寻找解决方案。

假若校方第二年（1925 年 7 月到 1926 年 7 月）给我自由时间，或者我放弃了学校的职位，不知您们是否愿意允许我领取该年的薪水，以使我能够专注于考古学著作的工作？

第二个问题是：如果我必须放弃学校的职位，您们是否愿意让我回到北京，继续以前的职位？使我在斯德哥尔摩花两年时间处理甘肃的考古材料并收集考古文献之后，非常高兴地返回这里，重新开始。

我乐于签订新一期服务合同，做以前曾为您们做过的矿产地质、普通地质和考古方面的技术工作。我很乐于进一步建设我们的陈列馆，不仅在纯科学领域，而且也包括矿产地质方面。与古生物标本的巨大进展相比，陈列馆在这方面还相当滞后。

在地质方面，举例来说，我会非常高兴能有机会研究四川的红色盆地及其矿产资源。

在考古领域，我愿意承担任何细节性的工作，但更倾向于从中国南方和长江流域的洞穴普查开始的史前考古工作。当然，前提是这些工作包括我的工资都由中国支付，所有材料也将留在中国。我建议考虑继续同瑞典方面合作的可能性，仅就对中亚进行大型考察而言，中国无法解决大量资金的筹措问题。

如果总长批准，我非常愿意在北京免费开办比较考古学讲座。

这是关于我两年之后返回中国的坦诚的交流。不论你们是否赞同，都无碍于我目前合同期满之后再找其他工作。

我的目标是：用两年时间在欧洲进行考古研究，然后回到中国。

请坦率地讲出您们的看法，无须负任何责任。完全可以理解，以我的年龄，即使您们说我最好试着在瑞典找一个更清闲的职位，我也不会感到难堪。

我试图将信写简短些，故而表达得非常直率。诚恳地欢迎同样风格的答复。

安特生敬启

1924 年 12 月 30 日于北京

致安特生函（1925 年 6 月 27 日）

尊敬的安特生博士：

我曾经向您提及，有一位姓杨的北京大学毕业生，目前在德国明兴学习古脊椎动物学，为时已两年。承蒙您的同意，地质调查所拟将您与助手在中国采集、目前存于瑞典的部分脊椎动物化石交由该生研究，以便完成其博士论文。相信当您回到瑞典以后，会即刻着手准备相关材料。为节省时间，您可与该生直接联系。杨的详细地址为：

Mr. C. C. Young

Sohelling Str. 62/4

München

Dektschland

如能及时得知您为杨生所作安排，本人将不胜欣慰。因杨生系自费留学德国，务请不使其花费过多时间等候此种研究材料。

如有必要，相信杨生对往前瑞典研究亦不会拒绝。

感谢您为此提供的帮助。

翁文灏敬启

安特生复函（1925 年 11 月 20 日）

尊敬的翁博士：

首先，我对未能及时回复您的来信深表歉意。

在新的环境下安顿下来花费了我太多的时间，过去的几个月，我几乎所有的时间都倾注在考古采集品的拆包和安置上。这里的主管部门给予我尽可能多的方便，目前工作进展顺利。主管部门为我在历史博物馆安排了多间房屋，还有一个很好的实验室，差不多一半的甘肃采集品现在已经取出并准备照相描述。我有五位助手，因此工作进展顺利。完整随葬陶器的照相和细致描述工作刚刚开始。我希望来春能够完成更多采集品的照相和描述工作，以便将其重新打包并归还中国地质调查所。

……

说到那位在明兴留学的杨先生，我和维曼教授在 9 月初曾有所讨论。所有大哺乳动物化石都已经送人研究，因此他建议把啮类化石寄给杨先生，这些小物件也更容易送到明兴。我也高兴地从维曼教授处得知，不久以前这些小物件已经寄给杨先生了。

9 月初我造访了乌普萨拉的维曼教授，并深为他的工作所感动。他正准备寄给您的食肉类动物的标本真是十分壮观，您一定非常高兴把它们放在您的陈列馆里展出。

其他诸事，最近几天您就会听到回音。请允许我向丁博士和您致以最亲切的问候。

安特生敬启

安特生函（1926 年 3 月 15 日）

一

尊敬的丁博士、翁博士：

我谨在此向您们简要介绍一下我和助手以及合作者在考古材料收集方面的

工作。

正在和即将拆包的陶器材料，已经揭示了许多在野外工作期间尚属模糊的问题。在大部分材料可以进行对比研究之后，已经很好地解决了许多在现场无法定义的陶器类型。

对比研究的主要结果之一是，有充分证据表明，在第二期中具有特殊形状和装饰图案的家用陶器，完全不同于陪葬陶器。这将在我们关于陶瓷的专著中有非常精美的展现。

阿诺博士和我得出的结论是，我在初步报告中提到的第六期或许晚于公元前 1700 年。原因如下：

几年前，我们在直隶北部购得了两件很不起眼，类似纽扣、小刀和私人饰品的小青铜器。它显然来自墓葬，具有一定的科学价值，因为它们显示了一个时期的关联。对这些物品的兴趣在于，其中包含了斯基特 - 西伯利亚类型的东西。借助于这些物品，阿诺博士将这个发现与约公元前 400-300 年（俄罗斯南部的斯基特坟墓）进行了比较。

我们在甘肃第六期发现的小金属物品中，有些类似于直隶的重要发现。我并非说因为这些比较会使甘肃第六期降至公元前 400-300 年，但毫无疑问，第六期比我原先认为的要晚很多。

您们注意到，在蒙古发现的第六期材料远比第一至第五期地点更北。如果我们确定是第六期的材料，那么第五期与第六期之间有相当大的间隙，第一至五期肯定是史前中国，那么第六期可能是一种与西方文化有密切关系的野蛮文化。

显然，斯基特—西伯利亚类型与大约从包头到朱河一线中蒙交境上的中国人交互混合，有非常显著的发展。去年十月，我飞往巴黎，在收藏家那里看到了在归化镇 - 包头地区发现的一些非常精致的西伯利亚材料。八月回到北京的时候，我会带上这些斯基特 - 西伯利亚材料的照片。丁博士的《中国文明史》对这些照片一定很感兴趣。

阿诺博士承诺描述我们的金属物品。我们计划进行测量和描述，并对来自北直隶的上述收藏品与甘肃第六期的小金属物品进行比较研究。

休伯特·施密特（Hubert Schmidt）最近撰写了一篇关于新石器时代欧洲与中国和日本比较的论文，非常有意思。他不仅讨论而且接受了我们对中国和安诺、苏萨及特里波列材料之间的比较。但他提出日本石器时代与西北欧的新哥特式之间有着最显著的相似之处。两个相隔遥远的地区的一些材料极为引人注目。

这与我们在中国的发现等量齐观，我对此深信不疑。日本新石器时代将在关于文化迁徙的讨论中占据突出地位，因此我现在正在对日本新石器时代的发现进行简要回顾，主要是为王储做些介绍。访日期间王储将为此花费一些时间。我将用英文撰写论文并将副本提交给丁博士。这只是一个研究初稿，并不打算即刻发表，但可能会在有些地方用到。

我计划为王储有关西伯利亚和印度史前史的研究，做些类似的编纂工作，会将论文发给丁博士。

安特生敬启

1926 年 3 月 15 日于斯德哥尔摩

二

尊敬的丁博士、翁博士：

由于我在瑞典的个人问题尚未解决，长期以来我一直保持缄默。昨晚，在与瑞典支持安特生在华科学研究委员会长谈了全部问题，并获得瑞典朋友们的充分理解之后，我终于可以将自己的想法告诉您们了。

去年 7 月我到这里的时候，他们做出了一定的安排，以收纳标本并支持我的科学工作：给了一笔资金用于支付助手们的报酬，还准备了几间小房子给我所用。然而，问题很快显现——可供支配的资金远不足以用于所有材料的科学研究。而且我在 11 月就已发现，我可以使用的房间只够摆放一半的标本。显然，为保证科学描述标本的工作不受干扰地进行下去，必须做出某些更长远的安排。瑞典支持安特生在华科学研究委员会无法支持我建立永久性实验室，我不得不向政府部门求援。为实验室选址、重新安排我个人的职位、说服不同的政府官员，令他们对这项工作产生兴趣。这些事情耗去了我从去年晚秋直到最近的大部分时间。现在我可以高兴地告诉你们：在我看来，可以确信，所有相关事务的安置都令人非常满意。为确保所采集标本的整理工作不受干扰，我认为唯一的办法就是在此地拥有一个长期的职位，以同时获得必要的空间和资金支持，永远回到中国或将所采集的标本交给瑞典考古学家去研究等做法实不可取。我已经清楚地看到，我的监管和不断协作是必要的，尤其是在当前，在仅有半数材料被开箱归类的情况下。

同时，我感到我的责任是看住那些标本，尽力让它们能够得到充分的记述。同时，促使我不能回到中国而切断与瑞典方面联系的，还有北京不安定的政局。

如果我切断了与瑞典的联系，再遇到资金缺乏的情况，不接受繁重的教学任务我就难以在北京继续从事科学工作，或遭受其他阻碍。

基于上述考虑，我承诺在斯德哥尔摩担任一个研究职位。该职位免除了所有的教学任务，允许我将时间用于处理和描述手头的标本，以及从事您们所建议的中国的野外工作或者北京的博物馆工作。

在王储的亲切帮助和瑞典政府的支持下，我答应做出如下安排，也提请你们予以考虑：

（1）我已获得考古与历史学院的东亚考古学研究教授之职。与在北京相比，薪水是非常微薄的，但很重要的一点是我将有最大的自由度，可以如您们所提议的，将大量时间花在北京的博物馆工作或者在中国开展的野外工作上。

（2）这就是我所要表述的状况。这种合作方式能为所有相关合作方充分认可和赞同，也是我新工作的一部分。在中国工作期间，我获准继续领取斯德哥尔摩的薪水，为此我们现有考古标本的描述工作不能拖延太久。因此，你们将最大限度地获得我在北京的博物馆工作或古生物学、考古学的野外工作上的合作。除支付我少量退休金以外，不需要中国政府负任何责任。至于与中国的合作最终将如何开展，请允许我到中国之后再与您们当面交流。

鉴于当前实验室里仅能打开一部分标本，我曾请求你们允许将我返回北京的时间延迟到明年年初。然而，即将开始的、瑞典王储对中国的访问又在催促我早日回到北京。因此，如果您们赞同我的计划，我希望大约在9月1日前后抵达。

王储对我的考古工作给予了非常有效的支持，我自然想请他参观一些可乘火车到达的发掘地点，比如仰韶村。

不久前他直接问我能否与他在北京相见，这当然也是我最希望的了。我将于8月中暂停这里的工作，以便赶赴北京。

在此以前我计划对采集品做如下安排：

（1）为使更多的、精美的第2期墓葬器皿能够得到确切描述，预计送交北京方面展出的采集品将于我启程之前归还中国。

（2）所有金属制品要被归类登录。以便将它们交给阿诺博士并由其负责对它们进行描述。

（3）所有石斧将被登录移交交给专家组，正与两位擅长于此的专家协商，希望在下一封信中能够告诉您们将由谁来进行研究。

如前所述，我希望能够于 9 月 1 日前后抵达北京，并至少陪伴王储的部分旅程，这些已在所附的另一封信中说明。

当然到北京以后，我会根据需要在您们的安排下从事陈列馆工作，并待到王储离开之后。

结束北京的行程之后，我打算到日本待一个月或六个星期，以便研究他们的新石器材料。对于我们来说，这显然是非常重要的。

我也写了一封信给莫次长，请求他允许我继续服务直到明年 5 月 15 日合同到期，但从今年 7 月 1 日起，不再接受除退休金以外的任何报酬，将余额转入出版基金中。

我诚挚地希望这些建议能够获得你们的赞同。

在另一封信里，我提到了从当前的研究工作中得到的一些看法。

在推动我工作的其他资金里，瑞典政府今年和明年将分别给我 1 万克朗，用于购买考古学院图书馆查不到的、最急需的考古文献。关于欧洲和近东地区，考古学院图书馆的资料很丰富，但远东存在着有待我们去填补的鸿沟。最近我雇了一位训练有素的图书馆员同时也是专业的考古学家着手汇编书目，编好后也将送给图书馆。对于在北京建立考古图书馆来说，它们自然是非常有用的。

安特生敬启

斯德哥尔摩 1926 年 3 月 15 日

安特生函（1926 年 12 月 7 日）

尊敬的翁博士：

关于我们计划中的中亚考察期间所采集标本的分配，允许我试将我们的口头约定概括如下：

（1）所有无脊椎动物化石和所有人类骨骼将留在北京，前者属于中国地质调查所陈列馆，人类遗存将被保存在步达生博士筹建中的新的人类学研究所。

（2）植物化石和脊椎动物化石将按照中国地质调查所和瑞典远东博物馆依据以前采集工作相同的原则分配，即瑞典远东博物馆拥有第一标本，中国地质调查所馆将得到第二标本，且在质和量上尽可能达到所有材料的半数。

（3）中国型的历史材料，如楼兰的材料，将全部交给中国地质调查所。特别指出，每一篇中文文献都将交给中国地质调查所。经中国学者挑选出的这些历史材料的副本，晚些时候将送给瑞典。

（4）史前材料由中国地质调查所和瑞典平等分配，此条也包含那些时代较晚、非中国特征、源于西方或西伯利亚的野蛮部落的材料。

J.G. 安特生敬启

1926 年 12 月 7 日于北京

安特生函（1941 年 11 月 28 日）

尊敬的翁博士：

1936年我到南京的时候，携带了3篇考古学论文手稿，想在《中国古生物志》发表。一些插图和地图是在南京中国地质调查所绘制的，我也得以有机会阅读了全部稿件的一校样。随即，你们与日本人之间的战争爆发了。二校样是我在上海收到的，也返回给了南京方面。听说我的论文书稿校样都被日本人给毁了，我于 1925 年在北京印刷的地图也失落在南京。幸运的是，我这里尚有一整套文字校样和地图的复印件。我也从中国地质调查所得知，图版的原件都安全地放在重庆，步林先生和杰斯（Janse）先生的专著手稿和图版，也安全地保管在已迁至重庆的中国地质调查所。另一方面，从中国地质调查所黄汲清博士 1939 年 6 月 24 日的来信得知，在当前的战争状态下，用属于中国地质调查所的基金出版考古学论文是不合时宜的，由我们来资助这些专著的刊印更佳。因此，1940 年 8 月我写信给时任中国地质调查所所长黄汲清博士，请他协助帮我将前述稿件和图版移交给我们。瑞典领事在给我的回信中说，已给重庆发了航空邮件，并正在安排将稿件从重庆到上海的运输工作。上海领事馆将负责将它们运到瑞典。

不久前，我收到黄博士来信，说他正在安排稿件的返还事宜。同时他告诉我，他已经辞去中国地质调查所的管理职务，以便全力投身野外工作。此后我就再也没有得到过关于稿件的任何消息。

同时，我自己一直在研究史前考古材料，附有大量图版的新稿子正在准备出版。当前的世界危机瑞典亦不能幸免。虽然我们并未参战，但战备防御和食物供应困难使得国内的负担达到了极限。尽管如此，我的继任者高本汉教授和我的其他一些朋友仍决定帮助我取回稿件，在这里出版。在目前没有私人资助的形势下，我们只能从这样或者那样的渠道去争取政府基金。倘若我们能够成功地获得资助，我愿意保留《中国古生物志》的形式，以使新书与此前的出版物一致。但除非我们将之作为瑞典出版物，否则我们的出版物是得不到任何资助的。另一方面，我们将非常愿意赠予中国地质调查所多份，比如200份，以供中国地质调查所交流之用。

因我不知新任所长的名字，故恳请您与他商议此事。若您与所长赞同上述计划，请告知我，并请所长协助上海的瑞典公使馆官员将稿件运回瑞典。

我已写信给上海的瑞典代办皮里皮先生，并附上了此信的复印件请他转交给你。为了克服目前邮路的不确定性，我也将另一份复印件直接寄给你。

每周我都从驻斯德哥尔摩的中国公使馆，收到你们英勇抗战的消息。对于这场战争，我们满怀深深的钦佩和同情。相信你们一定能够用最完美的方式坚持到底。

致以最诚挚的祝福，并希望你们能够大获全胜。致以最友善的祝福。

安特生敬启
1941年11月28日斯德哥尔摩

安特生函（1942年2月17日）

尊敬的翁博士：

随函附有一封更详细叙述的信件。据代所长李春昱先生1942年9月16日来函证实，我1941年11月28日的信函您已收悉。该函是经由瑞典外交部，转送我国驻上海的代办，再转呈给您的。值此多事之秋，现将此信通过航空邮寄给您，以策万全。借此机会向您报告，鉴于目前不稳定的政局和我的年纪，首先，我已将计划出版的全部史前考古材料撰写了一篇概要，一旦出版都将赠送中国地质调查所200份。您可否同现任中国地质调查所所长讨论出版一事？

如您给贵国驻斯德哥尔摩公使馆发电支持出版计划，将是对我们现有工作的巨大帮助。

致以最友善的祝福。

安特生敬启

斯德哥尔摩 1942 年 2 月 17 日

安特生函（1944 年 1 月 4 日）

尊敬的翁博士：

从 1940 年开始，我意识到我已不可能以专著的形式，完成对来自中国的全部考古材料的研究，那些产出丰富而重要的地点如罗汉堂、灰堆和沙城必须交给年轻人。这也是我对退休以后的安排。

但是我深信，我所具备的有关这些材料的知识，是无法移交给任何人的，除非我撰写一部对全部材料浓缩的概要，一个《甘肃考古记》的扩充版。

当年，即 1940 年，我接洽了斯德哥尔摩的一家出版公司，目的是了解概要可否免费出版。但是，我很快发现，战争状况和全球性动荡不安的加剧，令这家公司完全不可能承担此事。

因此，当黄汲清博士在 1939 年 6 月 24 日来信中告诉我："（来自科学界的）舆论迫使我们停止出版《中国古生物志》。在大家看来，既便是研究古生代和中生代的化石也比考古更有实用价值。况且可利用的基金也不足以支撑出版长篇且'豪华的'《中国古生物志》"之后，我感到走投无路。

1941 年，我与我的继任者高本汉教授反复商讨了出版事宜，他建议将这部浓缩的概要在我们的《馆刊》上发表。

我曾于 1942 年 2 月 17 日短信给您，现附副本，同时开始着手准备我的概要《中国史前考古研究》。原计划篇幅不长，但随着工作进展，加入了一些概论性章节，内容逐渐丰富。

1943 年 4 月末，我向高本汉教授提出退休回到故乡去的想法，希望早日看到论文付样。我们等候您的回电已经一年有余，推测一定是有更加重要的工作令您无暇顾及这件小事。在此形势下，我请高本汉教授将其视为不可抗力事件，直接出版我的概论。

现在出版物已经备好，其中一份已经邮寄给您，送给中国地质调查所的 200 份正等待机会装船运往。

这 200 份出版物的封面上只有我论文的标题；扉页上写有："本书由人文科学院基金资助出版。"这是一项瑞典政府基金，常通仅资助瑞典期刊科学论文的出版。

我诚挚地希望您能了解，在当前世界大战、危机四伏的极度困难条件下，我们已竭尽全力。

高本汉教授亦将致函，向您说明关于我们报告的出版方式等更加复杂的问题。我仅附上：我们原计划尽最大努力从瑞典募集 50 000 克朗，以《中国古生物志》的形式在瑞典印刷此书。但因税率太高，物价飞涨，无法找到资助。我很遗憾地告诉您，高本汉教授的计划是出版这部专著唯一可行的办法。

最友善的祝福和对今年最美好的祝愿。

安特生敬启

斯德哥尔摩 1944 年 1 月 4 日

致安特生函（1944 年 1 月 5 日）

尊敬的安特生博士：

很高兴收到远东博物馆两部宏伟的馆刊——献给王储古斯塔夫・阿道夫 60 岁生日的第 14 号馆刊和包含您的大作《中国史前史研究》的第 15 号馆刊。

看到瑞典对我国早期文化和遗物进行的卓越研究，特别是在全世界兵荒马乱的岁月里，这些著作能够安全抵达这里，我感到十分高兴。

非常感谢您和新认识的远东博物馆馆长高本汉博士。感谢你们跨越如此遥远距离寄来的这些书，使我们早年科学工作中所建立起的友好关系又重新接续。

历经七年抗战的中国仍在苦苦挣扎，瑞典科学研究的新闻将永远受到欢迎。

翁文灏敬启

埃万斯 ① 函

（1946 年 2 月 8 日）

尊敬的翁博士：

参加纳尔逊使团以及从中国回来后，我一直在考虑中国是否特别需要这样的大型水电项目。在我即将飞往奥地利担负另一项任务之际，我把我的思考的结果记录下来提交给您。

去年七月，我在昆明扶轮社的一次会议上与来自全国各地的商界人士进行了一次谈话，在谈话结束时我被问到这样的问题："长江三峡项目会获得融资吗？"我概述了一个我认为可行的计划，得到了商界人士的好评。

该计划就像我个人最近的经历。回到我在查塔努加的家后，我发现在我们前院的一棵 30 英尺的树被暴风吹过，大的树干和树桩呈现出无望的堆积，但是有锯和楔子、大锤，我将原木切成长条再将它们分成小块。

处理小部件很容易，而且我们发现自己有大量的木柴供应。

外国贷款用来购买设计和计划、建筑设备、水泥厂、钢铁厂、电机和液压机械。国内贷款用于购买劳动力、运输、混凝土骨料、木材、钢材、水泥、管材和配件。

并非每年都需要信贷，但肯定会分成十年或十五年，大约第十年达到的最高水平。

在三峡和汉江上建造的项目将服务于多种需求，但所产生的电力终将支付所有的费用而且这些电力的价值可以资本化。然而，正确的步骤是，以防洪和灌溉功能为目标，政府着手制订计划，并通过直接拨款进行初步基础勘测和初期疏干。当电力和成本确定后，为了获得出售电力的保证，要获得一些城市、电力公司和省份购买电力的合同。随着电力的供应，这些合同可以在未来随时交付，并且随着社会需求的增加，向公众提供的债券将具有安全的基础。

我坚信该项目的收入足以保证债券。在这种情况下，债券的优势在于不涉

---

① 埃万斯，Llewellyn Evans，国民政府资源委员会的美国顾问。

及通常用于政府的国家信贷，也可保证自己的安全。

债券本身可以清楚地表明其长期不变的价值，也可以通过在契约中规定在到期时以黄金或一定数量的千瓦时电力支付，以最有价值的为准。发行的债券应该是连续型的，每年到期几个，随着总发行量的利息减少，赎回金额也会增加。近年来，这种类型的连续收入债券在美国很流行。

为了保持这些水电债券的良好信誉，政府财政部或债券公司应该为通过债券公司销售的任何风险债券提供市场。否则，由于工作进程中资金需要，可能会在不时出现新问题时导致债券贬值的结果。

在中国的经验让我觉得社会对优质证券的需求迫在眉睫，由于无法获得具有永久价值的证券，资金流向煤炭、铁和棉花等各种实物。这并不利于普通贸易和制造。为类似大型项目发行证券，为社会资金提供安全的投资项目，也有助于中国的企业。

我毫不犹豫地写下这个计划的细节，毫无疑问，或许此刻您已在其他方面取得了进展，并且不再需要采用这个方案。

我很高兴从报纸中注意到，统一的中国正在取得良好进展。

祝新年快乐！

埃万斯

致邦德伯爵^①函

（1923 年 1 月 22 日）

瑞典驻华使馆

邦德伯爵阁下

阁下：

　　能在地质调查所陈列馆接待伯爵阁下与夫人对本所的访问，令我们深感荣幸。我已经借阁下来访的良机，表达了我们对瑞典科学家宝贵合作的感激之情。现在，请允许我答复您 1 月 18 日的友好来信，并表达我们对安特生博士在华所做科学工作的特别感谢。

　　安特生博士在许多重要矿产调查中所做的工作，以及他在中国地质调查所组建中助益颇大的经验性建议一言难尽。在此，我仅就他的科学工作对地质调查所陈列馆的发展，以及中国地质学若干分支的进步中所做出的重大贡献，做一简要介绍。

　　阁下参观陈列馆临时性陈列时想必已有印象，包括植物化石、脊椎动物化石和考古材料在内的大量藏品，是由安特生博士在他与中国地质调查所的协作中所收集的，这项工作还将继续进行下去。安特生博士能够完成如此巨量的工作且取得成就，应归功于他在瑞典所获得的资金支持，以及他在此类研究方面的丰富经验。如前约定，所获材料将由双方分配，一方为瑞典博物馆，另一方为中国地质调查所和其他几个中国科研机构。后者对安特生博士所收集的史前物品非常有兴趣。如此重要的材料，对于我们的陈列馆而言自然有着不可估量的价值，同时也将铸就让该领域每位中国工作者都铭感于心的瑞典科学之丰碑。

　　我要特别强调，安特生博士领导的地质调查工作所取得的科学结论的重要性。他已提出了很多对于我国中生代、新生代历史的新见解。涉及上述问题的结论，在最近一次中国地质学会会议上得到中国地质学家们的赞赏。他对中国

---

① 邦德，Bonde，瑞典贵族，1923 年访华期间参观了地质调查所。

数省史前文化遗存的发现、研究和标本收集，当然也引起了更为广泛的关注。中国是全世界拥有最悠久文明历史的国家之一，但中国学者仍被安特生博士的发现所揭示的那些史料记载之前的更古老的文化存所震惊。对于我们来说，这几乎是全新的。名为《中国古生物志》的系列专刊，已由中国地质调查所开始出版，其中将包含史前考古研究。几篇附有丰富图件并详述已收集物种的论文正在印刷中，该刊发行后必将在中国和国际科学界产生强烈影响。毋需多言，中国地质调查所极为珍视出版那些对于我们的科学认知做出巨大贡献的成果，并为此感到莫大荣耀。

从我们的角度看，同安特生博士合作一向是很愉快的。我们总是尽力将中国地质调查所可以利用的资料交其自由使用，也经常派青年地质学家协助其开展野外工作。这些工作令年轻人积累了经验。

中国政府聘请安特生博士的最初意图，显然是进行野外矿产调查——他已经通过发现许多大的矿床完成了任务；同时，工作的科学价值亦得到了充分肯定。部里对安特生博士的收集工作提供的官方保护及其他条件从未有过丝毫疏忽，这便是最好的证明。

我相信我们的所长丁文江博士（尽管他此刻不在场）完全同意我对阁下所表述的、对安特生博士为中国科学所做的诸多贡献的完全满意和高度赞赏。为了科学，我诚挚地希望同样的合作能够在未来继续进行。

致以最崇高的敬意。

代理所长翁文灏敬上

北京 1923 年 1 月 22 日

致包可永 ① 函

（1946 年 3 月 18 日）

可永吾兄大鉴：

交通部龚伯循兄函介，陆志鸿君曾在中央大学任教多年，对于金属研究有素，现在台负责接收台北帝大，盼能协助接收轻金属厂等语。特为专函奉介。陆君趋晤，尚希惠予晤洽为荷。专此，并颂公绥。

弟翁〇〇拜启

---

① 包可永，曾任福建省建设厅长，时任台湾省行政长官公署工矿处长。

与贝祖诒 ① 往来电（9通）

贝祖诒电（1948 年 7 月 16 日）

密。王部长并转翁院长：884 号电敬悉。顷与美 ECA ② 面洽，并据交阅 LAPNAM（赖普汉）③ 详电已悉。ECA 对所提原则已同意。但工程公司技术人员费用，因限于援外案条例，须照现行购料拨款办法，俟我与美工程公司签订合同后，照合同所列条款，由 ECA 出具 Letter of commitment 交美银行付款，不能现收现款，拨存中央银行。至工程公司，ECA 已与 J.G. white & co. 一度接洽。该公司大致可以承受，并允于下星期内派员来华府，与技术团及 ECA 商议。惟合约须由技术团代表我政府在美签字。当告以须俟接到我政府训令方能照办。兹应请示者如下：（一）技术团应否代表政府与 J.G.White & co. 开始商洽？（二）其条款是否会商美 ECA 后陈候决定？（三）合约决定后是否由技术团代表政府与该公司签约？统祈电示遵行。贝祖诒。

贝祖诒电（1948 年 7 月 24 日）

王部长并转翁院长：851 号电就谅达。七月十四日邮寄英文电敬悉。本日会同良辅兄与 ECA 及 J G White & co. 会商。根据该英文电，决由公司派员赴华协助技术工作。该公司主张初步拟派高级技术人员二人赴沪，会同政府指派之有关机关，先将所存器材集中记录，加以分析整理，拟具报告，以分配利用。至以后进一步所需各种技术工作，在实际情形尚未查明以前，不便预为计划。拟俟该公司所派二员到华调查协商后，再行建议继续进行办法。经决定先由该公

---

① 贝祖诒，号淞荪，曾任中国银行总裁，时任国民政府驻美国技术代表团负责人。
② ECA，Economic Cooperation Administration，经济合作总署。
③ LAPNAM，赖普汉，经济合作总署驻华代表。

司根据上项意见拟具草约，俟史蒂门日内到美后，再行会商决定。851 号电请示三点及付款办法，由 ECA 出具 Letter of Commitment，交美商银行，在美付款。一切均盼迅速电示。贝祖诒叩。

致贝祖诒电（1948 年 7 月 31 日）

贝团长淞苏兄：外交部转来第 851、872 号电诵悉。分复如次：（一）Stillman 乘泛美公司飞机寝离沪飞美，盼会洽 J.G.white，商谈订约条款。（二）条款会商美 ECA 后，仍盼电京决定。（三）合约决定后，可由技术团代表政府签约。特复。翁文灏。午世。

贝祖诒电（1948 年 8 月 5 日）

913 号。王部长并转翁院长：933 号电敬悉。J G White & co. 合约已于今日签字，另邮寄呈。克劳福及塔林两氏，定本月六日乘 NORTHWEST AIRLINES（西北航空）由纽约起飞，九日上午到沪，请派员招待接洽。照约，我方应派负责代表一人，主持此事，尚迄迅赐指定，俾两氏抵沪后即可进行工作。贝祖诒。

致贝祖诒电（1948 年 8 月 17 日）

转贝淞苏兄：顷接陈良辅兄电告，美援原油问题因美方怀疑高雄炼厂生产经济价值，主张由美顾问工程师调查研究后再定原油进口数量，ECA 人员并表示可由我国聘请 Parsons company 担任此种，费用由 ECA 负担等语。此事自所同意。关于聘请调查人数及具体调查办法，希即与 Parsons company 进行接洽。签约可由技术团出面。如彼方欲由中国石油公司出面亦无不可。接洽结果并盼随时电告。翁文灏。未筱机印。

致贝祖诒电（1948 年 9 月 7 日）

Mr. Tsu Yee Pei：关于与 J G White 商定合约事，彼方所开条件殊嫌过苛，现正由美援会斟酌重拟。恐美方尚多争执，拟再聘资源委员会在美之法律顾问参加洽议，其必要费用由美援会支付。俟完全商妥后，仍由克代表签约。希即洽资源委员会法律顾问参加该项工作为盼。翁文灏。申虞机印。

贝祖诒电（1948 年 9 月 8 日）

王部长并转翁院长：七日下午 ECA 开会讨论援华建设方案，诒偕严、许、陈三君出席。讨论各点如下：（一）J. G. White 顾问合约已开始协商，容再电陈。（二）关于七千万中之三千五百万工业添配计划，拟于日内加以初步决定。（三）关于其他三千五百万建设计划，除工程设计费二百五十万，及农村建设假定二百五十万暂为划开外，其余三千万之分配，亦拟尽早谋得原则上之决定，以便分别聘用顾问工程师进行设计。贝祖诒。

贝祖诒、严家淦 [①] 电（1948 年 9 月 10 日）

王部长并转呈翁院长：（一）顷与 ECA 及 WHITE 开会，续商顾问合约条款，三方意见尚为接近，惟法律文字及与 ECA 规程手续有关各节，尚待详为研究。兹定本月十四日再行开会商决，容再电陈。（二）工业配件款三千五百万分配项目之未发表部分，司徒立门君拟于本月十三日在此记者招待会中公布，惟青岛码头、上海电力公司、闸北水电公司三项因尚无具体内容，仍暂保留。现已电华征询莱朴翰君意见，若同意即予公布。贝祖诒、严家淦。

---

① 严家淦，曾任战时生产局采办处处长，时任台湾省财政厅厅长。

贝祖诒、严家淦电（1948 年 9 月 15 日）

王部长并转翁院长：连日与 ECA 及 WHITE 开会，商订顾问合约初稿，顷已完成，内容大致如下：（一）WHITE 公司协助 CUSAIECA 联合小组委员会办理美援建设及配件计划之审查及推进事宜；（二）公司拟派高级技术人员八至十人、助手二至三人，为期两年，全部美金费用从宽估计约一百三十五万，在美援款内支付。国币费用另拟预算，再提请中美政府准在特别账户内支付。合约初稿及预算表顷已航寄李干兄面呈。同时由资委会纽约法律顾问续为研究修改，俟最后稿完成后，当再电请核定。贝祖诒、严家淦。申删。

与蔡元培①往来函（2 通）

致蔡元培函（1928 年 7 月 10 日）

孑民院长钧鉴：

前奉钧电，当即电复，并拟具组织大纲及经常费预算函陈鉴核。日前高叔钦先生北来，复聆悉维持学术事业之盛意，良深感佩。

窃维学术事业必须继续有恒，方能渐有进步，新创固要，旧者亦宜继续发展。是以欧美各国学术机关皆成立以后维持不息，迄今重要学术中心殆莫不肇始于十七八世纪科学萌芽之初，岂惟始创之力，抑亦继起之功。

中国之有地质调查所，与民国俱始，虽环境备极困难，而所内全人始终谨慎自守，努力研究，迄今研究成绩已为世界学术界所公认，设备亦颇有基础，如图书馆等，如另为创办，即有经费亦非再俟七八年不为功，分途发展，诚可增进研究之速率，弃旧务新，则恐为识者所疑怪。因此见地，故灏等年来对于各省地质事业之新兴，莫不助以人材，深表同情，而于北平原有之基础仍艰苦保存，不忍轻弃。近奉国府明令移归钧院管辖，阖所全人皆庆得所。复奉钧命，继续维持，此本夙心，自难辞责。惟迄今组织未定，经费无着，名义不明，人心不安，则维持亦殊为难。高叔钦先生北来，已数经晤及，亦尚未闻具体办法。此所在农商部属时，每月经费原有五千七百余元，嗣因事业增多而政费多欠，故请得中华教育文化基金董事会之补助，每月二千九百元，专充研究调查之用，不作普通办公之费，故政府经费仍不能无。上年度奉派在平时，月给千元，然多积欠，不特文灏从未自支薪津，即其他全人，尤皆刻苦牺牲，明知沪粤二所可以安置而犹困苦支持至今者，非于个人地位有可留恋，特为中国学术保此基础与名誉，以待北伐完成，定有相当办法耳。此后保持发展，政府自有嘉谋。灏个人固切维持之诚，绝无恋栈之念，对于组织形式及与其他机关之关系，亦一惟钧命是从，无甚意见。惟望钧座毅然

---

① 蔡元培，字孑民，时任国民政府大学院院长、中央研究院院长。

决断，于最短时期内早定办法，俾有遵循而已。在此过渡时间，灏奉命维持，自当努力，但如长此迁延，则势必无形瓦解，当非钧院移管提倡之初心。

困难情形，冒昧直陈，幸希谅詧。肃此。谨颂勋祺。

翁文灏谨启

十七、七、十

蔡元培函（1929 年 1 月 11 日）

迳启者：

现准外交部函开："案查东京工学会拟于明年十月在东京开万国工业会议。前据特派江苏交涉员呈送日本驻沪总领事送到之该会第一次发表文件多种，当经备函分送在案。兹又据该交涉员将该总领事所送之该会第二次发表文件三种呈送前来。除分送外，相应检同该项文件，每种十份，随函附送贵院，即希查照分别转知可也。"等由。附文件每种十份过院，兹将该项文件每检一份，随函送达，即希查收，并将所拟办法函复本院，用资参考。除分函外，相应函请查照办理。此致北平地质调查所。

院长蔡元培

陈布雷 [①] 函

（1948 年 4 月 10 日）

咏霓我兄委员长勋鉴：

　　顷接吴淞四明公所董事会代电称："本公所在吴淞镇北置有权厝地十余亩，历年来埋藏各同乡旅淞人士暨外籍人士之棺柩四百余具，四月三日忽被资源委员会中央造船公司派筑路工程队，用筑路机车驶进本公所冢地，刨平坟墓，并将棺盖撬开，倒出尸骨，碾成齑粉，惨不忍睹，虽经飞报警所制止，但已铲毁四五十具。查该公司事前未曾通知，竟强毁公众坟墓。本公所职责攸关，谨吁请同乡主持正义，予以援助"等情，并附来照片四张。此事未知事实经过如何，特以奉闻，拟请查酌实情，对该公所量与劝慰。弟不识该公所之主持者为何人，以桑梓关系，故为兄一言及之。祗颂公绥。

弟陈布雷谨启
四月十日

---

① 陈布雷，时任军事委员会委员长侍从室第二处主任。

与陈大齐①往来函（2 通）

陈大齐函（1946 年 2 月 1 日）

咏霓先生勋鉴：

　　敬启者。三十三年第二次高等考试建设人员机械工程科考试及格人员王华栋君，前经铨叙部呈准分发贵部，转分资源委员会任用。兹据函称，屡次接洽报到，迄今六个月，未获结果，挈眷流落陪都，生活艰难，情词恳切。

　　查王君为广西大学毕业，考试成绩尚优，值此国家建设需才之际，拟请惠予转饬叙用，不胜感荷。专此。敬颂勋绥。

弟陈大齐敬启

二月一日

复陈大齐函稿（1946 年 2 月 12 日）

百年先生勋鉴：

　　二月一日大函敬悉。关于王华栋君分发事，以资委会后方各厂因营业不振，均在极端紧缩中，收复区厂矿业尚在次第接收，手续颇繁，暂难安插。凡此情形，系战后特殊困难现象，不得已乃由本部改分全国度量局任用，业已洽妥就事。专此奉复，敬祈谅察，并颂勋绥。

弟翁〇〇敬启

二月十二日

---

　　① 陈大齐，字百年，时任考试院考选委员会委员长。

陈德炽 ① 函

（193□年 9 月 16 日）

咏霓仁兄所长大鉴：

启者。贵所本年度月支经费原定五千元，本拟如数汇发，但由科拟呈月发本年度各附属机关经费表尚未奉部座批定，而贵所又需款孔亟，未便再缓，只得暂照旧案，先由中央银行汇寄七月份经费三千元，至希察收。如有应补之数，俟奉批定后即行补寄可也。

专此布达。敬颂勋绥。

弟陈德炽敬启

九月十六日

---

① 陈德炽，时任国民政府实业部科长。

致陈裕光、章之汶[①] 函

（1941 年 2 月）

裕光、之汶先生钧鉴：

　　接展大柬，承示二月五日金陵大学农学院在蓉举行三十周年纪念，并嘱参加一节，敬已诵悉。理应躬与盛会，藉聆教益，惟渝蓉遥隔，公务羁身，不克前往，至为抱歉。贵校农学院创办以来垂三十载，其作育人才、试验籽种、查搜资料、提供意见，其裨益我国农业之革新与前进者实至深且巨。

　　际此纪念之期，弥深景仰之切，身虽阻于程途，心更殷于钦佩，敢奉寸简。敬祈察照，并颂教祺。

弟翁文灏拜启

---

① 陈裕光，时任金陵大学校长；章之汶，时任金陵大学农学院院长

致陈作霖^①等函（2 通）

致陈作霖等函（194 □ 年 9 月 11 日）

作霖、伦豫、祖谦、谟君先生钧鉴：

接展大函，承示私立李家沱工业区小学校校名，与教育部规定不合，经第三次校董会议，改称"私立咏霓小学校"一节，敬已诵悉。此区工业全赖兄等热诚推进，惠承厚推，实感惭怍，甚不敢当。如能另锡嘉名，所深盼也。

专此奉复，即希察照为荷。顺颂时祺。

弟翁文灏拜启

九月十一日

再致陈作霖等函（194 □ 年 11 月 18 日）

伦豫、祖谦、作霖、谟君先生钧鉴：

接展惠书，敬悉种切。私立李家沱工业区小学校名仍承厚推，实深感纫。惟此区工业全赖兄等热诚推进，万不敢当。以弟愚见，拟名为"工建"，寓建设工业之意，较为切实。

耑函奉商，尚希察酌为荷。此复。顺颂时祺。

弟翁文灏拜启

十一月十八日

---

① 陈作霖、萧伦豫、李祖谦、徐谟君，均为大后方的民营实业家。

致程义法^①函

（1937 年 2 月 18 日）

中石我兄大鉴：

兹接北洋工学院李院长来函，介荐刘刚君，云该员于钢铁事业颇有研究，可备将来钢铁厂任用等语。

特将原函录奉，即希察阅。专泐。祗颂刻祺。

附抄函一件。

弟翁文灏敬启

二月十八日

附

李书田^②函（1937 年 2 月 13 日）

咏霓先生赐鉴：

睽隔捋晖，时殷葵向，敬维勋华懋介，式䴙颂私。

兹有恳者，敝院矿冶金科二十年班毕业生刘刚，学绩优良，对于冶金风感兴味。毕业后曾在国内钢铁界服务，旋留英实习，由伯罗钢铁厂转入维克斯公司，历经该厂各部实习，自电炉、马丁炉、轧钢、热炼、铸钢以及研究各部均已次第习毕，并曾利用实习之暇，参观英国中部各大钢厂二十余处，现正接洽转入其他钢厂实习最新式炼焦，同时进行北部各钢厂参观。雪裴尔大学课程二年亦将完毕，约在本年四月间即行返国。窃思该生学术经验在国内钢铁界实为需要之人才，凤仰台端汲引后进特热忱，拟请储之夹袋，以备筹备中之钢铁厂任用为祷。该生通信处一并附阅。肃函奉渎。顺颂勋祺。

弟李书田敬上

二月十三日

附刘君通信处：三月以前寄 K. Liu 11 Cliffe House R`d 5 England; 三月以后寄上海沪闵公路钱粮庙蔷薇新村梅焕藻君转。

---

① 程义法，字中石，曾任江西萍乡煤矿总工程师，时任职中央钢铁厂筹备委员会。
② 李书田，字耕砚，时任国立北洋工学院院长。

致褚慧僧 ① 等函

（194□年 11 月 5 日）

慧僧先生均鉴：

　　接展本月三日惠书，承示浙江旅渝同乡会理监事联席会议推文灏为名誉理事，敬已诵悉，猥荷宠延，甚感盛意。自当勉附骥末，共策进行。

专此奉复。顺颂勋祺。

翁文灏拜启
十一月五日

---

① 褚慧僧，时任国民参政会参政员。

与胡适等致德留蒙 ① 电

（1932 年 3 月 23 日）

　　吾人抗议日方不断的宣传，称所谓伪满洲国系代表满洲人民之自决。查满洲人民极大多数均为汉人，伪国名义上之领袖溥仪，以前从未至满，凡参加此项组织者均为性质可疑之以前官僚与军阀，受恫吓与贿赂之胁迫，成为日人之傀儡。伪行政院系受日人熊井操纵，每部均聘有日本顾问。自伪国成立以来，各地义勇军战事愈益增加。以日方之傀儡视作中国人民之代表，不仅为一种损害，且为侮辱。希望国联调查团能不受日人及其傀儡之干涉或操纵，使用独立方法，以证明中国人民之真正志愿。幸甚。胡适、丁文江、翁文灏、傅斯年、陶履恭、任鸿隽、李济。

---

① 德留蒙，时任国联秘书长。

德日进^①函

（1939 年 12 月□日）

翁文灏博士：

尊敬的朋友，我刚收到您 10 月 19 日的来函。如果早些收到此函，可能就不会有几天前（以胡恒德和葛利普的名义）给您的那封信了。相隔遥远，实情难见，您当然会对保持地质调查所品格完美充满强烈愿望。而身处此地，我们对利用洛克菲勒基金会提供的避难所，以各种可能的方式保持弹性所带来的好处印象深刻。谢（家荣）先生会向您解释这里的情况。

毋庸置疑，如果在收到我们的信件后，您仍坚持须全部撤离，每个人都会离开。就我所认识的地质调查所的每个成员，任何时候对此都没有丝毫犹豫。我无时无刻不对身边这些工作人员的勇气表示钦佩。我从来没有听到过他们对这些严重困难有任何抱怨。对他们而言，认真地把工作做到最好，是对这些困难的一种排解。经过 20 年的努力，您已经组建了一支优秀的团队。

对前函需加补充的是，我想如果您能考虑作为过渡措施在北方保留一个中心的可能性（这多少有点恶作剧的味道），我们正好可以继续维持它，只有裴和贾二人即可。可以肯定的是，如您所言，我们的工作范围应当在南方。我是最渴望工作的人。但是我担心，如果我们让研究室完全休眠（周口店没有任何工作），除了"其他人"会宣布自己有权继续进行已经停顿的工作，纽约的洛克菲勒基金会也会失去兴趣……显然，您必须考虑这一点。

如果可能的话，请在 12 月用电报回复（Birmanie）或 Terra（"走"或"留"）。如果这是调查所的最佳选择，我不持异议，但我还没看到明确清晰的决定。

另一件事（纯粹是我的建议）。我很无聊，希望杨杰会在四五周之内离开，这对他在南京完成他对西山喷发岩研究的论文（极为领先）非常必要。他的研究在我看来是根本的：如果成果不能在其他地质学家之前发表，实在令人惋惜。

---

① 德日进，Teilhard，法国教士，古生物学家。原函为法文。

在还能干点什么？

琐事打扰，深感歉仄。这是伟大而充满影响力的事业的记录。

德日进

附

中国地质调查

中国记者报道，在过去两年中，中国地质调查所不遗余力地在华中、西南和西北部地区进行了大量的地下资源调查，以便政府可以充分利用这些资源。

1939-1940 年度，总计有 96000 美元经费，用于其图书馆、矿物学、化学和古生物学实验室，野外调查，地形测绘和制图工作，地球物理调查和出版物印制。该所的工作将主要集中在西南和西北省份。

根据其正式报告，本财政年度，该所将对四川省矿产资源进行以下调查。油田的详细绘图，以及盐、铜、煤的矿床地质和石油地质研究调查，耐火材料的研究，以及铜矿和铁矿的地球物理勘探。

在西康，将对黄金、铁、煤和其他矿藏进行调查，并对黄金矿床进行扭秤勘探调查。云南将继续进行去年的工作，其中包括寻找铁矿石和耐火材料，烟煤领域的详细调查，以及铜的研究，并对该省的其他矿床进行调查，对铁和铜矿进行电法勘探。

在广西开展锰矿和烟煤田研究，并对贵州的汞和锑矿进行调查。在甘肃和陕西，将会有更多的煤田调查。该机构将继续在甘肃开展石油调查。

除了从事与抗战有直接关系的项目外，该机构仍将继续开展学术研究工作。

中国地质调查所的土壤研究室增加了新的实验室和土壤保护试验站，用于执行本财政年度的项目。除了在云南继续进行土壤调查外，还将对四川、西康和甘肃的土壤侵蚀，不同土壤中生长的小麦和玉米植物的成份，以及改变土壤肥力的方法进行实验室工作。

在过去一年中，中国地质调查所取得的成就足够结成一本小册子。仅在矿藏调查中，就有多达 42 个独立的野外实地考察和 35 个单独的实验室报告。确定了广东、广西和湖南省 26 个城市的经度和纬度；绘制了各个矿区的详细地图；在化学实验室，对火粘土、耐火砂岩、煤、自制碱和许多其他矿物进行了分析。

录自《远东评论》第 35 卷第 12 期第 516 页，1939 年 12 月

告地质调查所同人书（2通）

告地质调查所同人书（1937年10月22日）

在此努力抗战时期，我所同人莫不各思尽其所能，为国家增加力量。目前问题，惟在如何工作方足使我辈地质研究及调查得直接有益于抗战，亦即有所贡献于近代国家之建设。

鄙意以为，凡人各有所长，惟能各自善用其所长，便由此所得之结果，简易迅速地唤起有关机关或人士之注意，而促成其利用，即为我所同人为国尽力之最要方法。因此，同人等之任务可分为三步：

第一步在对于目前急需开发之矿产，注重实际需要之条件，从速详确调查，编成图说。如能注意中国急需而特缺之矿质，由实际研究而得发见，或得代用之物，自尤可贵。

第二步，有关实用之矿产调查，从前工作亦已不少，但因旧时习惯，编辑报告力求完整，（在科学工作上自属必要）往往因化石之鉴定未完，或整幅地质图之编制未毕，故使业有现成材料之矿产报告亦未写出。兹为急求应用起【见】，自应将关于矿产部分之地质以及矿床质量提先编纂，俾利参阅。目前情形，每遇矿产问题，往往须与调查者面谈多时，所有材料并不现成，检查问答需时甚久，而听者（对地质多不内行）仍不易尽忆。如有已成图，说可免此弊。

第三步，报告写成之后，如仅有一份，外间不便借阅，故应从速油印若干份，加以晒印图件，订成全册，交由主管人员择要分送，庶能使有关机关及人士皆易取得本所工作而利用之。印刷一方面，《地质汇报》较重实用报告，在此非常时期，纸张图件不必定求其精，但应选择切于实用之报告，从速印行，庶可流传更广。

以上办法并不看轻科学研究，我辈工作亦惟有充分发挥科学方法，方能对于矿产调查确有心得。但所欲提议者，在此非常时期，应酌量集中工作于应用方面，同人所最易用于直接有利于国之事业，实当以上述方法为最善之途径。

更欲有言者，我辈对于国事不宜着空急，而宜用实力，用力之法，又莫善于各就自身能力所长而认真发挥，使他人易为知悉，易为利用。国家力量乃由许多职业的力量集合而成，故一业之特别成功，定必于国力有所裨益。我所同人在此时期，如因着急而反消极，即因怠惰而减少国力，如共为加倍努力，加倍用功，则勤勉所得之结果必有益于大局。怠惰乎，抑勤勉乎，同人宜知所取舍。

除接近实用之工作外，平常所作之科学研究并不应看轻，科学人士当以研究为生命。兵戈之中，不废弦诵，昔贤成规，可为先导。即欧洲大战时期，外国学者亦多在困苦艰辛之环境中，自出钱，自用力，以继续其工作。凡此奋斗不倦之精神，即是民族自存之德性。我所同人，爱国心长，在此期中，正应夙夜匪历，自为督责，更复互相督责以无负于国家。岁寒知松柏之劲节。时艰见国民之性情。当此国步艰难之日，更是我辈深刻策励之时，敢奉数言，共相匪勉。

再致地质调查所同人书（1937 年 12 月 22 日）

前次在首都时已奉一书，说明处此变故，我所同人应取工作的方针，现在再将最近的意见叙述如下：

一、对于大局的态度。大家须知此次是对外抵抗的战争，不是国内自己的战争。国人内战，无论是个人争权，或是系派争势，专心从事科学工作的人们，不很关心，随便在那一派的权力之下，只要能保全研究材料，继续研究工作，安心做下去，总是好的。对外的战争则绝对不同，我们决不做敌国的顺民，亦必不加入任何附敌的组织。科学的真理无国界，但科学人才、科学材料、科学工作的地方，都是有国界的。我们万不应托名科学而弃了国家，也不应托名保全本所材料而忘了中华民国。在这种情形之下，我们很愿牺牲我所一切所有，争回我们的人格，保全我们的国体。我为此言，并非无故而发，实深有事实感触，故更沉痛言之。我所同人务必全体忠心爱国，切勿做汉奸，切勿附敌国，为中国做好国民，亦是为本所取到好名誉。

二、目前大局的趋向。大局如何变法是不易预言，亦不必预言的。但从事实上看，国际联盟正式谴责日本，且告各国帮助中国，这不是空言，因为中立之说从此打破了。比京会议未得预定的调停结果，但从此各国重为共认华会条约有效，而该约第一条即声明中国领土主权之必须完整不可侵犯，且从此英美二国更为合作。近来美舰巴纳被沉，英舰女鸟被击，二国同为愤激。美已调派兵舰飞机，英亦将有所作为，一面联络德国，减轻苏联西顾之忧。苏联仇日早有定见，远东双轨铁路现已完工，亦必不能坐视。中国各省较前更为统一，征调所及，远至桂滇，莫不奉令惟谨，趋赴前敌，虽险不避。从此种形势看来，我们深信中国可败而必不可亡，我政府虽暂退内地，但必能从大局转移而收复失地，重奠邦基。不过在这个极大的奋斗中，真是国家兴亡，人人有责。不但军人应努力，外交家要活动，即如我们地质同人，也应认清自己的责任，认真工作。工作的结果使开发地利的人们有所参考，给许多其他工作的人们做一种为国效力的榜样。

三、目前地质工作的意义。地质工作的许多意义，大家明白已久，不必再说。目前的特别意义是在协助开发内地的富源。中国从前太信任上海的外国租界，许多工厂都开在那边，内地许多富人的财产都搬到那边，只图一己的苟安，而放弃了全国的大局。此次战事却使东南富力大半尽灰，政府尽力协助，只搬回了工厂120余家，设备总价约计1万万元，其他许多一时措手不及。内地情形则富藏于地，正待开发。试举一例，武汉为内地重心，所用煤炭向来多靠中兴、淮南以及平汉路北段各矿。自华北失守，来源断绝，政府急调船舶运输煤斤，而浦口、裕溪口又相继有事。目前已形煤荒，湘鄂二省地质查研亦已有年，但对于煤田具体情形则多尚待补充。土地堂煤矿知者何人，资兴煤田充分研究者有几？我们感慨之余，更应加倍努力。一煤田之不知实足引为我所之耻。甚愿同人振起精神，以决心克服一切困难，以真诚造就真实成绩。进而桂、滇、黔、川，亦宜趁此勇往直前，多所努力。我辈的责任实甚重大，迅速的分途工作。同人的人数并不太多，工作的精神，更要积极。

四、工作的方法大纲。前次奉书，已有所建议，愿趁此更深切劝告，务必设法实行。同人们热心学术，毕生研究，劳苦不辞，相知已深，极所钦佩。兹所欲言者，处此非常之变局，更需坚强之决心。敌人犹在千里之外，切勿存畏惧而懈进取之心。本所远迁至湘，建房未就，置物无地，在此时期中，野外工作更为同人最重大之任务。在此工作者应迅速出发，任发文发款者亦应痛快办理，切勿游疑。

五、本所的组织及方针。本所修改组织章程，添设副所长一员，已经国民政府明令公布，并经实业部准派技正黄汲清兼任此职。文灏不常到所，所长职务自由副所长代行，文灏如有意见，随时向副所长说明，请其办理。各室又各有主任及副主任，所以本所是有人主持的，深望同人认明勿误。本所的地点是在首都，近数年来缔造经营，大非容易，总有一日复归旧地。但为便于处理内地各省的工作起见，尤是近来我所工作本已特别注重于西南各省，故本所原想一方面与湖南地质调查所竭诚合作，同时并在湖南省内择地建屋，藉为联络的中心；且亦藉此对于中央在湖南省内所办许多重要矿业工业，都可有互相协助的关系。所以此次在湘建屋不但是为避难，同时亦是实行上述计划。我个人常想对于此类方针有所贡献，使我们工作得有整个目标，使政府及社会对于我所工作亦可有相当正确认识。我所希望的是：大家亦能明白此种方针，通力合作，共策进行。

我自思，自民国二年以来，即为中国地质服务，其间经过好几次困苦艰难，危疑摇动，幸赖同事诸君坚定不移，以工作的成绩，博取社会的同情，以刻苦的精神，抵御不公平的疑二。当此国事特别艰危之日，更是我们精力需要加倍发挥之时。岁寒然后知松柏之后凋，而见春风桃李及时而盛者，实不免短期而没。国家待我们并不坏，我们决不可因薪给厚薄而有怨言。我们固已十分尽力，但政府社会期望于我们之更为前进者正自甚多，我们决不可因已有若干成绩，而不更求进步。我因政府中他种职务，不能始终留在所中努力，深为惭歉，但我在所服务已如许年了，其间从未偷懒，从不姑息，现在因国事阽危，拟贡献绵力，共图支撑，甚愿诸君谅解。我不但尚挂所长的名义，至少不失为本所的友人，相处二十余年共危难同生死的友人。兹以此充满情谊的友人资格，奉书诸君，贡献意见，当必为诸君所谅察也。

丁道衡^①函

（1928 年 10 月 24 日）

咏霓所长台鉴：

　　在吐鲁番曾上一函，不知收到否。此次调查，取道山路，因山道崎岖，多未经人测绘及调查，所得结果较为新颖。五月自吐鲁番出发，至雨那湖入大山，经阿那沟、塔石开大板、东茶斯汗、茶汗通谷至曲惠，而出山到焉耆。沿途由团员詹君省耕绘测，衡调查地质，其得地质图十七张，在那拉沟之支沟依维尔沟，发现侏罗纪之化石及煤层、地层向东褶皱甚剧，与大山之变质岩成不整合。由此到曲惠，其要岩石为变质岩（多为麻岩）及花岗岩、班岩、安山岩、辉长岩（多成脉状）等岩，在茶汗通谷有板岩之露头（STNW65，43sw），西南行约五六里，即消失而为花岗岩。盖受花岗岩之冲出，板岩褶皱甚烈而后受侵蚀去也。到焉耆后，曾往西南山中调查，寻得侏罗纪之化石及煤层。此处地质情形与煤窑沟、依维尔等处相同，惟褶皱较前者为烈，而成等斜褶皱"偃卧偃皱""扇形褶皱"等现象。作有剖面图一张，以表其构造，采得各层植物化石　箱。由焉耆启程入山，经小裕尔都司、大裕尔都司，越大板而到库车，共得地质图廿七张、地质剖面图五张、动植物化石五箱，及矿产标本若干。兹将沿途地质情形略述于下：

　　入山后为麻岩、片麻岩之露头及花岗岩之侵入，至泉上，为一小盆地。高山皆为变质岩，低处则为红土层及砂岩，时期似为第三纪，未见化石。再西北行，达水沟，则有竹叶石灰岩及大理石之露头，与变质岩成不整合地层，褶皱颇烈，成为若干"内斜""外斜"。在哈不齐阶大板，有砾岩一层。砾石之大者，直径达二米突，小者亦数米里，直覆于辉长岩之上，且近沟处岩面光平为磨成者，似为冰碛所成。其上为红色砂岩间砾岩层，经详细搜寻，未得化石。时期据砾岩之性质，似为下寒武纪。又在一支沟内，此砾岩层与板岩及千层岩成不整合之状，归之于下寒武纪或不致谬。在小裕尔都司寻见石炭纪之石灰岩，盖即

---

　　① 丁道衡，地质学家，时参加斯文赫定领导的中国西北科学考查团，在西北地区进行地质调查。

Krenkel（克伦克尔）所曾研究者，各层化石均采得到。白云布拉为大小裕尔都司分界地，发现侏罗纪之化石层不整合于石灰岩上。在大裕尔都司及松树沟等处，均发现此石灰岩，均作有剖面图及采集化石。出大山后即为侏罗纪之砂岩与第三纪之砂岩，沿途采得动植物化石标本，均极清楚，可资鉴定，地质情形皆记于图上。在库车侏罗纪砂岩内，有煤、白矾、卤砂、硫黄、菱铁诸矿。在第三纪之砂岩页岩内，有石油、石蜡、铜诸矿。各矿皆已考查，石油矿蕴存于穹地中心，产量甚富，矿质尤佳，画有矿区图一张。今已行抵拜城路上，在 Kizie Mingoi 发现第三纪之岩层甚为完备，共有化石九层，采得叶化石 Liguidombar 及螺类化石 Paludinas， Planorbis 等，似由旧第三纪至新第三纪均有其代表。现时拟由小路先到乌什，吐鲁番大道上之矿产及地质，俟归时再为考查。

　　以后关于调查事项，尚祈时赐南针，俾有遵循是祷。此请台安。

　　　　　　　　　　　　　　　　　　　　　　　　学生丁道衡上
　　　　　　　　　　　　　　　　　　　　　　　　十月廿四日

致丁文江^①函（2 通）

致丁文江函（1926 年 10 月 16 日）

在君吾兄大鉴：

十二日惠函敬悉。杨总长已有电到部，准弟赴日。弟定廿四日前往，李仲揆夫妇及日本学生一人同行。

安特生与勃拉克与调查所合作调查新疆之计画，拟缓至 1928 年实行。

周口店调查之计画，其缘起已由安君详函奉告，Rockefeller Foundation 可出一万二千元，二年为期。另用外国古生物学家一人，调查所可以在德留学之杨钟健加入（来年研究所需古化石，特为讨要），勃拉克研究人骨，调查所取得动物化石，研究结果均归《古生物志》发表。另有 institute of human biology 之计画，闻先已详告兄，兹不复赘。

斯文赫定闻将来中国，用飞艇往新疆调查，拟请调查所合作并任地质部份。弟对于合作意见：（一）地质全归调查所；（二）史前古物适用从前协定，历史古物则应全留中国；（三）科学出版仍归调查所；（四）如大规模测量地图，应先得中国政府允准，并于测成后即送一份于中国政府。安君谓可以提出相商。

对于此项合作办法，兄有何意见，尚乞速为指示。

调查所最苦者仍是人材缺乏，薪水不足，而且环境太坏，聪明者官化，安分者因循，北大一停顿，更少新人供给，是可虑也。

王竹泉等已回京，在庐山二期，图尚未全，但亦测其大半，于《霞客游记》不无用处，地质贡献则甚少矣。皖浙二省均尚在进行之中。时局变化不知如何。日游归时，颇思到沪一晤，藉倾积愫。确定后再为奉闻。敬颂近安。

小弟翁文灏谨启

十月十六日

---

① 丁文江，字在君，地质学家，曾任地质调查所所长，时任上海淞沪商埠督办总署总办。

致丁文江函（1926 年 12 月 9 日）

在君吾兄：

　　Bailey Willis(维里士)等于今日由津乘船赴沪，颇愿一见，吾兄未知能往否？Lack □□现在京（约 27、28 日到沪），明日前往张家口观火山岩。Sven Hedin（斯文赫定）调查队合作办法现已商妥，止待外交部正式承认。

　　专此奉达。顺颂近安。

弟翁文灏敬上

十二月九日

丁毅①函

（1940 年 4 月 30 日）

咏霓吾师赐鉴：

敬禀者。生于去岁四月中奉命调查綦江铁矿，在工作期内不幸染患恶性疟疾，经时月余，病势稍退。旋又奉命继续工作，精神体力迄未恢复，继而咳嗽胸痛。当时以工作未了，未便过问，迨至今春，病像益著。三月初至中央医院检查，惊悉右肺已患较急性之结核病。医云，治疗休养，刻不容缓。爰于三月中旬进住宽仁医院（歌乐山），经月余来气胸手术治疗，表面病象大致渐退，惟内部病根则尚未见奏效。据云，此病亦绝非二三月短时内所可痊愈也。现时在此每月所需费用最少在二千八百元左右，所方每月总共可发给一千五六百元（薪津及一切补助费统在内），是以相差甚巨。生家远在沦陷区域，音信已断，无法请求接济，至向友朋告贷，亦殊难为时长久，终日思维，焦急万分。

素仰吾师爱护后辈，向不以烦琐见弃，拟恳设法赐予救济，俾便赓续治疗，以渡此危急关头。至祷至祷。病中草草乞谅。敬请铎安。

生丁毅谨叩上
四月卅日

---

① 丁毅，地质学家，时任地质调查所技士。

方世荣① 函

（1946 年 3 月 1 日）

经济部长翁文灏先生勋鉴：

敬启者。恭维福体康健，政躬瑞泰，为欣为祝。

际值抗战功成，和平伊始，百凡工商业正待整理复兴，原料来源，必须设法使其运输无阻。树胶一味，为原料中最重要之物，南洋一带出产最多，而马来亚群岛现当军政时期，一概严禁出口，经营此业者，苟有不慎，轻则罚款充公，重则连人监禁。似此情形，若非另寻出路则绝无办法。敝公司素对苏岛贸易颇有相当联络，故此番由该处办胶片到槟岛兜售者，均有数千吨之多。惟货一入口便不能讨出，所以忆及祖国现值建设时期，树胶一物亦为主要之一，若不乘此荷兰属各处印尼与荷政府争取民治尚未决定时候，尽力采办大批胶片，恐争端一息，政治就轨，那时纵用高价寻买，亦无从配出矣。侨民等素对祖国关念，靡时或息，今幸国共合作协商成功，建设事业在在需要，故敝公司拟与苏岛棉兰徐海隆集资二百万叻元，在该岛采办各处胶片三千余吨（即五万余担），配轮运至上海，售与中央政府，以助建设之资。奈船舶稀少，转运艰难，未审先生能否派轮船直至棉兰之勿劳湾港口交货。其价格每担按以叻币交易，五十元至五十五元之度，如有可能，则交货时货项须要先交现银一半，余一半候货抵上海时然后交清，而所余货项，敝公司亦拟在祖国相机投资，以符政府优待华侨苦心。

尚希赐复，以定进止。肃此奉达。恭祝文祺。

方世荣顿首

民国卅五年三月一日

---

① 方世荣，荷属槟城东兴公司华侨企业家。

酆赉周 ① 电

（1944 年 7 月 14 日）

　　重庆经济部部长翁钧鉴：案据本县兴中示范乡代表黄作之、谭梁氏、胡兆南等二十人密报，以该乡乡长颜绍黔勾结土匪，杀害经济部地质调查所专家许德佑、陈康、马以思女士等三人案，举具事实，请依法严办等情到部。经派员密查，该乡长有纵匪护匪重大嫌疑，且贪污违法之事甚多。除函请普安县政府依法查办外，理合抄同原密报一纸，电请鉴核，即予派员来县，彻查究办，以慰忠魂，而杜后患。惟兹事体重大，倘以公文手续转达政府，恐于事无济，并此声明。中国国民党贵州省普安县党部书记长酆赉周叩。

---

① 酆赉周，国民党贵州省普安县党部书记长。

佛腾 ① 函

（1942 年 9 月 10 日）

尊敬的翁博士：

我同我的日本籍夫人已经从北平撤离到葡萄牙，目前在东非的殖民地洛伦索。借此机会，祝您身体康健，工作顺遂。虽然天气很好，但是旅途坎坷，幸好我们都尚好。

您肯定已经见过 1941 年 12 月 8 日后从北平逃出来的中外人士。但我相信，我的这个简短的报告并非不受欢迎，虽然报告的事情您可能已经知晓。

首先，1942 年 8 月 19 日，当我们离开之际，胡恒德（Houghton）博士、司徒雷登（Leighton Stuart）博士和博文（Bowen）先生仍然被拘押在外交部街。据和我一起被疏散而之前一直与他们在一起的斯耐波（Snapper）医生讲，三个人承受的心理打击几乎是难以忍受的。不允许他们会见任何访客，但可以购买足够的食物。

北京人材料连同尚未完全被描述的上洞的材料，都被送到了美国海军陆战队。当美日开战之时，在秦皇岛的美国海军陆战队成为日军俘虏。前面提到的那些化石，据我所知，全部丢失了。我所知道的这些情况，是一名被俘的海军陆战队负责人在协和医院做阑尾炎手术时告诉医生的。12 月 9 日，我到了系里以及魏敦瑞博士的实验室。在实验室我遇到一名日本军官。虽然没有询问，但我的结论是，他们完全清楚地知道材料在哪里。然而七月份，我意外地被传唤到协和医学院，问我是否知道北京人在哪里，我当然说"不"。从谈话中我得出结论，或许材料被送往日本，虽然并非每个人都有兴趣知道，但多少也是个秘密，或者它真的在秦王岛遗失了。

非常抱歉地说，这并不是我要通报的唯一坏消息。协和医院被改为军事医院，实际上已经被毁了，至少我们基础部是如此。日本人将那里一扫而空，大部分采集品及其记录都一起被毁了。从我五月份所见系里的情况看，如果医学院要

---

① 佛腾，A. B. Drooyleeve Fortuyn，时任协和医学院解剖学系教授。原文为英文。

重新开始，必须从头再来。

德日进神父没有真正负责过新生代研究室的事务，但他和裴文中博士试图尽可能地挽救新生代研究室。新生代研究室的一部分材料，一小部分古生物的材料，从娄公楼和我们系被移到护士学校的讲座室。但是魏敦瑞博士的房间没有留下什么，我最后看到的时候，甚至连家具也没有。日本宪兵队征用娄公楼时，把地质调查所的资料和书籍装上卡车，扔到了城外。很快，值点钱的东西被哄抢一空。后来有些骨头被弗格森博士捡回来，送给了德日进神父。这就是您过去所做工作的悲伤结局。

我的未来尚不确定，也许会留在南非，也可能最终去美国。

请代我向朋友们致以最良好的问候，并接受我对您们参与其中的伟大斗争致以最良好的祝愿。于我而言，中国、荷兰和美国都是一样的。

致傅斯年 [①] 函（**17 通**）

致傅斯年函（1931 年 5 月 5 日）

孟真我兄大鉴：

到京后，西陲学术考察团已于四月三十日晚在中央研究院开一谈话会，对于团长一职一致推重李济之先生。嗣又接到函附来济之先生函，并已呈蔡先生看过，仍拟劝其勉为其难。大家对弟体力不胜，均甚谅解。弟于地质学会后，即拟趁便在南京附近旅行数次，稍为领略此间地质，庶以稍偿仆来往之劳。又应理事会之嘱，做了一个考察团的详细预算。因为钱乙藜先生说尚须在政治会议通过一次，方能领款。现在均已缮就，杨杏佛先生说等国民会议后再为提出。我们要的是临时数及经常费二年，声明拨款后弟方能函复。具体预算，本年要等济之先生来做方对，但为早于□出起见，他们认为只要说得明白冠冕，便于催款，实际用途当然可由团长商同理事会，造一个重为支酌，均无不可也。

余容续陈。专颂道安。

弟文灏顿首

二十、五、五

致傅斯年、李济 [②] 函（1934 年 12 月 4 日）

孟真、济之二兄大鉴：

兹有二事奉询尊见：（一）安阳之骨化石 subfossils 中有一龟，为研究者误作新种，其实广东尚有同种，现仍生活。此与古代交通及气候极有关系，

---

① 傅斯年，字孟真，时任中央研究院评议员、历史语言研究所所长。

② 李济，字济之，考古学家，时任中央研究院历史语言研究所研究员。

不应疏忽。前与济之兄面谈，拟嘱敝所卞美年先生重加研究出版。但此项标本不在敝所，访闻现存静生生物调查所内，可否请由贵所函致该所，送至敝所，交卞美年君收用。卞君处已接洽妥当，极愿效劳。研究完毕，原物自仍奉赵。（二）杨钟健先生所研究之安阳哺乳动物大致告竣，篇幅不少，尤多照相图幅。杨君极望在敝所《古生物志》内出版，以便古生物学者容易注意。印费自可由敝所担任，但可为贵所另印单行本若干份（数目请示）。其书面上之字样格式，一切悉凭尊意，但其印价则须请贵所照付。

以上二点，敬盼早为示复为感。即颂研安。

弟翁文灏敬启

廿三、十二、四

致傅斯年函（1939 年 6 月 3 日）

孟真先生大鉴：

中央研究院第二届评议员选举事宜，现正次第筹备，业经制就选举人调查表，分寄各国立校院。至关于选举之学科范围，亟宜洽定。查《评议会条例》第四条内载：聘任评议员应依中央研究院所研究之科目分配。兹依据上列条义，并参照《院组织法》第六条所列各研究所名称，并以现在实际已设之研究所为标准，拟定物理、化学、工程、地质、天文、气象、历史语言、社会科学、动物、植物等十科，为此次选举评议员候选人之学科。用特专函奉商。吾兄如认为有应增减之处，务祈即日惠示，以便制表函送各该校院查照办理。

再，社会科学一项包括较广，究应注重何种科目，并希便予开示为荷。专泐。祗颂著祺。

弟翁文灏拜启

六月三日

致傅斯年函（1939 年 6 月 12 日）

孟真吾兄：

五日大函敬悉。评议会事，日前邀集王雪艇、任叔永、汪敬熙诸君会谈一次，骝先兄因训练班事忙，未到。所有关于选举事，俟拟就草案后再为函商。弟对此事颇为惦心，各重要办法拟均先与委员商洽。前次函询相关科目，亦系遍询各委员，兄知之较多，尤盼随时指教，俾就我辈能力所及，减少错误，是为至荷。

胡适之兄近有电报，已与郭复初商定，将驻英使署办事得力之刘参事调至美使署，如此可分彼一部分之工作。适之近又周游各处，实非必要，但此时彼已出发，去电劝阻，为时已迟，且亦未必听也。

兄居乡读书，颇羡清福，对于国事想仍极关心。弟所焦虑者，在最高当局励精图治之空气中，行政职权日趋紊乱，外托空言，内逞私欲，日益加甚，即无外羌，犹为可忧，况当此时，如何得了。弟尝自思，政治制度最要在使能者有位，劣者失职。揆之现状，兄谓如何？

吴景超兄现仍在部工作，但因国防最高委员会之命令，分半在会治公。即颂大安。

弟翁文灏敬上
六月十二日

致傅斯年函（1939 年 10 月 17 日）

孟真吾兄大鉴：

查中央研究院首届评议会第四次年会为筹备改选下届评议员，曾议决组织"国立中央研究院第二届评议员选举筹备委员会"，以本会秘书为主任委员，并推定朱家骅、王世杰、傅斯年、陶孟和、叶企孙、任鸿隽六人为委员。经于本年三月十六日召开第一次会议，并通过下列之议决案：准备候选人名，以备选举人之参考，着重大学教授以外之专家。

关于此项候选人名单之准备，筹备委员会于第二次会议时曾按评议员之分组，每组指定一人负责拟定。历史组经推定由兄担任，即祈按照该组所占名额三人，拟定候选人名单，于十一月二十日以前，寄交重庆东川邮政信箱一四七号弟收，俾便提交筹委会议定，转发选举人参考。此项候选人名，仅为将来实行选举时参考之用，选举人仍有权于此项名单之外另选他人。至于评议员选举标准，亦经筹委会拟定要点五条，兹随函抄奉，敬希察照为荷。专此。祇颂大安。

弟翁文灏敬启
十月十七日

附

评议员选举标准要点

一、应切实注意评议会条例第三条规定之资格，其用意在使当选者有相当科学资格，而同时有领导能力。

（附）《评议会条例》第三条：具有左列资格之一者得为评议员之被选举人。一、对于所专习之学术有特殊之著作或发明者；二、对于所专习之学术机关领导或主持工作五年以上，成绩卓著者。

二、应注意国内各研究机关合格人员。

三、中研院各所长为当然评议员不必选举。

四、注意在目前所有科目内，评议会应有代表全国学术之意义。

五、前任评议员仍可为本届评议员之候选人。

致傅斯年函（1939年10月24日）

孟真吾兄大鉴：

本月十六七日曾上一函，请兄拟定下届历史组评议员候选人名单，并请于十一月二十日以前寄下，谅荷察及。此项候候选人名单将来汇齐后尚须排印，以便分发各选举人参考，而渝市印刷目前极感困难，且费时甚久。为免延误选期起见，拟请吾兄提前于十一月五日以前将名单寄出。

　　特函奉恳，务希惠允照办为感。专此。祗颂大安。

弟翁文灏敬启

十月廿四日

致傅斯年函（1939年11月2日）

孟真吾兄大鉴：

　　查第二届评议员选举筹备委员会前为便利各选举人参考起见，曾议决准备一候选人参考名单，并经分组指定专人负责推举在案。此项名单已于日前汇齐，经提交筹委会讨论后，议决如下：

　　第二届评议员候选人参考名单改请中研院各所所长分科推举，经院长核定后，由筹备委员会代为散发，供各选举人之参考。推举候选人之标准，由筹委会函致各所长参考。原拟名单非所长所拟者，亦送各该科所长参考另拟。已为所长所拟者，仍发回修订。此项名单应力求适合法定资格，凡合于被选资格者，均妥选罗列，期足以代表相关科目。王世杰先生提议将下列意见付纪录：社会科学所包较广，评议员候选人名单至少应有二十人。

　　查历史、语言、考古、人类四科名单原系吾兄所拟，兹将原单抄奉，即祈查照上述议决案及另附之推举标准四项，重加增订，以贵所名义提出，于十二月十五日以前，寄交重庆东川邮政信箱第一四七号弟收为感。

　　专函奉达。祗颂研绥。

　　附名单一份标准四项。

弟翁文灏敬启

十一月二日

致傅斯年函（1939 年 11 月 11 日）

孟真吾兄大鉴：

十一月四日大函奉悉。关于第二届评议会候选人参考名单之准备，前经筹备委员会于本年九月二十日谈话会决定，分组指定专人负责推举，并经指定各组负责人如下：

一、物理组叶企孙；二、化学组任鸿隽；三、工程组周仁；四、动物组林可胜；五、植物组王家楫；六、地质组翁文灏；七、天文气象合组竺可桢；八、心理组汪敬熙；九、社会科学组陶孟和；十、历史组傅斯年；十一、语言考古人类合组李济。

现各组候选人名单已有九组寄到，兹特另纸抄奉，即祈察阅。以弟愚见，实有许多事须切实商酌，兹特密函奉达：

一、此项名单原系备供选举人参考之用，最好能将各该科目之所有合格人员择尤，尽量罗列，以示大公，并可供选举人之充分参考。若仅将上届评议员列为本届候选人，不加增添，似易引起外间烦言。王家楫兄所拟植物组名单即其一例。弟意分给选举人之册内，已开明现任者仍可当选，如此则此次参考名单似更不宜全列旧任而不列新人。弟已另函家楫兄，请再加推数人，并盼兄能加函说明。

二、叔永兄所提之王琎君及子竟兄所提之缪嘉铭君，均有考虑之余地。缪君在事业上诚为重要人物，但加入评议员似觉意义不同，诚恐他人易有异议。然此事弟又不便迳函表示，极感为难。周君等现均在滇，未知兄晤见时能否婉转相商。此事筹委会负有责任，且于整个参考名单之信用有关，故不能不加以慎重，尤不能不请大力匡助也。

三、动物组候选人名单原系指定林可胜兄推举，顷接林君复电，以近来从事救护工作，对于动物学专家之工作与地址，多未能详，无从推荐。此事弟已转托仲揖兄办理。又，叶企孙兄所拟名单，未将吴有训君列入，弟亦函请考虑，并盼其加推相宜者数人。又，地质名单作为初稿，弟已函征李仲揆兄，请其指正或加以补充。

四、尊开名单之方式极为钦佩，人数自可酌加。语言、考古、人类承加补充，自系善计，均当照用。惟参考名单内应否推及现任评议员（因彼等已另立一单），可否不列，以免自举之嫌。此问题尚乞赐示尊见。

专此奉商。敬盼早日复示，并颂研安！

附名单草案一件。

弟翁文灏上

十一月十一日

致傅斯年函（1939 年 11 月 29 日）

孟真吾兄大鉴：

第二届评议员选举筹备委员会十月二十六日在重庆开会，兹检奉会议记录一份，即祈察阅为荷。专此。即颂大安。

附纪录一份。

弟翁文灏敬启

十一月二十九日

致傅斯年函（1939 年 11 月 29 日）

孟真吾兄大鉴：

本月十五日两函及十七日函均拜悉。筹委会本月二十六日开会讨论候选人参考名单时，弟曾将兄之公开函当众宣读，均甚以尊见为然。惟此事之困难不在原则之设定，而仍在各推举人之见解与态度难以尽同。譬如弟前函兄等，请为推举候选人名单时，亦曾附寄选举标准要点五项，对于第三条评议员资格之应切实注意，及各科评议员之应有代表全国学术之意义各点，均经明文说明，但选举结果并未能尽满人意。其故盖因各推举人仍自有其成见在也。兹经筹委会于本次会议议决。将拟定此项名单之工作改请中央研究院各所长担任（王、朱二君均力主此说），将成名单汇齐后，当再由筹委会审查，并请蔡院长核定，仍无法得一像样之名单，则不提亦无不可。弟此次分函各所长时，仍当将各项标准再为申说。惟如何能获得各人之深切注意，仍请吾兄在昆就近与各所长详为商谈，藉获一共同之了解或能得一较为满意之结果也。

专函奉复。祗颂研安。

弟翁文灏敬启
十一月廿九日

致傅斯年函（1939 年 12 月 6 日）

孟真吾兄大鉴：

十一月二十三日大函奉悉。历史、语言各科之名单，吾兄考虑周详，慎重去取，至佩至佩。关于此项参考名单之拟订，上月二十六日筹委会又另订办法，日前已将会议记录检奉一份，并请查照新订办法，拟订名单寄下，谅荷察及。

当时所以议决将此项工作改归中研院各所长担任者，原因有二：

一、因现有名单未尽完善，若由筹委会全部与以修正，则筹委会人才不齐，难以顾及全部；若由筹委会任便指定一人推举，又觉无甚标准，过于随便，不若交由各所重行慎重增订后，再交本会审定，较易有成。

二、因以筹委会名义提出候选人名单，较易引起反感或误会，似不若改由中研院各所长提出名单，由筹委会代为散发，较为合宜。

此事王、朱二君主张甚力，意欲将此事全权交由所长拟订，筹委会不加干涉。惟弟则以为不甚妥当，仍主保留斟酌之权。至此权之行使，可于筹委会将名单汇齐，送有蔡院长核定时，即将各种不妥之处向院长建议，请其察酌办理。如核定之结果仍有不妥，则筹委会亦可酌量修改。此该项议决案之真实含义也。

现原拟各科名单，均已分别函送各该科所长参照另拟。叶企孙君之补充名单，亦已转送丁巽甫君参考矣。弟意此项名单之能否使人满意，其关键在于各推举人之认识是否正确，与成见之能否化除。欲达此目的，空举原则收效不大，最好再当面加以说明，期获一共同而深切之了解。在昆各所长，拟即请兄费神多所接洽，弟在渝与叔永及仲济兄等晤面时，亦当尽量交换意见。

承嘱代抄首届评议员选举会经过，业经照办，随函附奉，敬希察阅为荷。专复。祗颂研绥。

附一件。

弟翁文灏敬启

十二月六日

致傅斯年函（1939 年 12 月 26 日）

孟真吾兄大鉴：

查第二届评议员候选人参考名单，前经选举筹备委员会十一月二十六日会议议决，改请中研院各所所长分科推举后，现名单均先后寄到，兹将名单全份油印寄奉。此项名单尚未经院长核定，甚盼筹委诸君先行审阅，并将意见见示，以便汇陈院长察核。尊见如何，即祈早日赐示为感。

此外附带说明者有二点：一、工程评议员候选人目前已托叔永兄赴滇，与周所长再为面加商洽。二、名单中所列资格说明，宜酌求一致，拟定人之下注明曾任与现任与科学有关之职，并提明重要著述一二种或二三种。如系工程或其他人员，以特殊工作表现，亦可摘举重要工作。并此奉闻，顺颂大安。

弟翁文灏敬启

十二月二十六日

致傅斯年函（1939 年 12 月 29 日）

孟真吾兄大鉴：

查国立大学及独立学院教授中，天文、考古、人类三科均不满五人，照章自应请由议长指派本届该科及有关科目之评议员若干人，会同该科目之教授，合组推选委员会，选举下届评议员之候选人。除天文一科已函请余所长青松，先为拟定一推选委员会构成人员名单寄下，以便转陈议长核办外，关于人类、考古二科，吾兄十一月十七日来函中，曾将尊拟之推选委员会人选名单见示，弟拟即将该名单寄陈议长核定。

吾兄如有其他意见，尚祈早日赐示为感。专此。藉颂研绥！

弟翁文灏敬启
十二月廿九日

致傅斯年函（1940 年 1 月 3 日）

孟真吾兄大鉴：

顷奉大函，藉悉中研院第二届评议员选举筹备委员会在滇各委员，于上年十二月二十三日曾开会讨论评议员候选人参考名单事，出席有任叔永、傅孟真、陶孟和、叶企孙诸兄，丁巽甫兄并经列席，经决定：

"关于此项参考名单中各人，在中研院各所长既开之后在院长核定之前，应分抄各筹委会委员，由各委员供其意见如下：

一、在各所长所开单中，如某一科目之某一人，筹委会委员中有二或二人以上认为资格欠合者，应请院长在决定时删去之；

二、在各所长所开名单中，如某一科目被推荐人，筹委会委员中有四人或四人以上认为尚有合格而被遗漏者，得开具所遗漏之人，请院长在决定时增入之"等语。

查此项办法弟极表赞同，拟请照办，相应函达，即祈察照为荷。专此。藉颂大安。

弟翁文灏敬启
一月三日

致傅斯年函（1940 年 1 月 3 日）

孟真吾兄大鉴：

去年十二月二十七日尊函今已奉悉。前次叔永兄在渝面商，拟于三月二十日举行评议会办理复选实行投票之前，宜有机会为相当之接洽，故初选票之开票期当在三月十日左右。至校投票日期，因沪、陕各地距渝较远，运递为难，而各地投票又以同日为佳，故投票日期不易较二月十五日为迟。又以同样原因，对于陕、沪各校之选举须知文件，宜于本月十五日左右即行发出。目前各事皆备，只欠筹委会商定之候选人参考名单。各所长所拟者，标准不一，自在意中，由筹委会妥为斟酌，拟定办法，再请院长核定，自系正办。惟如此则尚需相当时间，因之弟深为焦急，已另行专电，托请转催在滇之各筹委，从速赐示意见。在滇各委员事实上对于学科较为接洽，故其意见尤极重要，盼早示此间。王、朱二君及弟于接到在滇各筹委意见后，走往面商，俾可当面谈洽，较为妥善。

以上系一般的办法，尚有须特别接洽。工程人选，叔永兄面商子竞兄，未知有结果否，并盼转催，早为商示。又，参考候选人之履历，各人开法不同，尤以著作方面或举要著，或统言论，或毫不提一，尤感参差，如能就可能范围，请各人酌为补正，亦所企盼。

此事非费一番大力不易促成，甚望吾兄热心为之。为盼为幸，并颂大安。

弟翁文灏
一月三日

致傅斯年函（1940 年 1 月 30 日）

孟真吾兄大鉴：

中研院评议员初选事为期已迫，不能不从速办理。候选人参考名单，再三商洽，虽已费苦心，但形式详略均尚未能完全一致，只以迫于时间，不得不匆促付印，以备分发。惟各校远近不同，寄发次序亦当有先后，上海、陕西、福建、湖南各地学校最先发出，其次贵州、云南、广西及四川各校，当再视远近，陆续发寄。

惟为使此次选举得获圆满结果起见，除已另以中研院及评议会名义致函各校及校长，请代为监选并代办一切外，似可再以私人名义对于各校有关人员尽量请托协助，藉以共策进行。兹查国立校院在昆明及其附近者，有西南联合大学、同济大学及云南大学三校，拟请吾兄就近与各该大学校长蒋梦麟、梅贻琦（联大）、赵士卿（同济）及熊庆来（云大）诸先生及有关教授，面为洽请协助。中山大学代理校长、办理其事之人员，并请早为见示，以便接洽恳托。专函奉恳，仍祈示复为荷。

附参考各件，并请察阅。此请研绥。

弟翁文灏敬启

二十九年一月三十日

致傅斯年函（1940 年 2 月 23 日）

孟真我兄大鉴：

评议员选举事可望大致顺利进行，现正嘱人草拟筹委会报告，为提出会议时之用。筹委会报告草案，当寄请阅正。至初选结果之好坏，惟有待事实证明，但此次选举似并未有特殊有用意之组织，所投之票最大多数当出自选举【人】自身意见，亦一佳事。至一般教授对于专门研究之成绩，认识或有未尽清明之处，此刻非吾辈之力所能挽回，只好听之制度驱使而已。

有一事为函告者（纯系私函，请勿公开），中研院欲增加工程试验经费，叔永兄在国民参政会提议案，请设特种工程研究机关，优给经费云云。议经通过，后经许多政府机关辗转磋商，未得要领。因议案中只提特设机关而未提中研院，他人自不明原来用意所在。当时弟曾商叔永，彼乃另行由中研院函致国防最高委员会，提出中研院工程研究计画及概算，为数颇巨。目前行政院会议及财政部方面，不免异议，经弟略说中研院工程所需款情形，如巨款难得，酌增预算，亦可作为第一步办法。不幸当时议论所及，多谓中研院地位不应直属国府而应直隶于行政院，正式纪录未知如何记载。然此项意见如果过为发挥，究非甚妥，揆其要点，终以学术团体之意义在中国不易得人了解，势非语言所能补救。惟弟亦有时颇觉中研院对政府重要机关宜酌加往来，则冤枉的误会亦可从而减少。

敬颂大安。

弟翁文灏敬启

廿九年二月廿三日

高本汉 ① 函

（1944 年 1 月 4 日）

尊敬的翁博士：

　　请允许我报告一份对于安特生博士和我本人来说都非常重要的事情，也是一份你会非常感兴趣的材料，因为自安特生博士在中国有了重大考古发现之时起，你们就一直在给我们正在讨论的这项研究以无价的建议和帮助。

　　无须我提醒，依照当初关于安特生考古发现和河南、甘肃史前考古标本研究结果的出版计划，您本人和丁博士、安特生博士已经协商好，所有报告将在你们的优秀系列刊物《中国古生物志》上发表。战争爆发以前，筹集资金相对比较容易，我们成功地获得了私人基金的支持，发表了阿诺、帕姆杰恩 (Arne、Palmgern) 撰写的报告，成为良好开端。维曼（Wiman）的古生物学工作也得以在《中国古生物志》上适时刊出。然而，战时的经济使情况发生了剧烈变化。目前安特生的三本报告和另一位作者奥森（Althin）夫人的报告已经成文，但我们寻求新的基金支持以维持原出版计划的所有努力均惨遭失败。虽然捐助人对我们的工作非常感兴趣，然而一再呼吁捐资仍一无所获。另一方面，我们已经得到黄汲清博士正式且明确的通知——中国政府目前无法负担新《中国古生物志》的出版费用。这可以理解。既然在可以预期的时间内，中国方面的资金不能到位，瑞典的私人基金又不愿支持，我们唯一的办法就是请求瑞典政府提供出版资助。然而，瑞典此类经费并非由政府直接下拨，而是来自专门的机构，比如人类学方面有一项特别基金，即人文科学基金。该机构，已经成立约15年了，专门补助期刊出版。但它有一条基本原则——凡用政府基金出版的论文，必须在瑞典出版物上发表。这是不可变更的条款，从来不曾有例外。受此规则的限制，瑞典政府补助金不能资助出版《中国古生物志》。

　　多年以来，人文科学基金的补助金一直在资助我们《远东博物馆馆刊》的出版，我们有足够把握继续得到资助。

---

　　① 高本汉，Karlgren，瑞典汉学家，时任瑞典远东博物馆馆长。原函为英文。

上述事实促使安特生教授和我开始酝酿新的方案，或许可以解决我们面临的困难。显而易见的理由令我们不能等待直至若干年后中国人或者瑞典人对安特生的报告产生兴趣，由中国政府或者瑞典捐资者资助出版。安特生教授年近七旬，自然希望能够看到自己的重要成果在最近几年内出版。无论从科学性还是现实性来看，这几乎都是必须的，也是合理的。您知道，我们所做的科学工作很快就会过时，搁置多年后再出版，是非常糟糕的、令人遗憾的权宜之计。若想有机会在未来几年内出版这些报告，我们必须考虑瑞典政府的资助，这是唯一可行的方案。我们的结论是：报告只能在《远东博物馆馆刊》上发表。

出于安特生教授在信中已充分阐明的原因，我们已经将他在中国史前考古调查总报告插到第15卷《馆刊》中发表。这是为《中国古生物志》准备的系列报告之外的工作，但同时，在很多要点上，与报告中的材料相关。恐怕我们要，至少是间接地冒违反当初协议的危险了。尽管我们没有进一步跟你们联系就发表了总调查报告，但我们曾于1942年2月17日致函给您，是航空邮件。我们在信中报告了安特生的总报告发表于第15卷《馆刊》一事，以求得您的支持。您与我们的沟通中没有表示反对，由此推论您认可权宜之计是个好办法，故而出版了第15卷《馆刊》。我们诚挚地希望您能够发现我们的救命良方对中国和整个科学界都是有利的。战争毕竟属于不可抗力，不能无视它的存在，更无法轻易消除它，我们已经在困境中做了最大的努力。

现在，我们面临的是难度更大的问题——出版报告。与总调查报告相比，它们与为《中国古生物志》制订的原始出版协议的关系更密切。我们认为，与您沟通协商修改出版计划不仅是我们的义务，更是我们诚挚的希望。如前所述，如果不想在战争时期无限期地搁置的话，在我们的《馆刊》上发表这些报告已经成为唯一可行的解决途径。对我来说，为其安排版面自然不是一件容易的事情，出版费将强烈地限制我在《馆刊》中同时刊登其他论文的想法。在杰出的著作者尚能执掌方向的时候出版这些报告，没有比这更好的方式来增强中国研究的影响了，因此我将尽力为它们在《馆刊》中安排版面。

如果我们的这一计划是在当前不可抗力下唯一切实可行的办法，如前所述，希望能够如我们所愿得到您的赞同。我还要指出存在的另一个不利因素，虽然只是一个小问题：阿诺已经出版的报告是印在大开本的《中国古生物志》上的，而现在要出版的报告则是要沿用我们《馆刊》的版式。然而，非常幸运的是，后者恰好与中国《地质专报》同等大小。每份报告我们都将装订200份寄给中国地质调查所，也许会有助于他们的对外交流。事实上，我已准备好了200份刊载安特生总报告的第15卷《馆刊》，一旦交流条件允许，立即交付中国地质调查所。

　　尊敬的翁博士，我写下如此详尽的报告给您，而不是直接寄给中国地质调查所所长，是因为我知道您是最早与安特生博士和丁文江博士共同组织开展这项伟大计划的人，能够更好地判断此事的现实性，并且更好地认识到我们面临的困难和新计划的优势。若您愿意出面代表我们与现任中国地质调查所所长接洽，我将不胜感激。如果您或者现任所长能够复电，告知你们赞同新的出版计划，我将甚表感谢。为方便沟通，电报最好能发给驻斯德哥尔摩的中国公使馆。

　　尊敬的翁博士，致以我最热烈的新年祝福。

高本汉敬启

1944年1月4日于斯德哥尔摩

致葛利普①函

（1930 年）

敬爱的葛利普博士：

　　我们谨代表中国地质学会全体会员，在您 60 岁生日，也恰逢您在华服务的第十年之际，向您表示最诚挚的祝福，祝您健康长寿，继续帮助我们奠定中国地层学和古生物学的基础。本卷论文的内容均由您的学生撰写，包括去年毕业的、最年轻的学生，还有与您有着密切的关系，并且一直在您鼓舞和鼓励下的中外同事。

　　我们意识到您对中国地质科学发展的影响，不仅在于您过去十年中完成的大量工作将始终是指导我们研究工作不可或缺的来源。您在面对身体痛苦时持续努力的榜样，在最困难的条件下坚持不懈的奉献精神，以及对年轻人无私的帮助。这些都激励着我们加倍努力，尽管经济困难、政局动荡常使我们的工作蒙上阴影。

　　我们特别要告诉您，自从您来华以后，我们一直视您为我们中的一员，忘记了您是一个外国人。我们知道您的心在这里，您对科学的热爱强大到足以超越种族和国籍。我们不会忘记，由于政局动荡，北大数度欠薪甚至暂时关门。作为一个外国人，您有权抱怨，相反，您坚持在自己家里继续上课。作为对这种忠诚的回报，我们目前的努力尚不足以表达我们的感激之情。

章鸿钊　丁文江　翁文灏　李四光

朱家骅　叶良辅　谢家荣　孙云铸

---

　　① 葛利普，A.W. Grabau，著名美国古生物学家，1920 年应邀来华，任地质调查所研究员兼北京大学教授。原函为英文。

为车祸被救致各界谢函 ①

（1934 年 5 月 27 日）

　　二月间因调查地质事，乘专用汽车由京赴杭。原冀时间减省，事无丛脞之虞，不料车覆武康，几罹丧身之厄。昏晕之余，重承各方友好关怀弥切，或驰车就视，商量续命之方；或慰电频传，伫盼回生之讯。病势缠绵，至四月初旬始略见轻减。因头骨破碎，须请专家诊治，乃专车北上，移居北平协和医院，一切正在诊疗之中。大险已去，甚望仍効微力于将来。病榻呻吟，靡刻能忘。诸君之厚意，容俟痊愈，再当踵谢。先肃短笺，不尽谢悃。

---

① 标题为编者所加。原题为：翁文灏致各界谢函。

与龚学遂 ① 往来函（2 通）

龚学遂函（1946 年 3 月 12 日）

咏公钧鉴：

陆君志鸿，系职留日时帝大同学，任中央大学教授二十年，对于金属研究颇有声誉，此次奉命赴台湾，协助接收台北帝大。据称，台湾工矿现由资源委员会派人监理，因人手不敷，有一人监理十余厂或五六厂者。台湾炼镁素有成绩，炼铝厂规模亦大，此二种轻金属厂极堪注意。今炼铝工厂由经济部派孙君监理，而炼镁厂则尚未顾及等语。特此奉达。

关于人手方面，如需陆君帮忙，敬请示知，职当介来晋谒。专肃。祗叩崇安。

职龚学遂谨启

三、十二

复龚学遂函稿（1946 年 3 月 18 日）

伯循吾兄大鉴：

十二日手书奉悉。承介陆志鸿君，甚感。兹拟函介绍台湾长官公署工矿处处长包可永兄，附奉，请转交陆君，赴台后就近晤洽为荷。专复，并颂大安。

弟翁○○

① 龚学遂，字伯循，时任交通部公路总局副局长

与顾维钧 ① 往来函电（15 通）

顾维钧函稿（1939 年 3 月 2 日）

咏霓吾兄部长勋鉴：

卫拉工程师前在西北探勘油矿，制有甘肃、青海等省矿产全图及报告，允送地质调查所存查。当时因有他项工作，未及完成，近已编就寄来，计图廿五张、报告一本，嘱为转送。兹乘秦瑜先生回国之便，检同该件托带奉交尊处，请察收见复为荷。此事公司方面希望，时局稍宁，即当继续工作。

前闻川省油矿有将合办之议，未识尊见如何？尚祈便示一二是盼。专此。敬颂勋绥。

廿八、三、二

附图全套、报告一本。

致顾维钧电（1939 年 3 月 9 日）

电悉。宋子良与法银团洽商桂省乌金事，弟未有此闻。桂省矿产现已由资委会与桂省府商定，由会统制乌金。在湘、赣、粤三省乌金，交由英商福公司代销，仍受资委会控制，仍照旧出售，法人零售，仍可照购。文灏。佳（九日）。

---

① 顾维钧，字少川，时任驻法国大使，后任驻英国大使、驻美国大使。

复顾维钧电（1939 年 3 月 31 日）

元代电悉。火柴厂事正商兵工署，俟有决定再告。化学厂决在渝自办，欢迎法方投资。所需经费，国币由我方负担，外币盼向法贷款。详情请询潘履洁。望续商。弟翁文灏、钱昌照。三十日。

致顾维钧函（1939 年 5 月 27 日）

少川先生大鉴：

秦慧伽兄自欧返国，见示大教及西北勘油地质报告图说，敬已诵悉。此项报告当遵示送交地质调查所存查。关于油矿事，原则上合办之议甚愿实行，但凡一办法欲求确切可行，宜先依有关事实，彼此诚恳商洽，方免意外困碍。即如探油地点，亦宜利用可靠根据，例如以前美国技师所闻不甚专门之俄及华人所传甚大油湖之说，今经调查，已知并不可靠。现如四川油田，中国方面现亦已有若干较详确之途径。

此项关系非信函所能尽述，如尊处能指定一人在渝商洽，弟自当竭诚接洽，俾复适当办法也。专函奉商，并颂勋绥。

弟翁文灏敬启

二十八年五月二十七日

致顾维钧电（1939 年 6 月 3 日）

吴蕴初先生与本会合作，拟在云南设厂制造阿麻尼亚硝酸及硝酸钠，不久将赴法。该厂与正向法方筹商中之化学厂，或可合而为一，或可分工合作。特先电闻，俾作参考。翁文灏、钱昌照。江。

致顾维钧电（1939 年 7 月 23 日）

吴蕴初先生下月来法，我方正向法方筹商中之化学厂，俟其到法，商洽当可更具体化，并请转告潘履洁君。翁文灏、钱昌照。梗。

复顾维钧电（1940 年 1 月 26 日）

敬电谅悉。昨晚法大使来谈钨砂事，弟告以：Delaquaise，Braye 二人固执成见，不易续谈，但对法国需要之合理数目，仍愿与彼商洽供给。彼言，已告该二人，以后勿与弟谈话，由彼自行商谈。当经告以现存海防钨砂三六七一.九〇吨中，拟以一千吨售法，一千吨售英，四百吨运苏联，一二七一.九〇运美。此次原拟一千五百吨不足之数，下次续运。彼即接受，允电法报告，并给钨砂出口充分便利。至本年内以后法国购钨数目，商拟以一千吨为准，电法商定。此事虽有大结果，惟恐法方仍有若干人坚持他种办法。拟请兄善为说明，钨砂分配与中国抗战力量有关，对苏联即为交换军械，遇有借款关系，例如英国出口信用担保，中国亦应履行。此外可以出口部分，对法自愿充分供给，惟盼善为商洽，不可出以要挟，致增困难。又，锑亦不易出口，并盼即商放行。弟文灏。宥。

致顾维钧电（1945 年 8 月 1 日）

顾大使少川兄勋鉴：中央地质调查所编绘全国地图，急需参考瑞典斯文克丁前在中央亚细亚及西藏一带所作地图。弟已电彼，请寄一全份，托由兄处代为收转，特请设法提早运渝，至为公感。弟翁文灏。午世局丁。印。

致顾维钧电（1945 年 8 月 18 日）

顾大使少川兄勋鉴：战事结束，收复工矿事业需人至急，本会赴英考察团员程义法、杜殿英两君业经派有重要任务，并已电令迅即返国，请兄惠洽最优机位。除另电恽震兄奉洽外，特电请赐协助为荷。弟翁文灏。未删机丙。会印。

致顾维钧电（1945 年 8 月 19 日）

顾大使并转购料经理处王景春兄：美国使用原子弹及苏联参战后，太平洋战事可能早日结束。去年所订五千万镑《中英财政协助协定》第一条规定：我国采购物资，系于对日敌对行为停止以前订约者，方可利用该借款。查购料各案包括：（甲）ASQUITH 常英料单 16 份；（乙）ASQUITH 常英奉宋院长交办纺织机件料单；（丙）日用品料单照须从速及时订购，以免战事结束后债款失效。各料中如有英方愿意供应而即可订约购定者，请即定妥，并盼将办法情形随时电告为荷。弟翁文灏。未灰采甲。印。

致顾维钧电（1945 年 8 月 23 日）

顾大使少川兄：东电奉悉。关于利用 1944 年度《中英财政协助协定》采购物资一案，按条文规定，系适用于战时运用。目前战事结束，该项贷款是否仍可适用于战后需要，须与英政府从新商定，以免最近各机关在该案内购料各案货单消费物品在内无法利用贷款。除电财政部即电我兄迳洽英政府，请将该协定有效期间展长外，特电察照洽办并电复。弟翁文灏。未箴采甲。印。

顾维钧电（1945 年 10 月 25 日）

外交部并转经济部翁部长：据世界动力会议（WORLD POWERCONFER-ENCE）执委会主席函略称：中国向为该会会员国，翁部长曾任名誉会长，现该会商约若干会员国同意，订于十一月廿、廿一两日在伦敦开一小规模执委会。曾于八月十日致函重庆中国委员会，尚未得复，恐由华派遣代表时间不及，似可由贵大使选派在伦敦人员代表参加等语。贵部拟派何人参加？抑可就近请我购料经理处王景春主任届时代表出席？请察夺电示。顾。

致顾维钧电（1945 年 11 月 9 日）

顾大使：365 号电敬悉。关于世界动力会议，即派王主任景春代表本部出席。特复。翁文灏（九日）。

致顾维钧、贝祖诒电（1948 年 7 月 15 日）

密。顾大使转贝团长：顷与莱普汉等洽定：（一）由 ECA 拨给小数款，清查后事业保管委员会 BOTRA 余存上海及其附近之物资，以便美援项下之物资及建设计划能与该项物资配合运用。（二）由 ECA 拨款，请 J.G.White and co. 或 Ford Bacon and Davis 等公司派技术代表来华，担任上项技术工作。（三）中国美援运用委员会及 ECA 共同设立五人小组委员会，处理有关美援项下特种建设计划及零件购置事宜，中国三人，美方二人，但不依多数决定而用中美协议方式。除详情另邮航寄，并已由美方电 ECA 请示可索阅外，特达。翁文灏、王世杰。

致顾维钧、严家淦电（1948 年 9 月 13 日）

顾大使即密转严家淦兄：极密。魏主席伯聪兄顷提改革台币办法，发行台湾金圆券五千万元，收回旧券，照一八三五比例准备，仿照中央金圆券四六成办法。此举对台湾经济关系极大，盼速电告卓见。对伯聪兄对处由弟负责商洽，免使兄为难。文灏。申元。

顾振① 等电

（1936 年 2 月 26 日）

迴晨访塞顾问及国防部经济厅长陶默斯。陶系德方接洽专员，据称：德政府已组织一国营公司，专司中德合作事宜，与我国政府所设专司机关商洽办理，凡我国所需物品，嘱即开单，俾彼方得早日筹备等语。未提及对于我国希望所办之事。午后，克兰来催清单云：凡所要物品均可开列，不限于一万万元之数，以后需要，尚可随时续开。惟次晨须将清单交陶，以便开始讨论，并得择急尽先供给等语。因于今晨开单交陶，共分五项：第一项防空部分，照带来原单开列，并注明一月三十日电内所开急需运华各项。第二项江防部分，仅开列被动防御部分，照钱秘书长附注之数开列，攻势防御部分未开。又，一月三十日电内所开急需各项，亦分别注明。第三项，声明关于步空军需用物品单，以后随时续开。第四项，中国建设国防工业基础之设备，俟与此间专家研究后，再妥拟计划呈候核定后补开细单。第五项，开发农矿所需机料，俟洽商后再定。陶答复：第一项系德国军队急需物品，各厂正在赶造，德政府当增加定造数量，以应我国需要。惟于七五高射炮等能力薄弱，德军坝已用八八口径等语。经讨论后，渠允与德专家将我方所开之单重加以研究，俾我国可得德军现用最新之器械及一切附件。第二项江防之单，亦已交海军专家研究后再定。关于一月三十日电开急用之品，成品者即运，不敷者赶造，俟查明后答复。第三项步炮空各项成品存货甚多，我方开单即可充分供给。第四项已派定专家与我方接洽。第五项俟后接洽办理等语。粤方毒气材料事，据陶称，德政府已于二月十四日径电复委座，并云该项材料并未运去，此后除由德方国营公司与我国中央接洽供给军用品外，商人不得私售。惟关于商人已订而尚未完全交货之合同，政府未便干涉。今日午后，见国防部长。渠表示欢迎，并望合作成功，日内即介绍见希脱勒等语。综观德政府对于我国中央合作，确具诚意，并希望甚切，因德国向他国不易取得原料，又生产过剩，以巨量工业成品供给我国，亦即维持生产，藉此促

---

① 顾振，曾任开滦煤矿总经理，时任资源委员会委员，奉派赴德谈判信用贷款事宜。

进二国更亲善关系，故对于数量限度及偿还时期不甚注意。我国所索物品愈多，以后可望得我国原料亦愈多。对于我国矿产开发需时，亦能谅解，并加援助。我国如能利用时机，取得大批国防器械及建设各统系之各项国防工业及开发农矿各业，自属极有益之事。须注意者：一须从速组织一专司机关，对于应办各事均从速推进。二我国既不须付现得巨量之军火，现时购办军火之款似可划作建设国防工业及开发供给德国农矿各物所需现款之用，因机料虽可向德赊取，而建设事业在本国工料仍须现款也。此次开单内未列钢厂及电料、机器厂等所需物品，因俟计划拟妥后，均可列入四、五二项。关于一、五两项办理情形及第三项在目前应否补开清单，均乞呈明委员长示复，以便遵办。顾、鄞、凌、王。有。三号。

顾毓瑔 [1] 函

（1947 年 9 月 16 日）

咏公委员长钧览：

本月五日辱蒙交下煤质样品一件，嘱予化验。兹已化验竣事，特将报告单一份奉上，恳祈察核。敬颂钧安。

顾毓瑔拜启

九月十六

---

[1] 顾毓瑔，时任经济部中央工业试验所所长。

与国际地质学会往来函（9 通）

国际地质学会秘书长函 [①]（1927 年 7 月）

翁文灏、谢家荣先生：

我荣幸地通知您，两卷本《世界铁矿志》已经出版。为了表达对您们宝贵合作的感谢，我们决定向每位撰稿者赠送一套。

我们将于下一封邮件中向您寄送两卷本的专著。

请接受我最崇敬的问候。

秘书长

第 14 届国际地质学大会秘书函 [②]（1927 年 12 月 9 日）

尊敬的先生：

便中请告知，您是否收到了两卷本的《世界铁矿志》？在 7 月份的去函已说明，该书由我们免费赠送。

第 14 届国际地质学大会秘书敬启

1927 年 12 月 9 日

---

① 本函及下列与地质学会往来函电，原文均为英文。

② 原函为英文。

致第 16 届国际地质学大会秘书长函（1930 年 10 月 31 日）

尊敬的先生：

　　1930 年 9 月的第一轮通知已收悉。中国将派数名代表出席第十六届国际地质学大会。我们特别感兴趣并希望有所贡献的主题如下：

　　2. 岩基和相关的入侵物。

　　4. 含金属矿床的关系。

　　6. 古生代系统的主要分界。

　　7. 第三系统的边界及其主要分界，特别是关于第三纪—第四纪的分界，动物群的演替以及侵蚀和沉积的周期。

　　10. 人类化石。

翁文灏敬启

致第 16 届国际地质学大会秘书长函（1933 年 1 月 9 日）

尊敬的先生：

　　应您的邀请，本人将出席于 1933 年 7 月在华盛顿特区召开的第十六届国际地质学大会。并且已被南京国民政府任命为中国政府和中国地质调查所的代表。

　　为此，中国地质调查所准备提交一系列与古生代及其动物群以及古人类化石相关的专题论文。

　　我将荣幸地出席即将召开的会议，除非最近发生的国难事件可能引发不可预见的情形。

所长翁文灏敬启

第 16 届国际地质学大会秘书函（1933 年 4 月 18 日）

尊敬的翁博士：

经美国地质学会理事会授权，并应第 16 届国际地质大会组委会的要求现将以下电报转发给您：

"美国地质学会为您提供 350 美元，以助参加国际地质学大会之用。莱斯"

也许不需要进一步解释，尽管当前世界面临着令人沮丧的形势，但学会希望国际地质学大会取得成功。作为支持大会计划的一部分，并希望有助于解决外汇问题，我们已经拨出适度的资金，用于资助某些我们希望能够作为代表出席大会的外国同行。

我们相信您已经决定与会，如果您尚未函复，请在方便之时告知。请以邮件最好是电报方式回复本办公室。电报地址——"地质学会，纽约"。

秘书查尔斯·P. 贝克敬启

致第 16 届国际地质学大会秘书函（1933 年 5 月 30 日）

尊敬的贝克博士：

非常感谢您 4 月 18 日的来函。我已收到美国地质学会慷慨提供参会经费的电报并回复如下：

"衷心感谢为我们参会提供经费。丁文江及我本人，都考虑参加国际地质大会。"

北平周围的严峻形势，让我们犹豫不决。丁博士肯定前往，他将于 6 月 27 日乘"克利夫兰"号从上海启程。我计划同时前往，并已预订了船票。但是如果情况恶化，我有可能取消行程。我们的确感到非常不安，如果北平的威胁不能消除，我必须留在这里。

　　感谢你的盛意。

翁文灏敬启

致第 16 届国际地质学会秘书长函
（1933 年 6 月 19 日）

尊敬的先生：

　　因公务缠身，本人无法及时抵达美国参加国际地质学会。我的前任，现北京大学地质学教授、中国地质调查所名誉所长丁文江博士，已被提名为中国正式代表，代表中国政府和地质调查所。

　　我尚未确定能否在大会后期出席会议。

翁文灏敬启

第 17 届国际地质学会主席古布金函
（1937 年 10 月 7 日）

尊敬的先生：

　　我们谨此向您转达第 17 届国际地质学会关于地球物理委员会的决议。

　　根据文件第 4-a 段，我们恳请您作为贵国第 17 届国际地质学会代表团团长，并指定一名专家担任地球物理委员会委员，作为贵国在该会的代表。

　　请注意决议第 3 段，如果您对该委员会的工作有何其他建议，我们将不胜感激。

您忠诚的

苏联科学院院士、第 17 届国际地质大会主席伊·米·古布金

苏联科学院通讯院士、地球物理委员会主席 P. M. 尼基弗罗夫

复第 17 届国际地质学会主席古布金函稿

（1937 年 10 月 30 日）

尊敬的先生：

　　10 月 17 日来函及第十七届国际地质大会关于地球物理委员会的决议收悉。本人乐于推荐鹫峰地震台台长李善邦先生为地球物理委员会中国代表，当与李先生商讨中国可能之贡献，俟有定议，将及时函告。

翁文灏谨启

复国民党中央秘书处函

（1948 年 8 月 11 日）

迳复者：

接准贵处八月六日京卅虞议字来函，承询对于秘密运用琉球革命同志会人员，以期收回我国故土意见一节。经查关于琉球问题，总裁前与美总统罗斯福及英首相丘吉尔在开罗会议时，业经共为谈及，并有所谅解。目前我方如采取秘密方式运用私人团体有所活动，恐将伤及美英友邦之情感而有所误会。鄙见所及，认为此事实应特为慎重，仍以留待将来以外交方式解决较为合理。

是否有当，相应复请察照为荷。此致中央执行委员会秘书处。

翁文灏启八月十一日

附

秘书处原函

迳启者：

案奉总裁六月十五日己删交密电略开："据密报……照叙"等因，除已密电台湾省党部物色琉球革命同志来京详询一切外，关于琉球问题，我国究应采取何种态度，应如何运用之处，谨特录电密达，至希惠示卓见，以便会商研究为荷。此致
翁院长文灏、王部长世杰

中央执行委员会秘书处启
八月五日

与何成浚 ① 往来函（2 通）

何成浚函（1946 年 3 月 31 日）

咏霓吾兄勋鉴：

敬启者。萧福运同志，华中大学物理系毕业，现在綦江三溪资源委员会电化冶炼厂充任助理工程师。自到职以来，悉心任事，成绩甚佳，对于电机电力之装修配布，颇具心得，极为该厂所倚重。顷以该厂将于四月底结束，该员不免随之退职。

刻闻贵部与湖北省府合办之武昌水电厂，需用是项人材甚多，特为函介左右，可否酌予提携，俯赐调用之处，仍希卓裁见复。无任感盼。专此。祇颂勋祺。

弟何成浚拜启

三、卅一

复何成浚函稿（1946 年 5 月 2 日）

雪竹吾兄勋鉴：

接奉三月卅一日大函，敬悉一切。承介绍萧福运君，顷已转知武昌水电厂黄厂长文治，希即转知萧君，迳与黄厂长接洽为荷。专此奉复。顺颂勋绥。

弟翁〇〇

---

① 何成浚，字雪竹，时任湖北省参议会议长。

与何应钦 ① 往来函电（2 通）

与钱昌照致何应钦函（194 □ 年 11 月 5 日）

十月廿四日函送贵部交通司与本会中央电工器材厂订购电话合同十二件，当将合同转发该厂，并饬洽领定银，提早开工去后。顷接该厂电称，此批订购件延搁过久，工料均涨，核算现价较原开价校实增百分之五十以上。倘交通司方面能照此比例增加定价，并即交付定银，则当勉予承接。又，交通司如愿减少皮件□量，亦可商议等语。

查此项通讯器材系供军用，该厂义当协助，不容推诿。惟据所称，新旧价格差额甚巨，亦属实在情形，价格方面似宜酌予增加，庶可两全。拟请转饬交通司迳与昆明总厂直接商办，以期简捷而免再有延搁。

除饬该厂本协助之旨竭诚协洽以谋适当解决外，谨以奉达，至祈蔼照。祗颂
勋祺。

弟翁文灏、钱昌照拜启

何应钦代电（1948 年 8 月 24 日）

行政院院长翁钧鉴：关于卅六年十二月八日中美转让海军船舰及装备协定，我海军总司令部接收美国赠舰之经费，前经该总司令部呈准购美金二一七万一四三三〇.二美元。除已由国库结付七十一万美元外，尚余一四六万一四三三〇.二美元，连同海军舰艇配件费五十万美元，两共一九六万一四三三〇.二美元，尚未拨付。兹因国库外汇奇绌，业经外交部会【同】

---

① 何应钦，字敬之，时任国民政府军政部部长，后任国防部部长。

本部呈奉钧核准，即在美拨军贷款中动支。经外交部电顾大使，迅向美国务院申请拨付在案。兹据本部美援案军品采购技术团团长杨继曾未真团 28 号电称："海军接舰艇配件款一九六万一四三三〇.二美元中，计员兵外勤招待等费共计四一万四六九九.二美元，大使馆声称美援贷款中难于支用，可否请由国库另行拨付，俾接舰得依计划进行，克电示。"等情。查此项员兵外勤招待等费，贷款中既不能支用，应请改由国库内拨付，俾免影响接收工作。可否？敬祈示。国防部部长何应钦。卅七未皓。坚夙。

与尹赞勋致胡恒德 ① 函（2 通）

与尹赞勋致胡恒德函（1940 年 12 月 30 日）

尊敬的胡恒德博士：

鉴于近来国际关系日益恶化，我们迫切想了解北平诸位朋友在紧急情况下的应对安排。魏敦瑞教授或许会依北平协和医学院的计划行事，而葛利普博士最好到西南来，在地质调查所附近找个地方安顿下来。如果葛利普博士同意该建议而缺乏足够旅费，请您先行为其垫付，我们一经得知确切数额后将立即偿还。

极有必要为新生代研究室这些特别的重要材料、中国猿人遗骨化石等，寻找一个安全存放之地。能否将这些实物送到西南或美国？我们请求你留意此事，并速与新生代研究室两位尊敬的博士——魏敦瑞主任和裴文中副主任作出相应的安排。

翁文灏、尹赞勋敬启

与尹赞勋致胡恒德函（1941 年 1 月 10 日）

尊敬的胡恒德博士：

鉴于国际局势日益紧张，我们非常急于了解在北平诸位朋友一旦遇到紧急情况时，准备如何处置新生代研究室那些价值不等的科学物品。是到了找个安全地方存放诸如北京人遗骨化石、标本模型及其他重要化石等珍贵物品的时候了。可能安全存放这批物品的地方有两处：西南的中央地质调查所或愿意暂时为我们保管的某个美国学术研究机关。不过需要提醒的是，根据先前达成的协

---

① 尹赞勋，字建猷，地质学家，时任地质调查所代理所长。胡恒德，H. S. Houngton，时任协和医学院院长。原函均为英文。

议，得到洛克菲勒基金会资助的周口店发掘工作，其发掘出的实物必须留在中国，不得出境。一旦美日关系更趋紧张，危及北平协和医学院的处境时，当务之急就是将这批珍藏送到我们西南地区来。不过，考虑到将这批物品从北平运到这里来的实际困难，我们已经打算同意将它们先用船运往美国，委托某个学术研究机关在中国抗战期间替我们暂为保管，俟战争结束后再送还中国。实施该方案时，魏敦瑞博士可代表中央地质调查所新生代研究室负责与美国学术研究机关联系，做出适当安排。我们也已就此事致函魏敦瑞和裴文中两博士，请他们代表我们征求您的意见并作出一切必要安排。如蒙为他们二位提供一切必要帮助，不胜感激之至。

至于在北平的诸位朋友，魏敦瑞教授可能依北平协和医学院的安排行事，裴和葛两位则最好来西南随我们一起工作。如果葛利普博士同意这个建议而缺乏足够的旅费，请您先行为其垫付，由地质调查所负责偿还。相信您会给我们提供一切便利。

顺致春天的问候。

翁文灏、尹赞勋敬启

与胡适往来函电（28 通）

致胡适函（1929 年 1 月 30 日）

适之先生：

　　太平洋书店及孙哲生信均敬收悉。太平洋事俟与在君兄商妥后即复。孙哲生捐款拟请其分两期缴于欧美同学会之新会计。好否？此颂日安。

　　　　　　　　　　　　　　　　　　　　　　　　　　弟文灏
　　　　　　　　　　　　　　　　　　　　　　中华民国十八年一月卅日

致胡适函（1930 年 1 月 29 日）

适之先生：

　　兹接油印在君约信及十九日大函均收到。丁君本想提早归来，昨已去电，请其务必因节费早归。赵君家族恤金政府方面大约可有把握。教育费或可请文化基金会出若干，俟至沪奉商。在北平的董事已同意。刘鸿生及铁道部（部发千元已收到）诸君肯捐的款拟尽先作为学术纪念之用。仲揆提议由地质学会作一 fellowship 办法，已由会草定，详容面述。先此。复颂近安。

　　　　　　　　　　　　　　　　　　　　　　　　　　翁文灏上
　　　　　　　　　　　　　　　　　　　　　　　　十九、一、廿九

致胡适函（1935 年 12 月 7 日）

适之先生大鉴：

　　来函及政之先生函均收到。《大公报》明年社论弟可试作若干，但数目殊难预定。一年五十二个星期，若由六人平均分担，则每人须作九篇，在弟似乎太多。若能不拘此数，或可勉为担任也。

　　《独立》约文章，下星期或可来一篇。即颂时绥。

弟文灏谨上

十二月七日

胡适函（1936 年 1 月 26 日）

咏霓、廷黻、景超三兄：

　　今早经农送来一篇记在君在湘情形的文字，中有《衡山纪游》的诗四首，其一首题为《麻姑桥晚眺》：

　　红黄树草争秋色，碧绿琉璃照晚晴。

　　为语麻姑桥下水，出山要比在山清。

　　此诗似是在君自寓其出处之怀抱，我读之想起宋人杨万里的一首诗：

　　初疑夜雨忽朝晴，乃是山泉终夜鸣。

　　流到前溪无一语，在山做得许多声！

　　我想吴达诠别号前溪，大概是用此诗之意。[①] 我对于你们几个朋友（包括寄梅先生与季高兄等），绝对相信你们"出山要比在山清"，但私意总觉得此时更需要的是一班"面折廷争"的诤友诤臣，故私意总期望诸兄要努力做的educate the chief 事业，锲而不舍，终有效果。行政院的两处应该变成一个"幕府"，兄等皆当以宾师自处，遇事要敢言，不得已时，以去就争之。莫令杨诚

---

① 旁注：达诠说，他生于湖州的前溪，故有此号。我的揣测错了。适之。廿五、一、廿九

斋笑人也。

适之

廿五、一、廿六

胡适电稿（1936 年 5 月 16 日）

南京行政院翁咏霓先生：资密。删电悉。院馆事不如外传之甚，惟古物陈列所事则甚难堪。叔平兄今晚到京，当可面陈。宋昨回平，秦、刘诸君皆甚忙，昨日秦、陈本拟到馆视察，亦未来。取消监理及章程事当觅便与谈。容续报。适。铣。

胡适电稿（1936 年 5 月 18 日）

南京行政院翁咏霓先生：资密。昨访刘敬舆、秦绍文二君，均与详谈。二君均允向宋君进说，但均恐不能即取消监理，古物陈列所恶例尤作梗。俟二君谈后续报，或需弟与宋面谈也。又，刘意院理事最好改秦、陈二人，秦意则主改宋、刘二人，敝意颇是秦说。此时乞勿发表。二君对院馆态度甚好。适。巧。

胡适电稿（1936 年 5 月 20 日）

南京行政院翁咏霓先生：资密。皓晨刘君电话云，宋君在二十前不愿谈政治，故未得进说。下午得兄皓电，已转达刘、秦二君，并函托其力为调处。洪芬已归，俟叔永到即可开图书馆委员会。敝意最好叔永辞委员而寄梅勿辞，乞与周、任一商。适。号。

胡适电稿（1936 年 5 月 20 日）

南京行政院翁咏霓先生：号电发后，忽得刘君电告，今晨政委会送一致中央长电稿，限即发。文中痛诋故宫盗宝而中央延宕不究，至今原案中人犹恋栈，监理处不但应整顿院务，并应令南迁古物即运回平。刘拒签发，而政务处长潘毓桂逼即刻发。刘不得已，驱车谒宋面陈，诘以是否真欲脱离中央。宋甚诧异，云绝不知有此稿，立令停发，并表示甚怒。据云，十三条监理规则彼亦未见。刘话止此。刘今晨电辞理事，彼意就理事反不便说话。余续详。适。哿。

胡适函（1936 年 5 月 21 日）

咏霓、廷黻两兄：

连日诸电所述，想已得悉此间形势。

马电所述"致中央电稿"，今始知其误，乃是一个千余字的训令，令院、馆、所三监理处的，其措辞今晚始见之，较马电所述尤为荒谬强硬。大意斥责故宫为盗宝机关，中央处理此案种种不当，如移转管辖，不令在平开审；如无辜之人羁押经年，而主犯或逍遥法外，或仍恋栈在院。监理处之设，意在切实防弊，限一月内监理处组织完毕，六个月内接收竣事。又，凡南迁古物应于一个月内饬令原负责迁运之人悉数运回故宫。……

此事反响是使宋了然于潘毓桂之跋扈，故他盛怒之下决意免他政务处长之职，调任沧石路！又调冀民政厅长来补政务处长。

潘是王治馨赃案中人，后又因他事被通缉，故最恨政府。他近来组织"大义社"，分布各县，由张璧、李达三主持，其用意最可怕。宋已令准成立了，后始悔之，密令省市府不予立案。今天潘还要成立此社，说："不立案我也要干。"宋令副参谋长富占魁以兵监理之，他才不干了！

大概图书馆事可以不难解决。据刘敬舆君说，已有七八成把握。

院事则尚多波折。今日闻有向中央推荐梁建章、刘春霖二人为故宫博物院长之说，我正设法挽救，尚不知有效否。这一两天他们正忙政务处长问题，或可稍缓。梁建章君闻系正派君子（周寄梅先生知道此人），淡于名利，未必肯干。但此间大有人对于故宫垂涎，则是不可讳的。而此时盗宝案法庭又正派员来故宫查点古物，更使此间攻击院当局者有所借口了。

今晚有人向我说：可否添一个副院长，以此间的人充之？我告以规程上无副院长。此人说，规程是可以由行政院修改的。我说，我不能提此议。

据说，宋以为监理处之设是合法的，因为院组织条例上有监理处。有人问他说：条例上只有"监事会"而无"监理处"。他似乎最初即受人蒙蔽了。

弟意以为，此事当初大概全由潘毓桂发动，一意蒙蔽宋君，造成僵局。此时潘既去，正可给宋一个下台地步。最好是请蒋院长以私电劝宋君，指出院、馆、所三处条例均无监理处之办法，必系有人乘宋出巡之时，蒙蔽专擅，妄立名目。今宋既由津回平，望查明此事，急予撤销。如此办法，或可有效。

又，故宫之事，最容易发生谣言，谣言又都是无法证实亦无法否证的。弟意以为，最好在蒋先生私电中即说明故宫条例本有"监事会"，此时正拟从速成立，如宋意中有相当人选，可向蒋先生提出。如此则宋有面子，可以下台，推荐院长之说或可挡过去。监理会细则未公布，不妨于细则中寓放弊之意。任期本已定三年，随时可更换。

此议是我今夜听了一些消息，回家后细读故宫条例想出来的一个办法，请你们斟酌处理。

我最怕同此间这些人物谈商此等事件，只因咏霓电托，勉强为之，颇感痛苦也。

适之

廿五、五、廿

胡适函（1936年6月9日）

咏霓兄：

鱼电悉。今日发一电与李德邻、罗钧任云：

南中消息使人怪诧难信。今日无论什么金字招牌，都不能减轻掀动内战、危害国家之大责任。三年前闽变起时，展堂、德邻、伯南诸公曾有"必将为亲者所痛，仇者所快"之说论。今日之事何以异此？迫切陈词，伏望两公与伯南、健生诸公悬崖勒马，共挽危机，国家幸甚！胡适。佳。

但因报纸所载确息太少，故不能作长文痛论此义。本星期日《大公报》论文由我作，拟明日作一文，津、沪同日（十四）发表。

我看内战恐不能幸免，奈何！

去年一月，在邕与钧任同游，有一个晚上，白健生来访我们，谈甚久。是夜钧任提出三个原则：对日外交要一致，剿匪要一致（其时贵州正在各军对峙之形势中），对内部政治要一致，拥护孙哲生的宪法。我极称赞他此言有政治家风度，尤其是"外交一致"一点，在他说此言，尤为难得。

但钧任近来似已忘却此意了。钧任在南方为最有眼光的人，他尚如此，别人如白健生之伦，更可想了。

日本方面，当然唯恐中国不乱。顷读任公年谱，见任公入桂讨袁之役，均得日本军人之助力，所谓"此行日人出全力相助，予我以种种便利，殊为可感"。至今读之，真使人栗然危惧。日本当日全力助倒袁之役，与今日倒蒋之出全力，同一作用。彼何恶于袁？何爱于梁任公？彼之处心积虑，凡可以统一中国之人物皆须在打倒之列也。

六月一夜，松室孝良来我家中谈话，凡谈了三点半钟。他的谈话主要之点是说：中日必须亲近，而蒋介石之南京政府绝对不肯亲近日本，故日本不能不抛弃中央而着力于地方领袖，如二十九军，如西南。

他也承认，他在冯焕章那边住过甚久，他深知二十九军是抗日的，他也知道白崇禧等人是抗日的。但他说："二十九军要抗日，同时也抗别军。白崇禧要抗日，同时也抗别人。所以我们可以同他们做朋友。"

这是最最露骨的政策。他们的抗日，日本是不怕的。他们的讨蒋，日本是最欢迎的。

今日之事，已到不能再拖延的时候。万一两方面的飞机炸弹对轰，国家成个什么样子！！此时最好是蒋先生自己飞往南宁或广州，与陈、李、白诸人开诚面谈，消除一切误会，接受一切有理的请求，此策之上也。其他中下之策，政府诸公想已筹之熟矣，不用我来哓舌。

此间（华北）局势，在上月底曾有很大的混沌酝酿。但五月卅夜，干部会议，决定方针不变，不脱离中央。此皆各师长知大义之力，文人中如刘哲、贾德耀皆有力焉。

六月四日，我与宋明轩谈了一点十分，他颇能接受我的直言。我注重一点：我说，宋先生"不丧失主权""服从中央"两个原则，我们都可深信。但我们必须明白，一个原则是建立在无数具体事实之上的；原则的维持全靠具体事实不放松。抛弃了具体事实，就是抛弃了原则。"不丧失主权"一个原则，必须使事事处处不丧失主权。"服从中央"的原则，也必须使事事处处不和中央冲突。（《独立》204 号即说此义。）我劝他特别注意日本的增兵。我对他说：日本增兵是把我们中国看作同庚子年一样；是表示不信任你们二十九军有维持治安的能力，他似乎如梦初醒。总之，此间的要人愚昧得太可怜！又太"予智自雄"，以为天下事都可以敷衍搪塞了之！天下真有此种"盲人骑瞎马，夜半临深池"的政治！革命革了十年，还不知道为事求才，还不知道封疆政治不是无知识的陈调元、何成浚、刘镇华一流人所能干的。此是根本大病，我不能不深责蒋先生也！

今日事势已迫如火烧到头上，中央对此仍无整个计划，真令人焦急死！

我的看法，华北今日只有一线希望，就是由政府用全力向东京做工夫，趁此时矶谷、梅津诸人都在要冲的时候，重提去年"使华北文治化"的旧议。（去年矶谷等人本希望王克敏久任华北，使政治趋向文治化，而经济合作可以实现。但黄郛怀私愤，向蒋先生提议政整会的取消，于是王克敏去而土肥原的自治运动代兴！黄郛之罪真百死不足偿也！冀东之局面亦起于黄郛之私心，他要扩大平津地盘与收入，故造成战区之特殊政权，不归河北省府管辖。殷汝耕是他一手提拔的，冀东自治政府的地盘是他一手造成的！蒋先生至今把此公当作智囊看待，殊不可解！）

这个意思，在今日恐怕已太晚，但还值得一试。原则上必须抓住"日本在长城以南、热河以西全部撤退"的根本立场。在这个原则之下，我们不妨考虑将冀察两省真个做成非战区域，用全国的第一二流人才来担任政治改革，使人民实受一点恩惠，使经济发展可以进行，而最大的利益是减轻北方卷入国际战场的危机。

今日政府中外交人才似最缺乏。前夜见外部亚洲司长高宗武君，与他谈了三点钟，我颇佩服此人的才干与魄力。此君颇能明了我的计画，望吾兄与他细细谈谈。

国际路线也不可抛弃。外部中太缺乏能当欧美方面外交的人才，鄙意廷黻兄仍以入外部为最适宜。此事关系不小，万望留意。

今日闻有人提议由中国在国联提议取消对意制裁，以博取意大利的好感。此议我期期以为不可行！我们必须抓住苏、英、美三国，万不可贪小便宜，失去世界的同情！！"雪中送炭"是下闲棋而收远效。万不可自弃其所守，蒙世界的唾骂，而实无利益可沾也。

（6月9日）

胡适函（1936 年 12 月 12 日）

咏霓：

昨晚得电甚为踌躇，其时梦麟兄连得急电，嘱我们请协和内科主任 Dr. Dienaide 南下，今早他允南飞，梦麟与同飞，故我不能行。

今日北平又有学生游行示威，北大仅有二三十人参加，然风潮恐一时难平息，因人心正浮动，而煽动者大有人在也。

北大校长南行，院长之中枚荪因葬坟南归，我更不能不留。

今晚连得二电，云蔡公渐有起色，为之稍慰。《独立评论》事，昨日见着秦、邓、陈继淹三人，我说："我并不热心复版，因为我够忙了，但此报是全国注意的，若停的久了，社会一定要责备，此间负责当局，我的办法是这样的。停了几期之后，我就复版了，也不用什么声明，也不用什么解释。"他们说这个办法很好，但他们须要见宋请示，要宋约我一谈，今天还没有消息。

此信乞与孟真、景超诸兄一看。

匆匆问安。

适之

廿五、十二、十二

胡适函（1937 年 5 月 17 日）

咏霓兄：

你四月十七日在船上发的信，今天（五月十七）才到，整整走了一个月。

你的长信使我很感动。平日太忙的人，长期的旅行是绝好的省察机会。我有一次到天津，住在旅馆里，茶房关门出房去，我忽然感觉这是几个月中之第一次 alone! 你此次旅行中，有"想想过去一年"的机会，写此长信，我反复读了，甚感兴趣。

我最近曾对人说，国家的进步退步都是依着几何学的级进的。近十年的建设进步，愈来愈快，确有几何学的级数之象。试想当初刘纪文造南京中山路之时，何等困难。连我这平日反对无为的人，在前几年也曾发表《建设与无为》的议论，明白的反对那初期的盲目建设，认为病民扰民，不如与民休息。直到前年，我才稍稍转变过来，去年在国外作文始明白的赞扬国内建设的进步。我的转变也正是因为最近二三年中，人才稍多，计画稍周详，而成绩之积聚稍多亦是一个重要原因。

关于人才之教育，诚如尊论，国家教育应供给国家所需要之人才。但解释"国家需要"，亦不宜太狭。国立机关如北大，如中基会，似仍宜继续为国家打长久算盘，注重国家的基本需要，不必呱呱图谋适应眼前的需要。现在学工程者已无一人失业，而工程师待遇又已骤增，将来社会风气自然会走向这方面去，我的儿子祖望也要考工科了！此一方面已不待我们的提倡。我们所应提倡的，似仍在社会不注意的纯粹理论科学及领袖人才的方面。社会一时找不出炼钢炼铜的人才，还可以暂时借用客卿。此时我所焦虑的是：兴学五十年，至今无一个权威政治学者，无一个大法官，无一个法理学家，无一个思想家，岂不可虑？兴学五十年，至今无一部可读的本国通史，岂不更可焦虑？在纯粹科学方面，近年稍有生色，但人才实尚甚缺乏，成绩更谈不到。故我以为中央研究院、北大、中基会一类的机关此时还应该继续注重为国家培养基本需要的人才，不必赶在人前面去求眼前的"实用"。无用之用，知之者希，若吾辈不图，国家将来必蒙其祸。此意与兄来函所言，虽稍有异同，我深信吾兄必能同意。关于兄将来的工作，京、沪、平三地朋友都很关切。四月底我到南方，新六、垚生都曾与我谈此事。他们都希望兄做中研的总干事。五月三日中研开评议会，我曾为此事留意。事实的经过，颇出人意外的。蔡先生病痊后，始终在他的夫人的"保护"之下，保护的"水泄不通"。直到五月一日他才知道骝先要辞职，并且带了辞呈去。那天蔡夫人大不高兴，说："叫你不要说，你偏说了。今天子民一定是一晚睡不着了！"结果是辞呈退还，总干事问题一字不提。二日上午在南京开院务会议，蔡先生夫妇下午才到京，院长不出席，当然没有人谈总干事问题。我在南京开了两天会，全不听见蔡先生提此事。现在谁也不敢提起此事。

我曾把徐、竹的意思和孟真谈过，孟真也没有法子谈此事。但孟真和我都知道中研院里有一部分的人不甚欢迎你做总干事。如果蔡先生是他从前的样子（his former self），只要他老人家决定了，就没有什么大问题了，不幸他老人家此时不能不受"保护"，别人就都不便进言了。（正开会时，蔡夫人发病了，医生诊为胆病，送进中央医院去了。我后来就未见蔡公了。）

闭会后，我因事又到上海，曾与新六细谈一次。我们结论是这样的：咏霓待人和平，而御下稍嫌过严，不免以中世修士之道律己而又律人，故不甚适宜于做中研总干事。（你的旧日部下同人，颇有出怨声者。我也不满意于你从前对我说的"又便宜又好"的取人标准！）此时最宜蓄养资望，将来中研院长一席于你为最适宜。此非"亲民"之官，不必常与各所所长直接接触，既有余闲可以从容整理平生要做的研究工作，又有余闲可以为天下国家想想一些真正重要问题，为国家社会作一个指示者。法令规定候选者三人，而你的学术地位之崇高，必居三人之一，毫无问题；若政府无根本大变动，你的最后当选，也毫无问题。新六之意颇希望你归国之后摆脱一切政治关系，也不必回到调查所去，最好到北大来做几年地质教授。关于此最后一点，我不能不避北大的嫌疑，但我也觉得他的意思大致不错。

来书说，"欲跳出政府机关，在中国又决非容易"。此是事实，我所以始终不敢跳进去者，亦正是为此。但此时若不跳出，将来更难跳出了。此时做魏道明的前任，人尚能谅解；将来做魏道明的后任，人决不能谅解，亦决不相怜惜。

来书主张地质调查所应更换新人，我也赞同。但你若抛弃调查所而长久跳入政治机关，则是学术界一大损失，于你自身亦是一大损失。

据友人传说，也许你回来专办钢铁厂，此是国家大事业，能得你主持，当然最好。我记得你前年曾对我说："中研若非杨杏佛那样盲干，若由我和在君来计划，规模绝不会有这样大。"此语我至今不忘。今日的建设大事业，若能得翁咏霓、丁在君之老成持重，加上曾养甫一流人的蛮干，那是再好没有的"两美具，二难并"了！我颇嫌老兄谨慎有余而蛮干的魄力不大。如果你回来主持钢铁厂或炼油厂，我盼望你在国外多多留意第一流客卿人才，不必鳃鳃过虑国内缺乏此种专门人才。有你这样老成持重的领袖，不妨充分利用客卿人才，开创时期的成效可以加快许多。国联技术合作所以失败，都因为外来专家无地可做工，只能看看而已。若有实地做工的大工厂，那才真是利用客卿人才的机会了。

你大概不免"躬亲细事"，此是一病。蔡先生最能用人，付托得人之后，他真能无为而治。可惜他早年训练太坏，不能充分利用他的闲暇来做点学术著作。你若能学他的用人，你无论做何大事业，一样可以有闲暇做你的研究工作。

匆匆作此，竟成几千字长书了。即祝你和景超兄的旅安。

适之
廿六、五、十七夜

另一信乞看了交景超兄。

胡适电（1938 年 12 月 24 日）

　　翁咏霓兄并转孟真兄：顷晤 ACADEMI QUINTER NATIONALE 会长，甚盼中研院入会，年费约美金百元。倘决加入，乞电复。（一）或允兄□，无须申请，明年五月伦敦开会即可由美英法提出通过，我代表即可出席。（二）弟与钱、张出国，共领国币十万元，今年六月兄汇来美金四一一七元。二个人演讲收入亦并入支用。此次回美，尚余美金二千九百元。到此五十日，馆中无一文经费，全靠此款借垫支持。近日始领到预借两月公费，但十月经费尚未到，故拟留此款不报销，以作缓急之需。乞代陈明。适。寝（二十六）。

致胡适函（1939 年 11 月 5 日）

适之吾兄：

　　途遥，故有事多以电达，甚少奉函。惟电文过短，亦愿作函为较长之叙述。弟前接赐寄照片，足见病后修复，且时从报中闻悉兄已照常演说，间亦旅行他地，甚为欣慰。但近时又闻他友言及，兄对身休康健并不注意，夜间阅书过久，有时候谈话过长，如此则又极为焦虑。兄英年硕望，正为我国家极所需要之人，不但为自身，即为国家计，亦宜自为珍惜，保养充分之康健，期有强固之精神以济此艰虞，保我邦国。中国政界庞杂，多数官僚敷衍消极，依然如昔，若干上级人员，则又植党营私，变本加厉。如果少数有志份子又复不自珍卫，砥柱中流，则小人为得志，国难更难转回，实在可惜。故特驰书奉劝，务必自重。国人在美者如李国钦、陈光甫等，均极爱国忠诚，努力工作。彼等对兄亦甚为钦仰，至堪引慰。弟在国内所处之环境则颇不相同，积习久传，自不易变化于旦夕，惟有忠勤自矢，凡所作为，力求于心无愧。至挽回风气，建设国家，则所待于努力者，自正多也。专颂健康。

弟文灏
十一月五日

致胡适函（1940 年 1 月 25 日）

适之吾兄：

关于法国扣留我国经越出口矿产事，前经外部电请向美国方面觅取协助，谅已将大略情形奉告。此事函令已将二月，迄未解决，特再将经过情形择要奉达，即希察照。

查我国矿产出口自粤南失陷以后，即全赖海防一途。此次桂南告急，本会在途矿产品当即尽量设法抢入越境。上年十二月初，我国到越钨、锑计各三千余吨。原拟于十二月内陆续运出，并有一部分业已领得出口证及预定船只。乃十二月二日，海关忽奉令禁运锑品出口，其已发之出口证一律失效。同月九日，海关复奉令禁运锑品出口。虽叠经本会驻越人员及河内总领事馆向越方切实交涉放行，亦毫无效果。十二月十日，海防市长往访本会驻越代表贝志翔君，面达奉令勘查本会到越钨锑，谓自即日起各仓存货不得移动。十一日晨，海防市政府正式签发第一、第二及第三号征收令（Ordre de Reguisition），附给征收物资临时收据三纸（Recu Provisoire de Matieres Requisitionnees），将到防报关进仓之钨砂均行封存，指定以资华捷运公司（本会驻越代表对外名称）经理贝志翔为负责保管人。按照征收令，该项钨砂"自即日起应予封存，备交越南军需署征用，违反本征收令者应受一九三八年七月十一日所颁《战时国家组织法》第三十一条规定之处罚"。又临时收据内并说明："该征收物资当照一九三九年九月二日所颁《海外物资使用法》之规定，予以给偿。"

查此事自发生之初，即由本会商请外交部向法国政府及法国大使馆提出交涉。法国商务参事虽曾屡以我国统制矿产品后，法商在华贸易被摈市场以外，无法继续为言。而我方亦曾切实表示，我国矿产虽由政府统制经营，而对外贸易并无国别限制。除敌国外，任何国家或商人均可自由向本会订购矿产。法方继又表示，希望我国供给以往每年输法数量之矿产。我方业已照允以一九三八年之输法越数量为根据，设法筹供。查十一月中法商越东龙东公司经理龙东（Jean Rondon）随法大使来渝，向我商购矿产滇锡每年三千吨，钨、锑各六百吨。我允先售锡二百五十吨，钨、锑各一百吨，以后购买可以续商。龙东当时表示尚好，惟据闻实际不甚满意。十二月，法国银团代表傅朗朔（Francois）来商购我国钨锡，亦答以除借款易货以外，当在可能范围内尽量供给。彼函言，法国工业及政府对此允诺甚绖荷。嗣后法使馆商务参事萨养思（Saillens）来谈，改征用为商购。法方表示需购钨砂二千吨，并谓运美钨砂无问题，惟运苏则甚为难。资会当即再函外部，转电顾大使向法政府交涉解除禁令，一面萨养思来会商购，当告以我方可售法六百吨。旋顾大使电告，法方急需知我在越钨砂运往各国分配数量。后经告以运英五百吨，运美一千五百吨，售法六百吨，运苏四百吨，并告以苏方驻华商务代表曾有正式公文通知本会，我方所运该国矿产，纯供自用，决不转运他国（换言之即不转运德国）。此后，法国大使戈思默虽曾一度表示可先解除禁令，但迄今仍不能出口。最近法国军备部派 Delaguaisse 及 Braye 二君来渝，商洽此事。弟曾告以盼将存防之数从速同意起运，并定本年法国需要购之合理数目，我方当尽力供给。至目前存防之钨增运法方数量，拟以七百七十余吨售法，五百吨售英，四百吨运苏，一千五百吨运美。此数内亦可分为二批，先运千吨，余五百吨可暂存防，继续商洽。法大使允以此议即电巴黎。Braye 坚持不允，要求在此数内以一千七百七十余吨售法，只以五百吨运美。又言法国本年需购八千吨，价值宜特从廉，因之无法续谈。上年终，法商龙东君所谈法国年需钨砂仅六百吨，与 Braye 所提相去甚远。又驻英郭大使电告，曾与李滋罗斯商谈。李言盼由英法美与中国商订整个办法，如此则我方自愿以此抵押，商成巨额借款，并酌留数量运往苏联，以免减弱抗战力量。今日法大使来谈，态度甚好，请求我方售与钨砂一千吨，允即电巴黎，予我以出口各种便利。此事或可得圆满解决，为便于接洽起见，爰将此事前后经过专函详告，敬希察洽。

再，此事除对英、法、美三国外，尚有对苏联关系最费筹划。因供给我国大量军械，我国曾允该国每月运往相当数量之矿产。于美数量内，实有一部分转运苏联者在内。此为我政府内定方针，又为事实上所必需，如果此物停止，则影响抗战力量至为重大。凡此不便对他任意宣泄，而为抗战成功起见又须努力办成，甚盼鼎力协助，随时商洽进行，至为绖荷。专此。祇颂勋祺。

弟翁文灏敬启
廿九年一月廿五日

胡适电稿（1940 年 5 月 23 日）

养电敬悉，吾兄远虑至佩。今日曾以尊旨告外部友人，日内当再与当局详谈。据现时形势，似美国决定以海军留在太平洋镇压远东；而以经济力量及飞机大量生产援助英、法。英、法虽目前受窘，一时无崩溃危险。敌人正骑墙观望，此时或尚有所忌悼耳。适。

胡适函（1942 年 5 月 17 日）

咏霓兄、雪艇兄：

久想给两兄写信，总觉得提起笔来不免要说牢骚话，所以终于不写信了。

我在这四年多，总为诸兄说"苦撑待变"一个意思。去年十二月七日，世界果然变了。但现在还没有脱离吃苦的日子。还得咬牙苦撑，要撑过七八个月，总可以到转绿回黄的时节了。

眼前第一要义，在于弘大度量，宽恕待朋友，体谅朋友在大患难之中，有时顾不到我们，切不可过分责备朋友。英美大强国，岂自甘心情愿失地丧师？岂不关心我们的痛痒？我们总得体恤朋友，朋友明白我们够得上做患难朋友，将来才有朋友永远和我们同安乐。

近来我国人士颇说，"此时作战，人尚不能'平等'待我，将来战事完了，我们怎能希望平等！"此论似是而非。我们的国际地位是五年苦撑的当然结果，并非"赵孟之所贵"故赵孟亦不能贱之。

今日我们所受困难，只是因为英美自己也受更大困难，更大耻辱。他们顾不到我们，他们的领袖心里实在认为最大耻辱。

但他们日夜图谋雪耻，嘴里说不出，只是咬牙苦干。我们必须体谅他们的苦衷，才够得上患难朋友。

两兄与廷黻、复初诸兄都是洞悉世界形势的，此时务必要主持正论，维护领袖，认清步骤。此时步骤一乱，以后全盘皆错了。

古人说，"入则无法家拂士，出则无敌国外患者，国恒亡。"我们这十年，敌国外患够多了，所以有抗战的兴国气象。但是"拂士"还太少，不够兴国。我够【盼】望两兄自任"拂士"，要多多主持正论。

某公在此，似无诤臣气度，只能奉承意旨，不敢驳回一字。我则半年来绝不参与机要，从不看一个电报，从不听见一句大计，故无可进言，所以我不能不希望两兄了。

去年十二月八日我从国会回家，即决定辞职了。但不久即有复初之事，我若求去，人必以为我"不合作"，又内对外均须费解释。故我忍耐至今。我很想寻一个相当机会决心求去。我在此毫无用处，若不走，真成"恋栈"了。两兄知我最深，故敢相告，不必为他人道也。

今年体气稍弱，又旅行一万六千英里，演讲百余次颇感疲倦。六月以后，稍可休息；我在此三年不曾有一个 Weekend，不曾有一个暑假，今夏恐非休息几天不可了。

适之问两兄安好。

一九四二年五月十七日

胡适函（1942 年 9 月 10 日）

雪艇、孟真、端升、咏霓、枚荪、子缨：

我出国五年，最远因起于我写给雪艇的三封长信（廿四年六月），尤其是第三封信（廿四，廿六，廿七）；次则廿六年八月尾蒋先生的敦促，雪艇的敦劝；但最后的原因是廿六年九月一夜在中英文化协会宿舍孟真的一哭。

孟真的一哭，我至今不曾忘记。五年中，负病工作，忍辱，任劳，都只是因为当日既已动一念头，决心要做到一点成绩，总要使这一万三千万人复认识我们这个国家是一个文明的国家，不但可与同患难，还可与同安乐。四年成绩，如斯而已。

当四年前我接受使命时，老妻冬秀曾写信来痛责我。我对他说：我们徽州有句古话"留得青山在，不怕没柴烧"。青山就是我们的国家，我们今日所以能抬头见世人者，正是因为我们背上还有一个独立的国家在。我们做工，只是对这个国家，这青山，出一点汗而已。

今日之事，或为山妻所笑。但山妻之笑，抵不得孟真的一哭。我要诸兄知此心理，知我决不懊悔动此一念头。我的使命已完全结束。今寄上"尾声"文件若干，以代报告：

1. 介公八月十五电
2. 答介公八月十五电
3. 外部八月十七日电
4. 答外部电（八月廿一日）
5. 美代外长私函（八月廿八日）
6. 美政府答复征求同意函（九月一日）
7. 美外长回京后私函

右文件或可供诸兄一览。其最后三件，均为"破例"之文件，故亦附入。

我的计画是先往纽约受医生详细检验，然后决定何时归来。我在廿七年十二月四夜得心脏病，曾住医院七十七天。三年半以来，虽未曾复发，但医生不许我高飞，前年三月，今年二月，曾飞过八千尺，但医生甚虑我不能飞万尺以上。一年中体重减去十四磅，医生要我休息几个月，先把身体养好了，再作归计。九月十五日离美京，一星期内身体检查定可有报告。

有几个大学，纷纷邀我去教书，都已谢却，告以三个月内不能考虑此事。实因急须绝对休养，并须绝对学做哑巴也。此后诸兄信件，可由大使馆公使（Liu Ghieh）收转。

匆匆。敬问诸兄健康。

弟适之

卅一、九、十

胡适函（1942 年 12 月 7 日）

咏霓、雪艇、梦麟、孟真、锡予、莘田诸兄：

今因胡味道次长飞回之便，匆匆草此书，报告近状。弟九月十八日离华府。九月廿九日受医生检验，血压 102/75，心脏四年中毫无扩大形态，血压虽低，不足忧患。但医生不令我此时作长途高度飞行。弟今年（1942）自一月十日至九月中，旅行四万英里，演说约二百次；有时一日演讲四次，有时因飞机耽误，终夜不得睡眠；故颇劳乏，体重大减，九月底只有一百廿五磅，几乎回到一九三二年开割芒【盲】肠前的体重。故医生要我休息调养。故已租房在此小住，地址如上方。①

自退休后，两个多月不曾旅行讲演，故体重稍增，睡眠已有一个月可以不靠安眠药了。（四年来，睡觉须服安眠药。）

三个月来，各地大学纷纷邀我明春讲学，凡有二十处之多。但我细细考虑之后，决计不教书，决计利用这比较清闲生活来继续写完我的《中国思想史》全部。所以如此决定，有三原因：1. 内人冬秀于廿六年七月北平沦陷时，把我的稿子、笔记，全带出来了；廿八年儿子祖望来美时，带了这箱稿件给我。凡我的《哲学史》旧稿（北大铅印两汉部分；北大铅印《中古思想史提要》；民十八年我在上海放大写的《两汉思想史》长编原稿，及《禅宗小史》稿，《近三百年思想史》杂稿等）都保存未失。有此基本，不难继续。2. 此邦有几个中国藏书的中心，一为国会图书馆，一为哈佛，一为 Columbia，一为 Princeton 收买的 Gest Collection，皆允借书给我。其地皆相去不远，其书很可够我借用。恐怕此时国内学者借书看书无此绝大方便，故我想充分利用此机会。3. 当我四年前此日（十二月四夜为我四年前心脏病〈coronary occlusion〉的第一天）卧病医院时，明知未脱危险，心里毫无惧怕，只有一点惋惜。

所惋惜的就是我的《中国思想史》有了三十年的经营，未能写定，眼里尚无人可作此事，倘我死了，未免有点点可惜！现在可谓"天假"以年，岂可不趁此精力未衰，有书可借之时，用一两年的全功，把我的书写出来，以完此一件大事？

主计已定，故决定不教书，决定靠薄俸所余及部发川资作一年半的生活费，努力写此书。但最近 American Council of Learned Societies（美国学术协会）知道此事，愿意给我一种 Grantin-in-aid-of-research（研究补助金）每年六千元，供我生活及助手之费。我因这数目比各大学年俸较低（各校年俸以 University of Chicago〈芝加哥大学〉提出的一万元为最高），故决定接受。这个 American Council 是 Member of "the International Union of Academies"，与中央研究院的史言所为姐妹机关（1938 年弟在欧办的中研院参加 I.U.A. 为会员，兄等想能记忆），其所包含有 American Academy of Arts & Science 1780, American

---

① 104E, 81ˢᵗ, New York city

Philosophical Society 1727，弟皆曾被选为名誉会员，故弟认此事为纯粹学术团体之合作事业，想兄等亦以为然。（此项补助计画，明年一月开始。）

此时我正准备开始重写我的两汉三国部分，已重读《后汉书集解》，并已借得《全两汉三国文》《龙溪精舍丛书》等等，此五百年文献大致具备，可以开始做工了。我的《中古思想史》分两大部分：1. 汉魏（古代思想在统一帝国的演变）；2. 印度化时期（300~1000A. D）。我预备一年内写成这中古部分。次写《近代思想史》，也分两期：1. 理学时代；2. 反理学时代（1600~1900）。我想两年的专功可以写成全书，包含《古代思想史》的重写。

我常说，我一生走好运，最幸运有四：1. 辛亥革命，我不在国内，得七年的读书。2. 国民革命，我又不在国内，后来回上海住了三年，得一机会写我的文学史第一册及两汉思想史的长编。3. 抗战最初五年，我得一机会为国家服务，大病而不死。4. 今得脱离政治生活，使我得一正当的名义，安心回到学问的工作。

附带报告诸兄的有这几件事：

1. 汉简全部寄存美京国会图书馆。（收条，锁钥均存弟处）。

2. 北平图书馆善本书百零二箱，先由袁守和兄分存国会图书馆廿七箱，University of California Library（加州大学图书馆）七十五箱。本年二月弟去California 交涉，将此七十五箱一并移交国会图书馆保存，故此百零二箱，现均存在一块。由弟特许该馆将全部摄影 Micro-film 三份，一份赠予该馆，二份将来于全书运回中国时，一并归还中国，以便分存各地图书馆。

3. 叶玉虎先生去年十二月初拟运美保存之善本书，未及运出，故均陷在香港。以上消息，乞告守和及骝先两兄。

匆匆。要赶快邮，不能多写了，敬祝诸兄及诸友安好。

适之

Dec. 7，1942

胡适电（1943 年 2 月□日）

俭电悉。上次集会各董事均主张中基会仍宜继续存在。本会管理资金不限于本会基金，种类既多，法律手续甚繁。去年临时委员会与银行接洽，历时一年，直到修正细则手续完毕，始得银行律师承认。此诸兄所深知。此间同人均谓本会将来可依原议递减外国董事，由会中选补中国董事。但基本组织章程似不宜改变，以保存其法律持续性，并为中美教育文化保留一个历史的联系。关于以后庚款，美外部不曾有正式表示。但微闻其意颇盼我政府将来继续拨付清华基金及中基会。高斯大使电询美政府意见，想能得比较正式的回答，甚愿知之。施董事在京，尊电已译送，但未得接谈。适。

一九四三年二月

胡适电（1943 年 2 月 □ 日）

翁部长并转叔永兄：密。俭电悉。肇基意，当磋商退还庚款时，两国原意中基会系永久性质，故定名为基金会而非管理委员会。此间同人亦均主张中基会仍宜继续存在，对基本组织章程不宜改变。而当年中美政府协定之退还条件尤宜信守，以保其法律持续性，并为中美教育文化保留一个历史的联系。关于庚款余数，探悉美外交部友人解释，新订条约谓自条约发生效力之日起，庚款即应停付；对前欠偿还一节，中国政府似仍有道德之义务，继续拨付中基会及清华大学。至中基会之存在，如有人来询美政府，当表示此会美方素所关怀，愿其继续存在云云。胡适、施肇基。

致胡适电（1944 年 8 月 4 日）

译转胡适之兄：顷悉，国防最高委员会已议决取销一切庚款机关，详细办法尚待行政院拟定。本会管理各基金，关系国际信誉，如取销后各国代管基金及自办合办事业，宜有妥善处置办法。诸决见如何？盼示。如能就近与孔副院长一商尤佳。文灏、鸿隽。支。

胡适电（1944 年 8 月 29 日）

翁咏霓兄支电及叔永电均悉。董事四人廿六聚谈，次日弟向孔院长陈说。孔甚同情，允为设法。杨格董事及廷黻兄，均允为向孔作同样陈说，弟颇乐观。董事意，叔永不必来。适。俭。

致胡适电（1944 年 9 月 2 日）

译送胡适之兄：俭电敬悉。兄等努力，孔允设法为慰。清华来函认为，撤销实为过举。高思大使亦言美国必极失望。并闻。文灏。由冬。

致胡适电（1944 年 9 月 19 日）

译转胡适之兄：中华文化基金会接行政院秘书处删日公函，内言：奉国府令，各庚款机关经国防最高委员会决议一律裁撤一案，奉谕：交外、财、教三部迅拟办法呈核。其各庚款机关并应准备于本年底结束，函请查照等因。孔公前允设法，未知已否电陈主席？此时是否再行电陈？请询问见复。

致胡适电（1944 年 10 月 18 日，23 日收到）

译转胡适之兄：龙（？）电敬悉。（一）尊电所言政府，未知指何机关？此事孔副院长能迳电蒋主席，切实陈明，方易挽回，否则王、张两秘书长虽口言赞成孔公主张，但均不愿出具公文。（二）袁守和赴美，系受蒋主席令派，并非为中基会之事。文灏。西巧。

胡适电稿（1944 年 10 月 27 日）

翁咏霓兄：巧电悉。九月卅弟在美京，孔出示兄致彼电，弟即力劝彼训令行政院秘书处通告庚款机关。次日弟即离京，以后未见孔，不知其发此电否。弟意此事应向介公直陈，不可坐待孔电。弟切盼兄亲见介公，陈说中基会为中美两国教育文化关系之重要象征，美国朝野均甚注意，美外部尤关心此问题，一旦撤销之消息发表，必引起教育界与舆论界的大反感。况美国人最尊重信托基金之保管，前年正月弟有千言长电致兄等，详述当日信托银行律师指出本会驻美委员会接管基金之不合会章。后经十一个月之烦难磋商，由本会依法修改会章，银行始承认弟等接管。此种严格尊重信托基金之风气，务乞为介公详陈之。万一将来政府须在美国法庭经过法律手续始能接管此区区六百万金，其反宣传之恶性影响，何堪设想。吾兄向为介公敬信，务乞直接进言。如有不便，可作为弟之意见，托兄转陈。上月孔之巧电亦应并陈。总之此事关系政府信誉、中美邦交甚大，而当日审查原案者看作预算案中一小节目，实为蒙蔽介公，贻误国事。兄若避嫌不言，亦难辞责也。廷黻兄已起程飞回，弟曾托其为中基会事设法，并闻。适。廿七。

与朱家骅致胡适函（1948 年 9 月 1 日）

敬启者：

本院第一次院士会议定于本年九月二十三日在京举行，同时第二届聘任评议员任期业已呈推展长至本年十二月底止届满。照章须于任期终了前三个月由院士选举下届评议员，故第一次院士会议之主要任务即为改选下届评议员。但旧有评议会选举规程，已因院士之设置与评议员须由院士选举之规定而不尽适用。爰于本年五月间由评议员通信投票表决修正，惟是项修正规程内第四、五、六各条文有关选举程序与方法，经王世杰等十二位评议员提议，应再经评议会详细讨论决定，以期完善。

兹定于九月二十二日下午即第一次院士会议举行之前日，在京举行临时评议会一次，共同商讨。事关下届评议员之选举，务请届时出席，以免不足法定人数。除正式分别致函召集，并由本院总办事处将旅费另行汇寄外，特此函请将命驾来京之日期先行惠示，以便派员奉迓。如有提案，亦请先期寄交南京鸡鸣寺路一号本院评议会，以资编次付印为荷。此致胡适之先生。

代理议长朱家骅
秘书翁文灏敬启
中华民国卅七年九月一日发出

致胡政之^①函

（1941 年 11 月）

政之先生大鉴：

　　兹阅居港友人寄来十一月十四日贵报社评，对于经济部工作之批评颇有不符事实之处，嘱为留意云云。循读此文，确觉有不敢不择要说明者，兹分为三点言之：

　　（一）关于国营事业者。此项工作多为资源委员会担任，社评指摘之点尤在未脱离官僚主义之作风。查此会所办工矿并无主持人员加入资本，主管人员悉皆廉洁从公，对于下管人员之偶有营私舞弊者，向皆认真处理，分别轻重，斥革惩罚，所谓利用国营企业为发财之捷径，未知贵社据何事烊而言，深望将其人其事赐函见示。如果属实，凡为弟所管者，弟自当尽法惩治，决不徇瞻。此不但为弟一人之协助，亦实为对国家企业之贡献也。至工矿主持向为学有专长笃志服务之人士，皆能精心从事，续继不息。按之事实，绝无社评所谓五日京兆之情形。

　　（二）关于协助民营工厂者，以工矿调整处办理较多。其具体工作，初为督促及协助工矿设备内迁，其机械数量及事业种类已选行正式报告，可不复述。后方新式设备，实赖内迁器材占最重要之成分，继为供给外购工具及材料，亦于民营厂矿不无裨益，目前尚在继续办理。对于工厂出产方面，则分别时代，指明应行制造之种类。内地生产设备为酒精、造纸、抽水工具以及小规模之发电机等，率能在后方自行制造，以供急需，现复注重纺织，正在推进，并未有始勤终怠之心。

　　（三）关于工业统制者。社评内所言某种官营企业而与金融资本相结合者，逐渐发展成为垄断性之组织，同业多被吞并，受其益者为官僚资本而非国营资本云云。此项议论未知究指何种事实而言。经济部所辖各事中，自信绝无此等现兔，且前既言之，经济部以及所辖各事业组织并无主管人员及其他任何参加

---

　　①　胡政之，时任《大公报》总经理。

投资，则社评所云官僚资本云者，殊不明作何解说。自信所助国营事业中，从来未有丝毫官僚资本，所助民营事业亦悉以事业对于国家需要为唯一前提，从不以官僚人情作为标准。清夜问心，向觉无愧，今用谓有利官僚资本而无补国家事业，读之痛心无过于此。

弟从事学术工作二十余年，向不为自身图任何利益，亦立志绝不为任何私系或派别图利，并对于所属人员亦常以此相勉。弟自度责任之重，深恐才力有所未胜，但淡泊持身，公忠体国，夙夜自勉，无时或懈。窃欲尽此区区以贡献于政界之风气。今读社评用竟与此素志竟若背道而驰，惊赅恐惶无逾于此。用特专函奉达，深望贵报向来持论公平为世所重，如果诬蔑过甚，深恐动摇人心，贻害国家信用，当非贵社历来忠诚爱国之所宜出。

直言函达，当希谅察赐示为幸。并颂撰祺。

翁文灏拜上

致华北水利委员会函（3 通）

致华北水利委员会函（1936 年 10 月 20 日）

案准贵会第五六九号公函，续寄晒就一万分一蓝图六百零二张，并附寄图号清单、路局提单各一纸到所，业经如数点收无误。兹再由浙江兴业银行汇奉第三批晒图费二百元整，即希查收备用，并赐收据为荷。

相应复请查照。此致华北水利委员会。

所长翁文灏

廿五年十月廿日

致华北水利委员会函（1936 年 11 月 13 日）

案准贵会第六三二号公函，续寄晒就一万分一地形蓝图六百八十八张，附图号清单、路局提单各一纸前来，嘱即查核照收，并继续汇款，以资支用等由。查图号清单一纸，已由尊函内附来，而路局提单迄未收到，想系遗漏，请即速为补下为感。兹另由浙江兴业银行汇奉第四批晒图工料费二百元整，即祈查收备用，赐与收据为荷。相应复请查照。此致华北水利委员会。

所长翁文灏

廿五年十一月十三日

致华北水利委员会公函（1936 年 12 月 21 日）

前准贵会函寄一万分一地形蓝图五百五十张，附图号清单、路局提单各一张等因。查该图单等业经照数查收，相应函请查照为荷。此致华北水利委员会。

所长翁文灏

廿五年十二月二十一日

与黄秉维^①往来函（2 通）

黄秉维函（1946 年 4 月 30 日）

咏霓先生尊鉴：

　　维晋资源委员会工作迄今已岁序四更，在此数年中，目染耳濡，涉猎渐广，深感实际问题大都贯系多方，谋致所以解决之途，每须参伍权衡，统筹兼顾，徒观一偏，决不足以知全体。见有所蔽，自不免误入迂歧。维学殖谫浅，虽不敢妄芜高远，然衔石人志则久已，悬此为奋驽效铅之鹄的，而愿毕生向赴焉。

　　维曾本此见解，就若干问题（一部见附呈研究纲要）加以研究，千虑之余，稍有所获，甚望得一游印埃欧美，以目击面问而引申充实之。犹忆前此五年，维修习地理，初具始基，尝函乞俯助赴美一行。复示谓，因外汇困难，不易取得政府协助，"虽有奉助之诚，而苦无实行之法"（原函附奉）。

　　今维之志业已有异于彼时，先生将玉成鄙望，再无复从前之障阻。谨呈研究纲要一份，敬祈察核。倘荷俞允，便其实现，自信必不负国家之殊惠与先生之期望。卓夺如何，尚希示复。敬祈钧安。

晚黄秉维敬上

四月卅日

　　维因在此办理三峡计划水库区调查，一时未能东下，惠翰乞仍寄重庆资委会。

---

　　①　黄秉维，地理学家，时任资源委员会经济研究室研究员。

复黄秉维函稿（1946 年 5 月 7 日）

秉维吾兄大鉴：

　　接诵四月卅日来书并研究计划，具悉一一。吾兄志业高远，孜孜为学，于经济地理之研究，尤能锲而不舍，取精用宏，素所钦佩。所嘱协助西渡深造一节，衷心良所企愿，一俟遇有机会，当为设法相助。知注特复。顺颂文祺。

　　　　　　　　　　　　　　　　　　　　　　　　　　　弟翁〇〇

黄育贤 ① 函

(1947 年 11 月 5 日)

咏公委员长钧鉴：

　　谨肃者。本处为激励同人加强学术研究，藉以发扬水力工程学理，并提高社会人士对于水力发电事业之认识，进而促进动力建设起见，爰编印《水力通讯》月刊一种，经于本年十月十日创刊。兹谨将该刊创刊号奉上一册，敬乞指正为祷。专肃。敬请崇安。

　　附《水力通讯》创刊号一册。

职黄育贤叩
十一月五日

---

① 黄育贤，时任资源委员会全国水力发电工程处处长。

复黄河水利委员会函

（1935 年 11 月 18 日）

迳复者：

准贵会函请介绍地质专家一人主持办理钻探工作等因。查贵会研究水底地质，择要钻探，自甚重要。惟此项地质人才一时尚无相当人选，可以奉荐。为从速进行起见，可否请由贵会派定妥员专司钻探，而由本所派遣本所地质职员前往考察，其任务在：（一）先行研究附近地质，商定钻探地址；（二）商定记录钻探结果之方法及名词，并协助砂土石质之鉴定。如此办法则地质人员之工作可以暂而不久，而地质研究仍可完全办到。

所有拟议合作钻探地质办法，是否可行，相应函请贵会查酌见复。此致黄河水利委员会。

所长翁文灏

与黄汲清①往来函电（7 通）

黄汲清函（1938 年 3 月 14 日）

咏公所长钧鉴：

前奉经济部发下修正本所组织条例第二条及第三条条文，其中第三条查与原呈颇有出入。未修正前之组织条例第三条全文为："地质调查所置所长一人，简任；技正十二人，荐任；技士十六人至十八人，荐任或委任；技佐十二人至十六人；事务主任一人，事务员二人至四人，图书馆、陈列馆主任各一人，委任；各研究室或试验室主任，得由所长指定技正或技士兼任之。"本所于去年九月二十二日呈请修正时，所提出之修正文为："地质调查所置所长一人，简任；副所长一人荐任……（下略）"所拟修正者，仅加一副所长一人之规定耳。而此次经济部发下之修正条文第三条已全盘改动，全文为："地质调查所置所长一人，简任或荐任；副所长一人荐任；技士十二人至十四人，荐任或委任；调查员十六人至十八人，助理员十二人；事务主任一人，事务员二人至四人；图书馆、陈列馆主任各一人，委任；各研究室主任得由所长指定技士或调查员兼任之。"此修正案与原案最大不同点有二：一为名义之改动，将技正、技佐名义取消，加入调查员及助理员两个名义；二为荐任人数之减少。原案规定有荐任技正十二人，荐任或委任技士十六人至十八人，但修正案则并无技正，仅设荐任或委任技士十二人至十四人，故荐任人员之名额较前为少。

组织条例为本所基本大法，既有此新修正案，则本所人员名义均应依照新案规定办理，但按诸实情，是项修正条文行之殊觉困难重重。（一）本所技正多经验宏富之士，专门积学之材，今若降其官阶，名为技士，恐难免大家灰心，欲其再努力从公，不可得也。（二）本所技正派赴各省调查时，常应与各方接洽重要公务，今若低其官名，则彼待外出时非但不克与主席、厅长会晤，即与科长、科员接洽，亦难免发生不便，将使所担任之事件无法进

① 黄汲清，地质学家，时任地质调查所所长。

行。（三）本所人员薪俸已较一般待遇低微甚多，只以同人深谅钧座苦干精神，故亦受之无怨，今若仅此较好看的名称亦靳而不予，实非国家激劝公务人员之道也。有此种种，清认本所组织章程有再度改正之必要。查最近公布之矿冶研究所组织条例，亦有技正、技佐之规定。该所与本所处同等地位，何以有此差异？

总之，清意以为，此次修正条例如钧座认为可行，自当遵照办理，但如认为尚可改正，似可乘本所改隶经部之机会，将旧案根本撤销，由经济部重新订定，呈报国府通过公布。如何之处，敬祈裁定见示为祷。专此。敬请钧安。

黄汲清启

二十七年三月十四日

致黄汲清函（1939 年 5 月 25 日）

汲清我弟：

卞美年兄之赴美事，闻事实上系由新生代试验室向洛氏基金会商洽助款，迄今未得确复，所以此事如欲进行，似宜于致洛氏基金会函内切实提明卞君对于新生代研究室之重要贡献，及前已商洽的话，以免过于突然，使人感觉不佳。但无论是否继续接洽，在此时间切不可使卞君于年青有为之年闲得无事可做，务宜请其就彼专长在西南即做调查发掘工作，并给予相当旅费，因就兄所闻，彼在滇颇少出外工作之机会也。闻知所及，特以函请注意及之。

云南省内宣威打钻坡煤田煤质甚好，而距路略远（闻照新近改订之铁路线距新更远）。又闻嵩明有三个煤田，亦颇佳，资委会极盼有人速勘，因迟则矿权为他人所得，恐宣威矿即开亦大受影响，而昆明所中又言无人可用。此事可否想一办法，速派一二人前往，俾克从早得有简要报告。

黄汲清函（1940 年 5 月 31 日）

咏公部长钧鉴：

　　日前大驾莅碚，对土壤研究室问题匆匆谭商，未作一最后之决定办法。继经职考虑再四，深觉此事如再拖延，难免遭致不可收拾之结果，故于今日与尹建猷、侯翼如二兄再度商讨，佥以比较最可实行之办法，仍以将侯君改任主任技师，使其专任研究工作，而将行政事务之大者，由所长自任之，其小者，如例行工作，则交由管理员李庆逵君任之。此种办法土壤室同人大都赞同。时至今日，如必欲维持侯君主任地位，恐必难免不幸事件之发生。吾人固绝不能因少数人员之要挟而更换主持人，但似亦不应因维持威信之故，而使大部在本所已有长久历史之技术人员散而之四方，使土壤室之前途无望，土壤室之基本动摇，故较为妥善之办法实只上述之一办法也。

　　又因此事应立予解决，故拟即日将侯君改任主任技师之办法予以公布，以安人心。所以未待钧座回信赞同者，实因情势迫切之故，谅钧座必能体谅此种苦衷也。惟此种办法自为临时而非长久之计，彻底解决之法，当于此过渡期中徐徐图之，想钧座必有良策以善其后也。专肃。即请钧祺。

职黄汲清谨上

五月三十一日

黄汲清电（1943 年 1 月 21 日）

　　翁部长钧鉴：密。巧返迪化。矿区图已交郭可诠候机携回。拟即按原定计划赴南疆调查石油，惟工作范围如何，请示。闻新省即成立地质调查所，建设厅长出示尊电，命程、周及职协助进行。惟究应如何协助，恳详示性质及范围，以便遵办。所方派岳、米诸君，约何时可到，亦乞电示。职黄汲清叩。

复黄汲清电（1943 年 1 月 21 日）

迪化。督办公署转黄汲清兄：电悉。密。南疆工作，对库车附近油田特为详密调查，测成矿区图，其余请兄等善为筹办。新疆地质调查所事，请兄等筹拟地质矿产调查办法，向建设厅长或盛主席陈备参考。岳、米诸君，一俟省方洽定，随时可以启程。文灏。子马。

致黄汲清电（1943 年 2 月 2 日）

迪化。督办公署译转黄汲清兄：电函均悉。密。新省调查所，灏已另电盛督办，商洽各项办法，一俟商定，岳、米、马诸君即可启程。库车油田工作，所需各费皆由中央资委会开支。工作完竣后，兄可返渝一行，然后再行赴新。弟灏、昱。丑冬。

黄汲清电（1943 年 4 月 24 日）

经济部翁部长、钱副主任委员钧鉴：密。工作完毕，定梗离阿克苏返迪。此次在天山麓左见古冰川遗迹，第四纪晚期冰川舌吐出海拔一千五百公尺之平原。冰期范围广大，可以想见。请转告李赓阳兄及所中同人为荷。职黄汲清。马。印。盛世才卯养转。印。

侯学煜[①] 电

（1944 年 5 月 23 日）

　　翁主任委员：密。廿二晚抵筑，候将灵柩及安葬地点洽妥后，至迟月底前可启程来渝。侯学煜叩。辰漾。

---

① 侯学煜，土壤学家，时任地质调查所土壤研究室技士。

与蒋介石往来函电（113 通）

代发胡适等致蒋介石电（1932 年 10 月 21 日）

汉口。蒋总司令钧鉴：〇密。陈独秀君在革命史上颇有相当功绩，虽晚节多谬，尚不肆暴力破坏同科，且久为彼辈所深恨。此次被捕，务恳大力主持，法律审判，公平处置，不胜盼祷。胡适、丁文江、任鸿隽、顾颉刚、傅斯年、唐钺。翁文灏代发。哿。印。

蒋介石电（1932 年 11 月 16 日）

北平地质调查所。翁咏霓先生：胡适之先生近日身体如何？可否请其南来一叙，请转达。盼复。中正。

与胡适、丁文江致蒋介石电（1933 年 3 月 3 日）

南昌蒋总司令钧鉴：文密。热河危急，决非汉卿所能支持。不战而再失一省，对内对外，中央必难逃责，非公即日飞来指挥挽救，政府将无以自解于天下。胡适、丁文江、翁文灏叩。江。印。

蒋介石电（1933 年 3 月 5 日）

北平地质调查所。翁咏霓先生：〇密。适之先生电已接悉，请转告，诸事容中北上后面谈，并请代约丁在君先生届时一晤为盼。中正。

致蒋介石电（1933 年 3 月 17 日，北平）

保定。蒋总司令钧鉴：〇密。防御工程如需铁筋洋灰建筑者，清华工程系教授愿任其事，请随时见示。翁文灏叩。霰。印。

致蒋介石电（1933 年 7 月 21 日，南京）

牯岭。蒋委员长钧鉴：文密。文灏此次本拟到赣晋谒，奈到沪即病。近犹极感疲弱，只得俟稍为养息，再图谒见。关于国防建设要端，前就中计画，草有大纲，乙藜兄当能代陈——。文灏叩。马。印。

蒋介石电（1933 年 8 月 10 日）

教育部钱次长详转翁秘书长：〇密。川滇之铜矿，择其最便最易之处，从速着手，限期开采。又，陕北油矿工作，务望尽量加紧赶办。中正。

与钱昌照致蒋介石电（1933 年 10 月 4 日）

南昌。总司令行营。蒋委员长钧鉴：〇密。顷军需署通知，谓本会经费自下月份起奉钧座谕停发。想以本会积有存款之故，惟本会存款原系遵命储作基金，为试办新兴事业之用。此刻陕北石油之开采、低温蒸馏之试验，已着手进行，矿冶研究所正在筹设，各种调查又陆续推广，倘或经费停发，势必移动存款，而于试办新兴事业定发生影响。因恳钧座电令军需署，对本会经费仍照常发给为祷。翁文灏、钱昌照。支。印。

与钱昌照致蒋介石电（1933 年 10 月 7 日，南京）

南昌。蒋委员长钧鉴：照密。鱼电敬悉。今日起即将本会存款悉数移存中央银行，一切手续数日内即可办妥。翁文灏、钱昌照叩。庚。印。

致蒋介石电（1934 年 4 月 30 日，北平）

南昌。蒋委员长钧鉴：今晨安抵平，入协和医院调摄。知注谨闻。翁文灏。卅。

蒋介石电（1934 年 7 月 1 日）

北平地质调查所。翁咏霓先生：设计会本年对于各大学优等生，是否照常收录实习？此款似不可少，须节减他费而维持此费也。中正。

蒋介石电（1934 年 7 月 10 日）

北平翁咏霓先生、南京教育部钱次长：国防设计委员会拟于八月廿五日至卅日间，在庐山非正式会谈，请代约各委员与专员，如有暇届时来庐一叙，并请兄等先来庐筹备招待。中正。

致蒋介石电（1934 年 7 月 11 日，北平）

牯岭。蒋委员长钧鉴：文密。蒸电敬悉。钱乙藜兄现适在平，当即商同筹备。乙藜兄七月底到庐奉谒，秉承种切。灏重病方愈，体尚弱，如能勉行，亦当先期到庐。翁文灏。尤。印。

致蒋介石电（1934 年 7 月 13 日，北平）

牯岭。蒋委员长钧鉴：〇密。下月开非正式会议当即着手准备，本会委员、专员、专门委员等等，应约同讨论者六十人左右。至开会方式及题目，文灏、昌照正在磋商，俟昌照本月底来牯岭时请示决定。翁文灏、钱昌照叩。文。印。

致蒋介石电（1934 年 7 月 24 日，北平）

牯岭。蒋委员长钧鉴：〇密。养电敬悉。蒋廷黻君略展出国期，定于二十七日星期五由京飞机到九江，恳派人于是日中午在机场一接为感。翁文灏。敬。

致蒋介石电（1934 年 9 月 9 日，南京）

牯岭。蒋委员长钧鉴：〇密。鱼电谅达。文灏拟于文日到牯谒见。翁文灏。青。印。

致蒋介石电（1934 年 9 月 25 日，北平）

牯岭。蒋委员长钧鉴：〇密。文灏以眼疾，日内暂难前往中福，兹派国防设计委员会专员孙越崎前往焦作、道口等处，考察张厅长接收后办理情形，俟有报告，再为呈报。翁文灏。有。印。

致蒋介石电（1934 年 9 月 26 日，北平）

牯岭。蒋委员长钧鉴：文密。九月十七日尊派文灏为中福整理专员之任命状，今日方奉到。好在现接收有人，拟俟孙越崎考察归来再为报告。仍盼随时赐示。翁文灏。宥。印。

致蒋介石函（1934 年 9 月 29 日）

介公钧鉴：

　　昨日奉读侍从室第二组寄下，钧座命交文灏研究参考之塞总顾问关于组设军事实业部之建议一件。当经详加考虑，谨将鄙见所及附件陈明，伏希察为幸。谨颂勋安。

翁文灏谨启
二十三年九月廿九日

附

对于塞总顾问建议组织军事实业部之意见书

　　军事实业部之组织似可不必。因（一）凡直接兵工制造之事业皆可归兵工署管理，凡间接有关之其他工业，不应明称为军事工业，致惹外国疑忌。（二）且中国现在确实有关军事之工业并不甚多，不必设立专部，且恐与现有各机关之权限难免冲突。（三）其他各国亦未闻有此组织。因政府对于国内工业统制指导固所当然，但不可迳称之为军事实业也。

　　第一，应尽量改良及利用现在已有之机关。对于全国实业之统制指导，当然为实业部应有之职责，不幸数年以来空言某大工厂之计画，而按之实际，无一成功。加之其他机关纷立竞出，诚有如原建议所言，各种计画同时并行，不能互相联络而且自相矛盾者，此种现象诚极可惜。窃思重要机关如实业部者，亟须慎其人选，并充实其办事能力，使其能与军事当局通筹合作，对于公私实业并顾兼营，此实目前之要务。

次之，宜急筹经济建设之通盘计划。各机关各行其事，纷糅复杂，既如上述，亟须有一团体会集讨论，使各机关之计画皆能汇集一处，各计画之负责人员得以互相参考。前次国防设计委员会开会时，曾有附设经济计划委员会之议，惜仅由会内组织，并未参加主管机关，仍恐不能达到上述目的。似宜加以修改，除少数定额之委员外，（经济委员会之审议委员似多，可加入此数）可另有非定额委员。凡讨论某种实业时，主管机关及有重要关系之实业或专门家皆可临时邀入，陈述意见。以此团体为主，将各种实业计画皆加以彻底审查，陈之当局，庶可渐有统一办法。此体团之详细章程，自当另拟。设之于国防设计委员会内者，可以藉此利用专门人才及调查材料，并可免另筹经费且易于兼顾军事需要也。

再次之，宜妥筹经营工业之方法。五六年来侈言国营工业，而迄今无一成功，实则中国既非共产制度，工业原不应全归国营。就现在政界情形言，国营工业能否稳定节省，尤毫无把握。窃谓亟宜利用国内实业家及金融界已有之经验，极力奖励、辅助商办工业，而由政府严加监督，对于地方原料及产品皆详加指导。例如实业部拟办硫酸亚厂，须用资本一千五百万元，今改商办，产额如旧，而资本远不及半。分别之巨如此，故不得已必须国营时，亦宜尽量利用国人投资，并妥慎选择办理之人，庶免无谓损失。中国民穷财尽已达极端，一切经济建设皆是极力挣扎，以立国本，决无余力可以浪掷，故此项方法之研究实极关重要也。

致蒋介石电（1934年10月12日，北平）

汉口。蒋委员长钧鉴：○密。前日孙越崎由焦作考察归来，藉知张厅长努力整理，尚有成绩，每月支出现已减少四万余元，但每吨煤之成本尚须三元五角，而第一厂所出末煤，尤感过多，各方面销路亦尚待推广，种种业务自尚须相当时期方能就绪。窃思中福矿中，张厅长既积极整顿，似宜力助其成，不必中途易人。孙越崎人极切实，现在中福各厂工程人员，为其前办穆棱煤矿之旧属，英国之顾问工程师，与彼亦为旧识。可否荐其至矿，兼任管理工程，与张厅长相助为理。又，文灏负名专员，恐反使张厅长不能安心工作，故新派各员皆目代理名义。可否仰恳钧座，改派张厅长为整理专员，庶责任较专。如钧座仍欲文灏随时注意以备顾问时，亦可酌给其他名义，以期相机协赞，并可亲往视察。以上二节是否可行，敬祈察核赐示，幸甚。翁文灏。文。印。

致蒋介石电（1934 年 10 月 19 日，北平）

西安。蒋委员长钧鉴：柑密。删、巧二电均敬奉悉。孙越崎君现往南京，当即电告早日赴任。又，陕北石油探矿，方在进行，易人为难。拟请准孙君兼任，暂由现方在陕之严爽君代理，仍由孙君负责筹画督察。敬祈钧鉴。翁文灏。效。印。

蒋介石电稿（1934 年 11 月 6 日）

北平。地质调查所翁咏霓先生：〇（借军分会）请兄删日前到京，与在君兄会商以后经济政策，并制定方案。可请吴达诠与周作民二兄参加也。其范围，以新建设铁道与重工业及对外贸易重要之货物统制为重点。请先预备。中正。鱼机同。

致蒋介石电（1934 年 11 月 10 日，北平）

太原。蒋委员长钧鉴：柑密。齐电敬悉，已转告陕北探矿处。日前该处电告，第一钻已日出油三百余斤。又，中福煤矿，闻中原董事会颇有活动。鄙意张厅长应使其安心工作，随时到矿。近时形势不清，急须钧命维持。文灏遵于本日晚车晋京。翁文灏。蒸。

与钱昌照致蒋介石电（1934 年 11 月 13 日）

南京。南昌蒋委员长钧鉴：新照密。文灏本日到京，达铨先生亦到，作民先生定晚可到。公权、新六二先生近对钢铁厂等事热心援助，此次应否邀请参加讨论，请电复。再，达铨先生云及四川刘甫澄屡托代表告彼，希望于东下谒见钧座时，能同会谈。彼尚未允。是否有此必要，嘱代请示。又，达铨先生等参加讨论后，应否在京等候钧座，亦请电示。翁文灏、钱昌照叩。元。

与钱昌照致蒋介石电（1934 年 11 月 16 日）

南京。南昌蒋委员长钧鉴：○密。陕北探油第一井每日捞油增至二千余斤，成绩尚好。商办钢铁厂，本各方面颇热心，将来商股当可招足，勿念。闻实部又有招美商承办提议，事恐不易成就，或且引起其他纠纷。陈部长电陈钧座时，乞注意。翁文灏、钱昌照叩。谏。印。

致蒋介石电（1934 年 12 月 1 日，北平）

南京。蒋委员长钧鉴：柑密。中福事已派孙越崎先行赴矿准备，文灏返平略为处置所务，数日内亦即前往。但原派驻矿之保安队已调回省，闻附近仅有商震所辖少数军队，可否请钧座另派军队，或电令商震暂定一营负护矿之责。请电示。文灏亦可在平与商君商洽。翁文灏。东。印。

与张静愚 [①] 致蒋介石电（1934 年 12 月 10 日，焦作）

南京。委员长蒋钧鉴：奉钧座感秘京电，遵于十二月灰日驰抵焦作，接收视事。职静愚遵令交卸。理合会衔电呈备案。职翁文灏、张静愚叩。灰。

致蒋介石电（1934 年 12 月 12 日，焦作）

南京。蒋委员长钧鉴：○密。文灏于佳日抵焦视事，业经电陈在案。现正

---

① 张静愚，时任河南省建设厅厅长。

积极策划，力图整理，一切进行办法容俟筹妥，再行呈请鉴核。文灏猥以轻才，谬膺艰巨，乞赐训迪，俾有率循。又，福公司董事长吴乐夫将军，因钧座维持矿业，至深感佩。渠不久即拟返国，盼于下月初旬晋谒崇阶，面申谢悃。如蒙赐见，乞示时日及地点是祷。翁文灏叩。文。印。

致蒋介石电（1934 年 12 月 30 日，焦作）

中福英董事长吴乐夫将军对于整理情形尚为满意，不久即拟归国，并拟于一月三日移住首都。钧座可否接见，何时何地，祈先见示。又，对于整理后善后办法以及道清路向东延长，灏亦需与彼商谈，钧座接见时似可一询，听其意见。

蒋介石电（1935 年 1 月 1 日）

河南焦作，福中煤矿公司翁咏霓先生：关于产业动员、人才之训练及养成，与设计委员会之充实，与商聘品学兼富有常识与经验之顾问者，主要有兄留心代为物色，以备采择。如本月中旬有暇，请回京面商一切。中正。

蒋介石复电（1935 年 1 月 2 日）

焦作。翁专员勋鉴：卅电悉。蒸日以前，中仍驻故乡，约删日回京。如吴乐夫能届时到京会见最好，否则约期来奉亦可。中正。江西机溪。

致蒋介石电（1935 年 1 月 30 日）

南京。蒋委员长钧鉴：柑密。艳西秘京电谕谨悉。平汉、陇海车辆尚未多增，正在分别催请之中。翁文灏叩。卅。

致蒋介石函（1935年2月5日）

介公委员长钧鉴：

月前入都，迭承尘诲。关于中福煤矿运输事宜，并蒙特予维持，仰见垂注殷拳，弥深感纫。文灏于上月念八日返焦，当将各项重要事务详加规画，出产成本业已设法减至最低限度。至运输等事，正在筹拟切实办法，各路局如能力予协助，约可得有相当成绩。惟查李前经理文浩等，于民国二十二年八月中用中福两公司联合办事处名义，与英商华英银公司订立借款合同，按诸《矿业法》，颇有应行考虑之处，谨为钧座陈之。

查该合同第二款内载："联合处承认产权利一概作为透支往来之抵押品"等语，而英文合同内，又将财产权利分别载明 assets and rights，"权利"二字似将矿业权包含在内。按照矿业法第四十一条及第一百零八条之规定，如将矿业权抵押于外国人，其矿业权应即取销，并处以三年以下之有期徒刑，或三千元以下之罚金。是以矿业权抵押于外国人者，除撤销其矿业权外，并应酌予处罚。检查案卷，此项合同事先事后均从未呈报主管官署。此案关系重大，将来如何应付，似应预为筹计。理合将该合同之中文照录一份，呈请鉴核。尚乞俯赐训示。无任企祷。肃此陈。敬祝钧祺。

翁文灏谨呈

二十四、二、五

附抄呈中文合同一件

中福两公司联合办事处华英银公司借款合同

一、银公司承认，给与联合处透支往来之利便，暂以三百万元为限，如将来联合处营业发达，得由双方同意加增之。

二、联合处承认，将所有现有或将有之存煤材料以及其他财产权利，一概作为透支往来之抵押品。

（合同签字处的有中福两公司联合办事处总经理李文浩总代表英文名和华英银公司代表英文名为同一人，此人也是福公司总经理 Kanla Porte。）

拟办：

一、查原合同第二条之矿业权在法律规定绝对不能抵与外人，今李文浩意以完全押于英商，丧失国权，极为重大，且李文浩于签订此项合同时，事先事后均不呈报中央，尤似有意蒙混，其中难免有弊，拟复翁专员，应与该英商交涉，以此条与我国法律牴触，不能生效，应即取消，以维国权。

二、李文浩在中福舞弊案自去岁九月间一到牯岭，未审曾否趋见钧座，但李旋即他去，迄未到案，致与彼同案已解赣候讯之张国成及矿警队长李某二人，亦因李未到，无法讯结，现尚在押。顷接刘主席来函，请将李案从轻发落，究应如何处理，请核示。

军法处加以催询，则谓在牯已见再到钧座，毋庸再到。

与钱昌照致蒋介石电（1935 年 2 月 18 日）

南昌。蒋委员长钧鉴：○密。陕北油矿探勘工作正在积极发展，不意永平、延长一带迩来匪风甚炽，以永平为尤甚，因之延长探勘工作受其影响。而永平方面已陷于停顿，撰文表令，饬就地军队派定得力队伍切实保护，以策安全。四川油矿本会拟于今春开始筹备，前往钻采其办法与陕北油矿约略相同，深恐创办伊始地方易起误会，拟乞先电四川刘甫澄主席，俟其同意，再行着手。职翁文灏、钱昌照叩。巧。印。

与钱昌照致蒋介石电（1935 年 2 月 19 日）

急。南昌。蒋委员长钧鉴：新照密。实业部拟将吾国石油矿及天然瓦斯及其他炭轻化物质之探、采、炼一切特权，给予美商华脱爱琼斯，以五十年为期。于此五十年内，即吾国政府亦不得从事上项工业，同时吾国石油类关税亦均受其限制。该特权之探、采、炼范围，除本会在陕北现凿各井周围八十英亩暂时划出外，多包括吾国全境。现是项合同正在行政院审查中。此事关系吾国资源至巨，社会上势必发生莫大的反感，恐国际纠纷亦且因之而起，前途极为可虑。敬恳钧座即电汪院长，请将实业部与美商签订合同之议早日打消，以免演成危局。职翁文灏、钱昌照叩。效。印。

蒋介石电（1935 年 2 月 22 日）

南京。参谋本部国防设计委员会翁秘书长、钱副秘书长：效电悉。〇密。已电汪院长，请将此事停止进行矣。中正。

致蒋介石电（1935 年 2 月 22 日）

武昌。蒋委员长钧鉴：柑密。文灏偕同丁文江先生今晚赴晋，调查钢铁厂事。德人提议液化煤炭事，正在接洽，俟有结果再为奉达。翁文灏叩。养。印。

蒋介石电（1935 年 3 月 2 日）

北平。地质调查所翁所长咏霓兄：电悉。柑密。中福透支合同全文中应重加整理之各点及彻底交涉应采之步骤，尚盼妥筹详拟电告为要。中正。感西秘渝。

致蒋介石电（1935 年 3 月 2 日）

武昌。蒋委员长钧鉴：柑密。中福煤矿现已将全年产运销计划全部拟就，铁路运输实为重要关系，陇海路车辆不敷甚巨。兹派葛炳镐科长赴郑面商，仍请钧座电令陇海路局，在此整理期间，务须特别援助，多拨车辆。幸甚。翁文灏。冬。

与钱昌照致蒋介石电（1935 年 3 月 4 日）

渝。探呈蒋委员长钧鉴：新照密。四川探油、湖北探铜工作拟即进行。探油机器四架，约需开办费十三万元；探铜机器二架，约需开办费六万元，两共十九万元。查本会积存三十五万元，除拨地质调查所房屋建筑费五万元，矿室、冶金室、电气研究室机器设备费及房屋建筑费二十四万元外，仅余六万元，对于四川探油与湖北探铜工作已无力进行。拟恳钧座电饬军需署，另拨四川探油、湖北探铜开办费十九万元，以便着手筹备。乞电复。职翁文灏、钱昌照叩。支。印。

蒋介石电（1935 年 3 月 13 日）

焦作。翁专员咏霓兄：上月五日所陈及附件均悉。柑密。李文浩任内与英商华英公司所订之合同，其第二条将矿业权一并押与外人，实属荒谬丧权。惟李签订该合同时，事先事后既均未经呈报中央，应即由兄与该英商交涉，告以此条与我国法律牴触，不能生效，应即取消，以维国权。中正。

蒋介石电（1935 年 3 月 17 日）

南京教育部。钱次长转翁秘书长勋鉴：川中重工业及水电事业、金矿开采之专家，可否由兄率领来川，切实设计何如？盼复。中正。巧申侍参渝。

致蒋介石电（1935 年 3 月 25 日）

巴县。蒋委员长钧鉴：柑密。前奉元秘渝，当向英商代表贝安澜交涉，修改中福透支合同。贝君之意以为，仅须将第二条内权利二字删去，并允电英请示，但合同内应修改者实不止此。例如第三、第四及第六条，英商所派之稽核员，权限之大过于经理；第十条透支款项悉数清偿后，合同仍继续有效，尤为不通。此合同如果核准，则中福财政权限尽在英商。故文灏以为，此案实应彻底交涉，将全文重为整理，以救前失。钧见所及，敬盼随时指示。又，英商已于前月将该合同送请实业部备案。文灏已函请陈部长郑重办理，勿即核准。翁文灏叩。

致蒋介石电（1935 年 3 月 28 日）

渝。蒋委长钧鉴：感西秘渝电敬悉。柑密。中福透支二百余万元，而存煤现有七十余万吨，故抵押品不应再加全部财产，此应商改者一。中福设有英商总代表及会计科长，一切收支完全与闻，故关于稽核员之规定皆可删，此应商改者二。透支款项悉数清偿后，透支合同自不能继续有效，此应商改者三。关于中福一切业务，钧座派员整理，极力援助，则对此合同内之不合理部分自应彻底交涉，重为规定，俾英商不至失利，而中福不至丧权。拟由文灏出名，和平交涉，再将结果陈请核示。是否可行，仍盼电见示为幸。翁文灏。俭。印。

致蒋介石电（1935 年 7 月 8 日，焦作）

成都。蒋委员长钧鉴：○密。李文浩任内中福与华英银公司所订透支合同，前奉钧座令交涉，将抵押品内权利等字取消。嗣经文灏电陈，稽核员权限不明及透支偿清后该合同仍继续有效各节，亦应商改，奉电谕，由文灏出名和平交涉等因。当即向华英银公司驻华代表贝安澜提议。

兹接该代表六月二十六日来函内：（一）第二条之权利并非包括采矿权在内，在华英银公司方面认为该数字业经取消。（二）第六条之意义，并非将联合办事处选择普通存款银行之权归予该稽核员，其意乃谓如联合办事处存款于某银行内，倘该行状况不佳时，该稽核员有权代表华英银公司，请求联合办事处将存该行之款转存他行，联合办事处当接受此项请求。（三）第十条之意义，并非不论其他情形如何而联合办事处之财产抵押义务，直至联合办事处清算之后方能消灭，实则该项义务不论联合处清算与否，于透支款项清偿之后自当消灭等语。所称均可满意。根据此函，则原合同不妥之处均已明白修正，应将该函与原合同一并备案。敬请钧座电令准行。翁文灏。庚。印。

与钱昌照致蒋介石电[①]（1935年7月9日）

贵阳。蒋委员长钧鉴：新照密。陕北油矿已可日出万斤，如在永平设厂制炼，约需二十五万元。至四川探采油矿设备及开办费，约需二十六万元以上。两端约共需四十九万元，亟待进行。惟军需署在目前状况之下筹拨匪易，即上次钧座批准之陕北探采费五万三千五百元，亦迄未照发。兹拟由中国或交通银行商借款项，挪陕北油矿出产，量发炼成汽油、灯油、柴油，计价每年约可得八十五万元。除去制炼造费、分配费、资本利息设备等费约四十七万元外，尚可盈余三十八万元。此刻倘向银行方面商款项，或不难办到，不识钧座意认为如何。敬乞电示遵行。职翁文灏、钱昌照叩。有。印。

与钱昌照呈蒋介石（1935年7月12日）

委员长钧鉴：

关于本会二十三年度工作，现经分别已办及待办各事项，编具总报告一份，送呈鉴核。专肃。敬请钧安。

职翁文灏、钱昌照谨上
七月十二日

[①] 蒋介石7月9日复电："尚属可行，请即照办可也。"

致蒋介石电（1935 年 7 月 30 日）

陕西、四川油矿已由本会探采，甘新青三省油矿可准顾少川等试探，并须遵守下开条件：甲、该处地临边陲，油矿探采务必全用华资，以免引起意外纷纠。万一查有洋股，所得权利完全无效。乙、在平时或临时，皆须遵守中央政府所颁布之法律及命令，各种运输方法皆须先得政府核准。丙、关于该处地质情形及探采炼等方法，须与本会随时接洽。丁、有必要时，政府得派员监察指导。又五年试探期满后，应就已探之地划定具体矿区，呈请核准。凡矿区以外，悉不在允许之列。当否，伏请钧核。职翁文灏。

蒋介石电（1935 年 8 月 1 日）

翁秘书长咏霓兄：四川重工业之建设程序与其负责筹备人员，从速由资源会指定派来。对德经济合作团体之主持人选，亦请物色预定详告。资源会以后工作日繁，其副秘书长一职必须常驻会内，不能兼职。钱乙藜实不相宜，如长此以往，必失资源会之作用，必难如预期。亦望兄物色密保，望勿延迁是荷。中正。东机峨。

致蒋介石电（1935 年 8 月 4 日）

东机峨谨悉。乙藜兄任事热心，但能更得一人相佐为理，自甚佳事。顾振君于实业、铁路均经验甚富，钧座如有意引用，灏可请其造谒。次之顾翊群君，于中外金融颇有研究，日内偕乙藜入川奉谒，请察看是否可用。又，德人面谈经济合作，灏曾以中国可供给之农矿原料列表交付德人，应请先行指定机关慎密进行。四川彭县铜矿已嘱周则岳前往接办，石油地质已嘱乙藜面陈开井办法，一俟商定，即可实行。

致蒋介石电（1935 年 8 月 10 日）

清华大学教授蒋廷黻，研究中国外交史颇有成绩，近自俄德法英意考察归来，观感益为深切。钧座似可请其入川一谈，俾于最近国际形势得一可阙概念。

致蒋介石函（1935 年 8 月 26 日）

介公钧鉴：

按照奉颁整理办法规定，应将业务情形每六个月报告一次，兹已将二十三年七月至十二月之报告印刷成册，并将二十四年一月至六月业务经过先行撮叙纲要，一并呈送。伏祈鉴核。谨叩勋绥。

职翁文灏谨上

二四、八、廿六

与钱昌照致蒋介石函（1935 年 11 月 7 日）

委员长钧鉴：

顷接永利化学工业公司总经理范旭东（即范锐）君来折呈一件，以创办硫酸亚厂粗具规模，惟经费支绌，拟恳钧座俯赐体恤，予以奖励。在范君所希望者，约有三端：一请实行保息，似可由资源委员会为之设法；二请退还机器暨建筑钢料进口关税。此事已向孔部长提及，孔部长表示有所不便，惟允将来另行设法弥补；三请从出货之日起，免除出厂税三十年以上。各项未审钧见如何？范君为办理实业不可多得之人才，可否特予鼓励？兹附奉原折呈一件，伏乞核示寄还。耑肃。敬请钧安。

职翁文灏、钱昌照谨上
十一月七日

蒋介石电（1935 年 11 月 21 日）

十一月七日函悉。范锐所请实行保息一节，可照办。至请退还机器暨建筑钢料进口关税及免除出厂税各节，已电孔部长核办，在可能范围内予以奖励矣。

蒋介石电（1935 年 11 月 21 日）

宋、商、韩[1]本人意志坚决，不致弃地，萧某[2]之言不足为凭。并请转告适之先生。中正。马机京。

蒋介石电（1935 年 12 月 13 日）

该厂究系公司性质，所购钢料与机器碍难准予免税；该厂制品除硫酸硝酸外准免征转口税十年，经呈由行政院提出第一八五次会议决议，照审查意见通过。

---

① 宋哲元、商震、韩复榘。
② 萧振瀛。

致蒋介石函（1936 年 2 月 19 日）

院长钧鉴：

章行严先生持来宋明轩上钧座函一件，谨呈钧览。何时延见行严先生，敬候示知。又，克兰先生建议一件，并以附呈。专颂崇安。

职翁文灏
二月十九日

致蒋介石函（1936 年 8 月 1 日）

院长钧鉴：

兹接张公权部长抄送张水淇秘书报告与雨宫武官谈话，及王叔鲁迟迟北上情形，谨以检呈钧阅，并颂勋绥。

职翁文灏谨上
八月一日

致蒋介石电（1936 年 10 月 3 日）

特急。牯岭。陈布雷先生：○密。转呈院长蒋钧鉴：甘肃省政府于主席东电称，新十四师任团感日收复渭源。又，成县于陷午克复各等情。谨电奉闻。职翁文灏。江四。印。

与何廉 ① 致蒋介石电（1936 年 10 月 3 日）

特急。牯岭。陈布雷先生：〇密。转呈院长钧鉴：在此中日交涉严重形势之下，实为我国存亡生死之交，如可勉图安全，自应力避破裂。无如日本方面得寸进尺，欲望绝无止境，既得东北，又侵关内，初护殷、宋，旋议排除，即有甘言，并无实效。而国内人心莫不以国家命脉为唯一前提，全国最殷切之希望集中于钧座一身。近来国民全体拥护中央，例如西南偶有异动，他省无人响应，爱国热诚，灼然可见。如果中央求不可必得之一日苟安，而轻易放弃立国大计，则全国人心必有极重大之反感，而国家主权一失，不可复得，虽欲求一军一旅之师，亦复不易。因此百计筹维，对日方针惟有百折不回，保持中央政权独立自成之地，务使此后整军经武以及经济建设皆仍有自卫御外之完全自由，绝不受任何外力之干涉。对于日本各项要求，皆以上项原则为标准，加以考量准驳，必不得已时，宁受局部之困难，但决不损失主权，亦不受整个束缚。为达到此目的起见，钧座中于日内返京一行，接见川越，告以中国力求调整国交之决意，详细条款，仍交外交部长继续商谈。会见之后，钧座如有他事，仍可暂为离京。另一方面，应注意欧美外交。美俄二国旧任大使皆已免职，新任大使应立即前往，以免代表无人。驻英郭使，现在瑞士，亦宜早为返任。同时，此间中日交涉之经过及其严重性，似宜随时通知英美俄大使馆。军事方面，应即于长江沿岸及陇海沿线指定地点，速筹防御，限于短期内布置完成。诚知国内情形复杂，动受牵制，但立国之基础一失，则各省之责言必多，护国之目标既明，则中央之命令有力。愚见所及，民敢以奉陈。职翁文灏、何廉。江戍机。印。

致蒋介石电（1936 年 10 月 27 日）

即到长安。蒋院长钧鉴：奋密。宋哲元感电内称：中日经济提携，日方提出已久，迄未与议。职上月在津与田代司令官面谈，关于开发经济互换意见，

---

① 何廉，经济学家，时任行政院政务处处长。

在平等互惠共存共荣之原则上，曾有彼此谅解为将来企办之事项，并无外伪协定等事。兹将所谈四原则八要项列陈于后。文曰：甲、中日经济提携原则：1. 遵据共存共荣之原则，以收中日均等之利益。2. 关于中日提携，中日应以平等的立场规律一切。3. 各种经济开发之事业，或由中国方面向日方借款，所以中日合办之企业体型行之。日本军为援助此种事业，愿从中斡旋，由日本方面招致莫大之资本与优秀之技术。4. 以谋民众之福祉增进而得安居乐业为主眼。乙、经济开发要项：1. 航空。开始经营定期航空事业。2. 铁路。敷设应为产业根干之铁路，因此首先新设津石铁路。3. 炭矿。开发优良之炭矿，因此先与矿权者协商，促进井陉正丰炭矿之增产。4. 铁矿探查与采掘。铁矿以振兴铁事业，目下当着手开发龙烟铁矿。5. 筑港。为使华北物质易于输出，计于塘沽附近先选定地点。经探查研究之下，随铁路及矿山之开发，继续进行，于该地点开始筑港。6. 电力。扩充电业，并举行水力资源之开发。7. 农渔村之振兴。为涵养民力，以谋农渔村之福祉增进。因此首先促进棉花、盐、羊毛等之对日输出，并举行治水及水利事业。8. 通信。实行改善与统合既存之施设，为此需要资本、技术人员时，应依日本之助力等语。谨电奉闻，伏乞鉴核。除密交外、财、实、铁四部外，应否电复，敬候示遵。职翁文灏叩。感酉机。印。

致蒋介石电（1936 年 10 月 29 日）

特急。长安。蒋院长钧鉴：俭酉机电谨悉。机密。外交张部长意，宋哲元感电所陈中日经济提携四原则八要项，范围广大，足为日人一切行动之根据，中央不应默认。但骤予驳复，又恐不便，可先由本院电复：已交主管部核议，俟下次院会提出讨论。实业吴部长赞同此意，但谓近据探报，宋氏近月易帜独立之议，诚恐变发旦夕，中央对彼态度似宜慎重考虑。究应如何办理，仍请训示遵行。职翁文灏叩。艳机。印。

致蒋介石电（1936 年 11 月 18 日）

太原。蒋院长钧鉴：微侍密洛电敬悉。夙密。遵经于鱼日电宋哲元：将与日方会谈记录及其他详细办法草案，全部呈院，以凭审核。旋据宋哲元真电报：冀察委员会与日方所谈经济谅解，系以冀察为限，除前呈之原则要项外，并无其他纪录及办法等语。当经连同各部呈复意见，提出十七日院会讨论。经决议：

1. 电复宋哲元：感电所陈，已分交主管部会审查，仰派负责人员来京说明。
2. 感电各节，应并函全国经济委员会、建设委员会征询意见，并限各机关于本星期内签复。3. 合集各机关意见，提出下周院会讨论。4. 先将经过汇陈中央政治委员会等因。除分别办理外，谨电奉闻。职翁文灏叩。巧六。印。

致蒋介石电（1936 年 11 月 20 日）

兹拟由院复电①，大意谓：中央对于统治下之各民族一视同仁，从无歧视，虽在国家多事之日，而安辑边疆，抚绥边民，亦所以谋其福利，俾同登于统治之域者，罔不竭全力以为之，扶植协助有如靡已，当为远近所共喻。中央深信执事暨各盟旗领素明大意，必与国家同共休戚，始终信任不渝，当亦为执事等所深谅。虽其间与绥远省府偶有误会，倘向中央缕晰陈诉，不难平定曲直，决定办理。乃不此之图，而遽轻启衅端，陈兵相见，积年忠诚内向维护大局之苦心，一朝遂无以自解，以中央得深为痛惜者也。方今疆场告警，中央方责傅主席以巩固边防，执事等亦宜于此时奋发忠忱，剿除匪类，岂惟求绥远之安，实亦为蒙民之福。深望幡然醒悟，一本初衷，取消自署之名义，一切仍当用命中央。中央自当妥为处置等语。当否？谨请核示。职翁文灏叩。

致蒋介石电（1936 年 12 月 8 日）

特急。洛阳。蒋院长钧鉴：宥成参侍洛电敬悉。奋密。各省边区剿匪办法，据军政部报告，已由该部函请军委会办公厅，由会电令各部区清剿主任，就各该区内匪情及自己目前所得指挥之兵力，迅速详拟三个月肃清残匪计画呈核，并电令各省绥靖主任，就各该绥靖区内现情，详拟计画，限期肃清残匪等语。顷复由院电令豫、陕、甘、浙、皖、赣、鄂、湘、川、粤、闽各省政府清剿主任，

---

① 时内蒙古德王称兵作乱，进犯绥远，通电全国。

就各边区实际情形，妥定清剿方案，切实执行，并令边区各地应不分界限，协力清剿，不得以邻为壑。其清剿结果，即如各该行政督察专员及县长之考绩标准。至必要时，本院当派员视察督促。所有奉令规定清剿有效办法各等因，理合呈复钧鉴。职翁文灏、何廉呈。霁机。印。

致蒋介石电（1937 年 1 月 5 日）

溪口。蒋院长钧鉴：〇密。本日院会决议：1. 西安绥靖主任杨虎城、甘肃省政府委员兼主席并兼第五十一军军长于学忠，附和西安事变，应请撤职，仍留原任。2. 陕西省政府委员兼主席邵力子，准辞本兼各职，另候任用；任命孙蔚如为陕西省政府委员兼主席。3. 驻甘绥靖主任朱绍良，辞职照准，另候任用，并将驻甘绥靖公署撤销，特派王树常为甘肃绥靖主任。4. 特派顾祝同为西安行营主任。除呈请国府明令施行外，谨电陈报。职翁文灏叩。微八重拍。印。

致蒋介石电（1937 年 1 月 19 日）

溪口。蒋院长钧鉴：〇密。今日日人须磨、清水二人来见。须磨不久起身离华。谈次询及行政院有无更动，中央是否采纳容共主张，对陕甘事如何处置。职答以，目前行政院照常进行，并无更动。中央对于陕甘军民各员之任命已经发表，各员均愿遵令任职，目前正在商酌军队分驻方法，总以绥靖地方，消弭变乱为宗旨。对于日本，务求敦睦邦交，尤望日本政府特加努力，以期共达改善两国关系之目的。彼又谓，极盼中央能不容共等语。谨以电闻。职翁文灏叩。效二机。印。

致蒋介石电（1937 年 1 月 19 日）

溪口。蒋院长钧鉴：〇密。今日院会讨论，陕甘方面杨虎城、于学忠铣电，蒙政府宽大为怀，仅予革职留任，此后惟有仰体恩威，惕厉奉职等。职孙蔚如铣电奉国府命令，任为陕西省政府主任席，遵于本日先行就职视事等语。但同时又派人提出困难条件，并与共产党有种种关系。在此情形之下，对杨、于、孙等来电如何应付，计有三：1. 说明来电意在缓兵，不宜发表。2. 将来电在报纸发表。3. 以来电连同彼方所提条件一并发表，并非正式表明中央努力求以和平解决，但不能接受太不合理之要求。以上三种办法，以何者为宜，并未议决。敬祈钧座电示遵行。职翁文灏叩。

致蒋介石函（1937 年 2 月 6 日）

介公钧鉴：

文灏自度愚庸，自辞卸院务后，原不思担任官职，故对总统府秘书长之任命，自始即经力辞。嗣接吴兼外长铁城兄函商驻英大使，文灏自思，如能暂得外任，可免国内牵涉之累，且与钧座在京时用意亦属相符，似可勉允。乃晋京面陈李代总统，请其同意。李公对文灏出使欧洲颇为赞同，但因秘书长一职发表已久，不便久悬，坚嘱于短时期内接受其事，略缓再行外出，并同意仅居名位，无须积极治事。敦促再三，文灏不得已勉暂接任。经过实情日前已托吴礼卿兄面为陈达。兹再专为报告，敬祈察鉴，并盼随时惠予指示，实所企幸。谨颂崇绥。

翁文灏敬上

卅八、三、八

致蒋介石函（1937 年 2 月 26 日）

院长钧鉴：

日来与克兰谈话节要奉陈如左：

一、德国政府极盼中国政府派重要人员赴德，俟人选定后彼国当正式邀请前往。

二、供给中国之器物当由德政府开具详细确实之价目，正式交来。因军器内承中国政府之意曾有一部分更换，故开价略迟，但事关两国亲交，决当切实办理。

三、海军部所商订送潜水艇二艘，彼允照送，但请中国政府派员赴德看验明白，以免误会。

四、克兰在返德前深盼另有机会谒见，面陈事务，今日拟让克里拜充分发言，并盼钧座不向彼问及具体事项，仅对克里拜谈及中德交换货正在进行，托彼返国时转致德政府继续办理。

专此。敬颂钧安。

职翁文灏谨肃
二月二十六日

致蒋介石函（1937 年 3 月 6 日）

院长钧鉴：

前向克兰言及，德日协约中如果更复加入意国则意义显然更为重大，盼德政府勿轻举动等语。克兰当即电陈该国政府。兹据该员三月五日函报内言：奉柏林来电如下："来电所称德日协定将扩大，因意大利将参加协定，并谓三国行将订阅同盟条约之说，柏龙白元帅实毫无所闻。但柏龙白元帅拟即向各主管机关访询，然后将事实真相详细电告，请先陈报。"等语。谨此先为呈闻，并颂崇安。

职翁文灏谨肃
三月六日

致蒋介石电 [①]（1937 年 6 月 13 日）

奉孔特使面命，转奉钧电赴俄考察建设事宜，并命同至德国，事毕再行。已于阳日电请蒋大使向俄政府先为接洽。嗣接复电：自当力办，但俄政府谨慎小心，所陈非旬日可毕等语。兹已电催促，并拟于号日左右起程。临行再为电陈。

---

① 原注：柏林翁文灏文电。

致蒋介石电（1937 年 6 月 24 日，柏林）

筱电敬悉。兹经询明：一、六十门二公分高射炮七月一日起运去华，又四十八门二公分高射炮七月十五日起运。德方曾屡电询应否附带器材及汽车，南京复电不要，故未附送。二、一连三公分七高射炮全套，七月十五日起运。此外又询二十四枚鱼雷已于六月初旬运发，步兵子弹千万发，二公分高射炮汽车第一连，已于皓日装运，一连十公分五榴弹及炮二座，十五公分海防重炮及炮基，均于六月廿六日起运。探照灯及钢甲车，因中国要求运至浦口，故运期待商。又，七月间起运者为步兵子弹一千万发、三公分七高射炮队、汽车三连八公分八海防炮之练习弹、快艇陆地准备品，及十五公分海防炮二座，以后尚有他种续运。再，职已取到德国防部经济厅追认运华货价单全份，由孔特使携带返国呈阅。此外，尚有应待续办谈判事宜，容另电陈报。再，职拟于有日起程赴俄。

致蒋介石电（1937 年 6 月 25 日，柏林）

皓机电谨悉，容商定电闻。中德换货事，德方以前多由国际公法部负责，现经济部参加较多。今日沙赫特部长面告，军器及直接有关国际公法用器，仍由属于国际公法部之哈步楼续办。此外盼许德商参加，拟由经济部派员赴华协办。德商订售货物应得价款，皆得呈请登记，但不强迫归入两国换货信用账内。职请其开具说明书，请中国政府核复。已另电陈孔特使，返德时或可面商。在德迭次谈话，均见彼方对换货热诚进行，但组织及人选意见不同，当略有修正。职意：

一、换货须和衷续办，以联中德交谊。二、华方索德货，应以军器及重工业为主，工业用器以直接生产为主，不索学理研究用器，如此可减公私营业冲突。三、德货运华之总价，暂勿超过出口华货总价太多，以免偶有困难不易处置。四、中国应派公正专门人员驻德，验收德货，以免偶有不合，退回为难。五、运德华货仍由中国政府机关主办为宜。六、闻德国政府有两国合办银行及航业之议，似可酌商。

以上各项，钧座考虑后，如有方针，最好电告孔特使，请其返德时面为商定。

与钱昌照致蒋介石函（1937 年 9 月 26 日）

本会自筹设机器制造厂飞机发动机以来，经与航委会商定合作办法，积极进行已届一载，最近忽接航委会函称，暂从缓办。兹将筹备该厂经过情形及现状列陈如次：

一、上年十二月成立机器厂筹备委员会，由本会派三人航委会派二人为委员，并指定本会所派委员王守竞为主任委员。

二、征得航委会同意，派王主任委员守竞赴美，与寇蒂斯及合众联航公司接洽仿造合同及购置普通机器。

三、本年二月，王主任委员守竞接洽结果详细报告，并将合同草案寄请该会审核。

四、五月得航委会函，谓遵照钧谕，改用公开招标办法。迄七月底止，仅有三家应标，即为王主任委员守竞所接洽之美国二厂及英国赛特来厂。

五、本会以曾奉钧谕"发动机厂应提前完成"，故于总厂建设仍积极进行，以期早日完成。

六、迄本月底止，该厂已完成工作，计订购普通机器三分之一，付款一百二十七万元，所建预备厂即可开工，总厂建筑材料业经大部购妥，其他设施已渐就绪。

以上为本会与航空委员会函称缓办前来[1]。惟查筹设该厂费用颇巨，工作既达相当程度，一旦停厂，甚不经济，欲图挽救，只有以下两种办法：一该厂由本会单独继续推进。二本会就已订购之机器及已建筑之厂房，改造其他机器。究应如何办理，职等未敢擅专，伏乞鉴核示遵。

蒋介石代电（1941 年 6 月 30 日）

经济部翁部长勋鉴：六月廿一日签呈及重行拟订之《国防工业三年计划》

---

[1] 文中在"航空委员会前"有缺漏。

均悉。除其中细目应行增减修正之处另交中央设计局于一星期内审核具报外，该项计划大体可行，准即自七月起开始筹办可也。中正。已陷。侍秘川。

蒋介石代电（1941年11月10日）

资源委员会翁兼主任委员：俭资机代电及卅资机代电均悉。第八井得一特殊发现，极为欣慰。所请各节，兹分别核示如下：（一）所请饬令赶运甘肃油矿炼油、储油器材一节，已密令何总长、俞部长应将其列入最急要之军器，于一个月内运入国内安全地点，陆续转运。（二）所请饬令指拨防空部队前往矿区防护一节，已密令防空总监部黄总监切实遵照办理。（三）所请将陇海铁路延筑至甘肃一节，已密令交通部张部长赶速筹办矣。特复知照，希即分别速为洽办。又，此井发现后原油骤增，该矿原有设备每日究能提炼若干，俾应急需。在新机器未到以前，对于此项原油有无其他利用方法，以减汽油耗量，希再详实具报为要。中正。戌齐侍秘。

致蒋介石电（1942年4月9日）

委员长蒋钧鉴：上月三十日接外交部电，告以据驻美胡大使电称：据美国外交部密告，苏联要求英美供给锡一万八千吨，惟英美只能供给一万二千吨，其余六千吨，拟告苏联要求我国供给等语。当以我国本年锡品预计产量业经支配，分供美苏两国偿债，以目前对外运输至为困难，原定应偿苏联数量能否全部运出，尚待积极促进，欲再大量增加数量，甚为不易，故苏方此项需要，我方事实上难以供给。经函复外交部去后，旋接该部四月七日代电，以驻苏邵大使电称：据英驻苏使馆参事来告，英国愿与苏联协定每月供给锡一千五百吨，现因马来陷落，已向苏提出改为每月一千吨，其所减少之五百吨，拟与我国协商代为供给，并建议我国以交美锡品移偿苏方等语。窃以交美之锡移偿苏联，原则上固无不可，惟目前国际交通线路尚在筹划之中，将来矿品出口，即使对苏交货可畅通，仍亦须俟苏美两国迳行洽妥后，由美方通知我方本年锡品可以缓交或少交，我方始能照办，以免妨碍对美债信。除已将此意电复外交部，理合将前后经过备文陈报，仰祈鉴核。职翁文灏叩。佳资机。三十一年四月九日。

致蒋介石电（1942 年 7 月 4 日）

渝。委员长蒋：咏密。职偕朱长官、毛总指挥等，于江晚飞抵迪化，住督办公署内。苏联代表尚未到新。本日职偕朱长官与盛督办先为洽谈。盛言，向来对苏亲善，但力主新疆应永久为中国领土，故此次苏联代表至新，特请中央派员洽商，新省襄助接洽。职等说明钧座重视新疆及倚重盛君之意，各事愿开诚协谈。职并遵钧意，说明油矿合同宜由中央出名签订，但中央可由我方股份内酌拨新省，并由省派员参加。盛督办又言，新疆汉人仅居少数，亟盼由内地移民垦殖，并盼中央派员调查矿产，以期巩固中国政权，造成后方重地。职均允返渝时与主管机关商洽办理。余事俟后续谈，谨先电陈。职文灏叩。支。印。

致蒋介石电（1942 年 7 月 17 日）

重庆。委员长蒋钧鉴：咏密。因盛督办面告，苏联代表坚言此来系商洽新疆重要问题，不愿与吾国中央人员洽谈独山子油矿。职特商由盛督办同意，先往乌苏县属独山油矿视察。此矿现由新疆省派厂长一人，但实权甚少，所有建设生产，悉由苏联人员经办。计共有苏籍技术人员一百四十人，其首领名称为总工程师，自民国廿四年已动工开凿，在三年前已设立蒸馏炼油厂。据该厂长面告，本年上半年约共炼汽油十万加仑、灯油十万加仑，其数量较甘肃为少，但机械设备则远较完整。目前注重开凿新井，以期增加原油。惟地质复杂，选地不易。职现已回迪化。盛督办专待朱长官自渝归来，俾于整个问题能有了解。油矿事，盛君面告，未得中央允准之前，决不由省与苏签定协定。谨以电陈。职文灏叩。铣。印。

致蒋介石电（1942 年 7 月 19 日）

重庆。委员长蒋：咏密。目前吾国已迭向苏联磋商，由土西铁路运入美国供应军火及器材，惟具体数量及所需汽油必须预为确估，方可较易洽定。兹拟办法如下：1. 吾国依照前订协定每年应运苏联还债之矿品及其他货物，约共二万四千吨，经由苏联运入货物吨量应与此数相等，以免回空，即平均每月可运入二千吨。2. 吾国运苏货物，依前在哈密交货，苏代运美国供应之货物，亦在哈密交接，所有苏方运费由吾国照付。3. 我方渝哈间往返运输，应需汽油每月约四百五十万加仑即合一万五千吨，甘肃油矿所产汽油足可供给此用。4. 但为充裕内地油料供应起见，拟商由苏联购买汽油四千吨、机油一千吨，运至哈密，交油付价。如此则除油料五千吨外，全年可收到美供军火器材一万九千吨，即约平均每月一千六百吨。5. 以上办法事实上较易施行，所虑者苏联因有对日中立条约关系，对于军火运输或感为难，万一不能照运，则吾国惟有将军火等全由印度、新疆，而将其他货物如器材、汽车等全由苏联运入。上所意见，请钧座交由外交部、运输统制局分别统筹交涉。职文灏。晧。印。

致蒋介石电（1942 年 7 月 21 日）

渝。委员长蒋：咏密。苏联迪外次已于今晨启程返国。该员携来莫洛托夫七月三日致盛督办函，责问独山子油矿何以必欲由中央政府商洽合办，措辞颇严。盛督办除面为说明外，并于七月十七日函复，内言：中央重视油矿，特派翁部长来新洽谈，新疆省为中国之一部分，自当照办，请苏联政府与中国中央商洽合办较为妥善云云。迪外次允携回商研，再行答复，兼言如果与中央商洽，地点未必定在迪化等情。此事以后似当由中央相机向苏联迳商。又，盛督办面言，苏方前向新疆提议之合同草案，目前形势不同，中央不宜向苏方提及，庶条件可以较优。合并陈报。职翁文灏叩。马。印。

蒋介石电（1942年8月31日）

重庆。外交部傅次长、钱次长，经济部翁部长：○密。顷接盛督办未俭电称，现接苏联外交人民委员长莫洛托夫来电，关于独山子石油矿问题，苏联政府同意与中国中央政府合办，请转饬有关机关，迅与苏联政府洽商办理，以便早日签定合同等语。特电知照，希即会商具体办理，交由外交部提向苏大使交涉为要。中○。世。

蒋介石代电（1944年1月18日）

经济部翁部长、教育部陈部长：前令国家教育机关与公私事业机关，应分别性质，拟定数量，培养科学技术人才，以适应政府将来十年工业建设计划之需要一案，去年进行至如何程度，应即详报。今年仍应照此方针，继续实施。希再同研拟具体办法呈核为要。中正手启。子巧。侍秘巳。

致蒋介石电（1946年8月24日）

牯岭。主席蒋钧鉴：未寒府交牯电，敬已奉悉。7307密。仍由中央正式订约，备见郑重之意。惟在迪具体商谈一节，前奉钧座未齐电示，张主任所拟允许苏方迳向人民贸易及合办全省矿产。外交部召集有关部会会商，惟恐如果正式协定，必使苏方更可与地方民众密切联系，治理更为困难，且成为先例，不易补救，故认为改在中央商谈较为适宜。盖在目前新疆形势之下，在迪商谈，势必为重大之让步，在中央商谈较易有公正之态度。与其将在迪化商谈之结果由中央否决于二，致有中途变更之嫌，不如由中央商谈，庶符始终慎重之旨。敢再电陈。敬候核示。职翁文灏叩。未敬。印。

蒋介石电（1948 年 5 月 2 日）

北平何市长：密转。翁委员长咏霓兄勋鉴：兹有要事待商，请即日返京为盼。中○。辰冬府机。

致蒋介石电（1948 年 5 月 3 日）

南京主席蒋钧鉴：5876 密。辰冬府机电谨已奉悉。职本日飞沪，明辰晋谒。职翁文灏叩。江。印。

致蒋介石电（1948 年 5 月 23 日）

据外交部呈，莱特机场器材续订第四批合同需款 950 万美元，及夏威夷岛第二批陆军军火价款 237.2 万美元。日前中央银行外汇奇窘，请准美军援款一亿二千五百万美元内拨付等情一案转呈核示由。

致蒋介石电（1948 年 6 月 23 日）

西安。总统蒋钧鉴：已养府机陕电敬悉。5901 表。美援协定已报由立法院议决接受，可由外交部签订。又，立法委员中有人请停征实征借，已经否决，仍可实行。职翁文灏叩。已梗机。印。

致蒋介石电（1948 年 6 月 23 日）

西安。总统蒋钧鉴：5901 表。钧座提张伯苓为考试院长，职曾遵命电劝允任，并电由杜市长建时亲往面劝。兹接杜市长巳晧秘电，张先生初言身体、年岁、经验均不应担任，惟以总统德意感召，只有承乏斯席等语。可见张君业已允任。职翁文灏。巳漾机印。

致蒋介石电（1948 年 6 月 25 日）

西安。总统蒋钧鉴：5901 表。今日上海黄金美钞暴涨，其他物价随之上升，人心不安，谣传极多。俞总裁因事在京，已催其即晚赴沪，认真设法补救。职翁文灏叩。巳有酉机。印。

致蒋介石代电（1948 年 6 月 30 日）

查国防部副秣费，已准自本年七月份起比照战前饷制，士兵副食费以每人每月四元，国马马秣以每匹每月十二元、洋马马秣以每匹每月十八元为基数，按月照生活指数调整，俟本年下半年度国家总预算完成立法程序，即可实施。

呈阅，按本案前据顾总长呈复，国军人马副秣费调整意见。为彻底解决计，拟恳士兵副食费准比照各学校公费生副食标准支给，以每人每月四元二角八分，马秣每月每匹以国马十二元、洋马二十元为基数，每月分区调整等情。经交据行政院核议，呈复如上。谨注。

致蒋介石电（1948 年 8 月 10 日）

牯岭。总统蒋钧鉴：6014 极密。关于拟向美国洽商借款一事，日前曾陈奉面谕可即进行等因。查依照美援双边协定，吾国对美国供应所缺乏之物资，如钨、锑、锡等矿产品，如能长期供售，□订借款，对于吾国裨益较大。顷接贝淞孙电告，美政府允与吾国商订长期购买钨、锑、锡等矿产品合约，我方如能承允，并有洽成借款之可能等语。经切实估计，吾国矿品生产出口可能达到之数量，如借款分十年偿，还应可借三亿美元；如分七年偿还，应可借二亿美元。须俟与美方协商，方能决定。在此国家外汇枯竭之时，极需得此借款，庶可巩固币信，稳定金融，似宜即为向美提出长期供售矿品及借款计划。可否由职即电顾大使正式提商，并由贝淞孙协助进行之处，谨祈电示为祷。职翁文灏叩。未灰机印。

蒋介石电（1948 年 8 月 13 日）

翁院长：密并转云五兄。十一日手书甚慰。中决于十九日以前回京，请即如计准备一切为盼。中正手启。未元机牯。

蒋介石电（1948 年 8 月 15 日）

翁院长咏霓兄勋鉴：〇。东北代表文日向院请愿文件已阅悉。关于第一项查办指挥开枪之责任者及营连排长一节，政府不能照办。盖一、应查究学生何以携有武器；二、学生队伍中既先开枪，则军警开枪制止并无不合；三、学生聚众胁迫参议会，并包围议长住宅，其行动显已越出常轨而为破坏秩序之暴动，军队弹压乃属维持治安当然之责任。东北人士同为国民，必知国家法纪秩序之不容破坏。此事当日演变至此，类系有匪徒策动利用，造成惨剧。东北人士深明大义，不应作此请求，而政府亦不能率徇所请，否则今后军警对维持当地治安、制止暴动，必将顾虑迟疑而不能积极负责。此点关系重要，希兄察照，并希酌以此意转达总司令。关于平市一切治安事宜，仍请傅总司令负责总持为盼。中○。未删牯机。

蒋介石手令（1948 年 8 月 17 日）

翁院长：极机密。改革币制令发表时，必须将其基金有价证券部分之证券及其公司股份与办法以及一切手续皆须同时发表，否则不惟减少信用，而且事过时迁，仍如过去，各事延宕，无着不行，对新币根本发生重大故。此事必须在此数日内赶紧完成各项手续为要。又，银钱业之三日期内，应先详定各项所办之事，勿使徒耗时间为人诟病也。中○手启。未篠午机牯。

蒋介石手令（1948 年 8 月 29 日）

国营事业之股份公司与股票手续，必须于九月八日以前完全办妥，务于九月十日能即发行。以近日金圆券兑换数量可观，游资充斥，如不能在九月十日以前解决吸收游资办法，则九月十五日即近中秋节期，物价必形上涨。此一关节必须特别重视切实准备，否则物价上涨，所有成效必将前功尽弃。又，敌伪产业与剩余物资，亦应于一星期内切实处理，凡能出售各物品，尤其上海房屋，更可从速标卖。如有军事机关之封存占用者，可即查明呈报，并指明其何处何号房屋，皆可令其出主，不得有所顾虑。

蒋介石手令（1948 年 9 月 9 日）

翁院长：绥靖区土地处理办法中规定发行土地债券，其法律手续有否完成？此事亟应决定，俾绥靖区之土地问题及早获得解决。最好能于一个月内完成□项手续为要。中正。

蒋介石手令（1948 年 9 月 9 日）

翁院长、何部长、王部长云五：前令设立国防费审议核办法、机构，应从速筹设，并望于十日内拟定办法呈报为要。中。

蒋介石手令（1948 年 9 月 9 日）

翁院长：各重要民生必需物资由政府设法掌握，期使供应无缺，以安定一般人民之生活。其所需经费以及储运、分配等事宜，均希迅即筹划办理为要。中正。

蒋介石手令（1948 年 9 月 9 日）

翁院长：剩余物资与敌伪产业应即分别用途，迅速处理，希于十日内拟定具体办法，并将物品产业分类列表详报为要。中正。

蒋介石手令（1948 年 9 月 9 日）

翁院长、何部长：湘、黔、赣、浙、桂、闽诸省境内荒地，应即令省政府着手调查，预拟将来每省可以容纳二万至三万人伤兵与难民之移垦。各省荒地之面积、土地之性质、可以种植之农作物种类，以及住宅等，必须在开始详细计划，所需要经费应由中央筹发。先令各省，限一个月内研拟具体方案具报为要。中正。

蒋介石手令（1948 年 9 月 9 日）

翁院长：上海与南京宪警此项对管制经济与取缔学生皆尽职，现将届中秋节，应特拨犒赏，以资慰勉。其数目或照赏月饷三分之一或二分之一，以示优异也。中。

蒋介石手令（1948 年 9 月 17 日）

翁院长：中央政府军政各机关，应召集各级人员，对勤俭建国运动纲领及其有关各机关业务事项，由各级主管负责研讨，各自拟定其实施办法，以后并于每星期六下午规定时间，经常检讨其本周业务，及其勤俭运动各项工作进度如何，并拟定本机关对于勤俭运动业务之竞赛与奖惩办法，须在每月第一星期一由各机关首长主持，召开总检讨会议，评定优劣，发表公报。应定此事为政府主要工作，特别重视为要。中。

致蒋介石电（1948 年 10 月 5 日）

北平。总统蒋：〇密。济南沦陷后，本院已电鲁省政府，厅长、委员暂在徐州集中，归教育厅长率导。兹接鲁籍立委携丁惟汾署名函，言省政府机构不可中断，须速重新组织，并推荐就于学忠或秦德纯二人中择一遴任，主席对秦德纯属望尤殷。应如何办理，敬祈钧座察核示遵。职翁文灏叩。酉微机。印。

致蒋介石电（1948 年 10 月 5 日）

北平。总统蒋：〇表极密。美国因济南沦陷，军势极紧。经济合作总署对援华方案能否有效、应否继续，颇加考虑，电驻华代表赖朴翰，提先返美面商。职约赖氏明晨来京面谈，俟谈后再为陈报。职翁文灏叩。酉歌机。印。

致蒋介石电（1948 年 10 月 6 日）

北平。总统蒋：〇。今来京面谈者，为美国经济合作总署援华处长克利扶兰、工业调查团长司徒立门、驻华分署长赖朴翰、副署长葛里芬四员。职邀何部长敬之兄说明目前"剿共"军事形势，并盼美援武器从速运华。美方言，中国政府所提一九四五年价格，美方固无法律根据，深恐因此磋商搁延时日。俟下届美国会开会，如果军援款项大批仍未动用，反致耽搁下次美援案，故盼吾国勿过坚持，俾有速效。赖朴翰即日飞青，明日由青飞北平，晤司徒大使。克利扶兰当亦同往。在此"共匪"积极攻势时期，如果能使美方明了吾国政府对"剿共"军事正悉力推进，将士亦确能切实作战，则对我援助有更为增高之可能。钧座如尚驻平，能约彼等恳切面谈，似甚有益。职翁叩。酉鱼机。印。

蒋介石电（1948 年 10 月 6 日）

684 南京。翁院长：长山岛驻军急需下列各项设备：（一）直径二寸铁水管一千码。（二）浮码头三个。（三）大活动房屋五栋。（四）小活动房屋二拾栋。（五）木料一千根，除已令江局长①就近令天津青岛物资供应局拨发。特电知照。中。酉鱼机葫。

蒋介石电（1948 年 10 月 20 日）

728 南京。翁院长并转朱教育部长：南开大学校长应由何廉除真，不必用代理名义，而以张伯苓先生为该大学名誉校长，同时发表可也。中。手启。西

---

① 上海物资供应局局长。

哿机平。

蒋介石手令（1948 年 10 月 25 日）

　　翁院长：目前物资所急需而缺乏且最严重者莫如粮食，故购粮为安定民生与稳定经济之第一要务。中以为此次兑入之外汇，应不惜多购粮食。请即估计在半年内所需外汇购粮之数目，至少要有几何，若买不到食米，则只购麦子与杂粮亦可，只要相宜，不论何种粮食，均可购取，但必须急办，望速决策。其他外汇皆可节省，惟有购粮则不必顾惜为要。如何？盼详复。中○手启。酉有机平。

蒋介石手令（1948 年 10 月 26 日）

　　翁院长：近日情势，对公教人员增发一成薪给恐难解决问题，应另拟办法。中意：每公教人员每月配给其实物必需品，其数量约计其总薪二分一或三分一，其方法以政府发给实物配给票，例如每人米几斗、布几丈、煤与油盐几斤，由各机关发给公教人员，任由公教人员持票向指定商店领取，或转让他人变【卖】，或可使其多加几文收入也。如此配给实物，或可妥定公教人员生活及其精神，否则徒增几圆金圆券，决不能安定今日之情绪也。何如，请酌之。中正手启。

致蒋介石电（1948 年 10 月 30 日）

　　立到北平。总统蒋钧鉴：○密。接纽约卫利韩以美国对外贸易协会主席名义电，言该会定十一月九日举行远东大会，美国工商及金融领袖人员参加者当达一千四百人，并将重要演说公开广播，请职亲行前往，为主要来宾，藉此机会说明中国在此时期之实际需要，使美国民众深切了解中国必须援助，且必须目前迅即援助。在此时机，实须有确能引起美方充分注意及信心，如职亲往致词，务盼允诺见复等语。又，于今晨接国际银行代理董事长张悦联长途电话，谓为挽救危局计，对职允为前往，并嘱迅速电复，俾可预为准备。

查目前时局艰危，首都一部分人士正在准备倒阁，职自度愚拙，本已呈请辞职，以期稍得安定，意出至诚。但美方对于吾国政府之观念，实关此时大局安危，职极愿乘此赴美商洽，勉图贡献。惟应否以院长名义前往，或准予辞卸院长职务，另给名义。敬祈钧座察酌决定，迅即电示为幸。职翁文灏叩。西卅未机。印。

呈蒋介石辞职书（1948 年 11 月 9 日）

介公钧鉴：

文灏请辞院长事，屡奉钧谕，恳切慰留。仰体钧座为国之诚，更感知遇之厚，文灏岂敢故为推诿，无如就各方考虑，仍有未敢率为遵从者，兹特择要胪陈，敬祈钧察。

一、文灏应行辞职之理由。文灏在职期内，偕同前任财政部部长王云五筹拟改革币制、稳定经济办法，当时专心筹划，一秉公诚，期能内挽法币之艰，外获友邦之信。施行之初，尚见成效，无如十月中旬以后，状况大变，人心恐慌，本月初放弃限价，修正办法，方针大有不同，责任自属有在。依照宪法，实应由文灏担负其责。如果财长易人而文灏尸位，不啻委过于王前财长一人，决非文灏本意。而论者不察，必至认为宪政初期之重大错误，有失中央实行宪政之原意，徒使各项政令之推行增加困难，实于目前政务有害无益。

二、改任行政院院长为宪政应有之常规。宪法规定，由行政院长对立法院负政策上之责任，并非任何部长所能代为负担，因此行政院长院长如认为政策不能施行，或施行有重大错误，均应向总统呈请辞职，由总统另提他人继任。此项办法实为宪政已定之常规，亦极合近代政治之原理。目前如迅准文灏辞职，另提他员，即开行宪用人之佳例。如果文灏恋位不辞，勉维现职，实有失宪法原定之精意。进退之际，利弊昭然，深望钧座惠察及此，迅予照准。

三、关于继任人选之意见。对于继任人选，文灏以退位之身，依照公例，不应陈述意见，但为钧座参考起见，文灏愚见，对于下列三点尤宜注重：（一）热诚国事信守党义，但其用人办事并不偏重任何系派之利益；（二）明悉国际形势，能与友邦开诚合作；（三）具有公忠资望，能任用干练人才以担任公务。

当此徐州战事克告胜利，正宜就此标准物色人员，以期一新观瞻，振作人心。依照现时制度，钧座此时即可实行遴选，党内意见可交中常会商洽，并无专俟举行全体中央执行委员会之必要。

愚虑所及，据实陈报，敬祈谅察采行，实深幸甚。谨颂崇绥。

职翁文灏谨呈

十一月十九日

与蒋经国^①往来函（5 通）

蒋经国函（1941 年 11 月 11 日）

文灏部长钧鉴：

　　顷承资委会拨赠国币二十万元协助新赣南建设，隆情厚谊，毋任感荷。伏思赣南为行政区划而非建设单位，□于人力财力两俱缺乏，以此薄弱基础，力行三年计划，艰苦困难当为意想中事。惟念值此国难期间，一切事业均待迎头赶上，自不可因有困难而规避，更不可因其艰苦而裹足不前。两年以来，即本此义，猛力□进，幸获各方多助，基础粗立，差堪告慰。但今后任务必愈益繁重，困难必日益加深，务请时赐箴言，俾资遵循为感。恭颂大安。

　　　　　　　　　　　　　　　　　　　　　　　　晚蒋经国拜启
　　　　　　　　　　　　　　　　　　　　　　　　十一、十一

蒋经国函（1945 年 2 月 18 日）

咏霓先生勋鉴：

　　久阙奉候，罪歉奚似！本校创立，瞬届周年，前承领袖训示，遵照《中国之命运》所示建国方略、建国目标，以培养青年建国干部为目的。经于上年初呈准，先设研究部，招收国内外大学毕业生，加以严格之精神训练，其中多属财政经济与理工交通管理之专才，且曾服务中央各部会所属机关。现研究期满，即将毕业，彼等仍志愿参加实际建国工作，俾得用其学。兹有经济部门学员廿人，愿至贵部暨生产局或资源委员会服务，素仰先生奖掖青年，不遗余力，谅必乐予嘉勉，以

---

　　① 蒋经国，时任赣南行署专员。

遂其志，可否准予按照程度，酌予核用，以图报效。敬祈卓裁示复，毋任感祷。专此。敬请勋绥。

蒋经国拜上

二月十八日

复蒋经国函稿（1945 年 2 月 28 日）

经国吾兄大鉴：

二月十八日赐函敬已奉悉。贵处训练经济人才具有成效，至为钦佩。惜目前各机关正在遵奉院令方谋裁并之际，以致安置新员反感不易。拟恳惠允先将成绩较著者五员，开列姓名、履历及受训成绩见示，以便酌为设法借重。至为企荷。此颂勋祺。

弟翁文灏敬上

二月二十八日

致蒋经国函（1949 年 3 月 5 日）

经国吾兄大鉴：

上次溪口晤谈为快。弟在溪时，曾奉总统面询资委会南京五工厂何以未迁等因。返京后经转询孙委员长越崎兄，兹接彼来函并附五厂拆迁经过报告及节要各一份，特连原函一并寄奉，尚祈惠代转呈总统察阅。弟详细询问资委会五厂，其中四厂设备未能运出，纯因当时局势紧张，所雇轮船未能在京候装。其机器最多之一厂业已迁出，同时该会迁台之钢铁、器材及硫化铁等达二万余吨，超过四厂设备总重十倍以上，似可见该会对于重要器材确已及时大量迁运安全地点。专函奉达，并颂大安。

弟翁文灏敬启

卅八、三、五

附

孙越崎函

咏公钧鉴：

关于本会南京五厂拆迁一事，前蒙转示总统垂询之意，兹谨将拆迁经过情形拟具报告及节要各一份，敬乞转呈总统核阅。

又，本会人事室主任原为龚祥瑞君，因于上年六月延误公文，记过一次，遂于八月间辞职，改往北平任大学教授。经查其于离会到平以后，曾在杂志发表文字，言论颇有偏激之处。至现任人事室主任吴福元君，在会工作已在十年以上，并为三民主义青年团团员，平日极为谨慎。两君简历并以附呈。即祈赐察。专肃。敬颂钧安。

孙越崎敬上

三月三日

致蒋经国函（1949 年 3 月 8 日）

经国吾兄大鉴：

兹有呈总统简陈一件，敬恳费神转为送达。当此时局，个人出处亦动多周折。弟于总统府秘【书】长一职，力辞不受，已达月余，虽居心恬退，自问无愧，而勉为迁就，不免于怀耿耿也。专此拜托，并颂时祺。

附致蒋介石函（1949 年 3 月 8 日）。

弟翁文灏敬上

卅八、三、八

与蒋廷黻 [①] 函

（1937 年 2 月 9 日）

廷黻赐鉴：

　　介公有函交济之秘书转奉。此书到时，三中全会已完。兄所知者或已较此函所言者为多，然现只能就此时所知者言之。蒋、汪二公所商谈之外交方针，闻为增加联络国联会员国，如英法俄及美国，对于德意努力保存现有友谊；所谈内政为不赞成人民阵线，但并不仿效法西斯的。介公曾对弟言，拟在行政院组织国事讨论会，罗致不分党派之在野名流。此外正在商研经济建设，注重银行制度、预算整理及机关调整……等项。

　　对于苏联国交关系，弟意苏联亟应对中国表明切实方针。中国自愿抗日，但中国亦不愿亡国，因此我们的实际方针如何，亦很要看到了重要关头，苏俄之实在办法究竟如何。中俄对日利害相同，独惜尚少相交之诚意。此诚意只要彼方切实表示即能成立。至表示之法，自只应向中国政府负责代表言之，决不应对我国负责代表姑为应付。而彼方之外交代表反向中国毫无权责之在野政客作貌似深交之接洽，提倡不负责之论调。此似根本问题，尊见以为如何？

　　此间颇多俄国内乱之传说，闻之至为系念。西安事变期内，兄之工作反为若干人所误会。可叹！但我辈办事尽心所安，尽力所及，浮言自不足计也。专颂勋安。

弟文灏上

二月九日

---

① 蒋廷黻，历史学家，时任行政院政务处处长。

与蒋梦麟①往来函（4通）

蒋梦麟函（1946年2月12日）

咏霓吾兄勋右：

张鸿庆君，西北工学院矿冶系冶金组毕业。昨据其父张忠面告，曾经人函介尊处，以尚未得复，嘱为函询左右。便乞裁示为幸。专此。并颂勋绥。

弟蒋梦麟拜启

二、十二

复蒋梦麟函稿（1946年3月15日）

孟邻吾兄勋鉴：

接诵二月十二日惠书敬悉。承介西北工学院矿冶系冶金组毕业生张鸿庆君，因本会后方各厂矿，自抗战结束，大都从事紧缩，而将编余人员调派收复区工作，目前待调人员尚多。关于张君工作，除已由主管处登记，遇机尽先延用外，特函复，请察照，请转知其父张忠先生为荷。专此。顺颂勋绥。

弟翁文灏拜启

---

① 蒋梦麟，字孟邻，时任行政院秘书长。

复蒋梦麟函稿（1946 年 4 月 11 日）

孟邻吾兄大鉴：

　　接奉手书，关于国府职员张忠君之子欲求工作事，现正为切实设法，俟有确定，再为奉闻。专复，并颂时祺。

弟翁〇〇拜启

复蒋梦麟函稿（1946 年 4 月 20 日）

孟邻吾兄大鉴：

　　关于国府职员张忠君之子请求工作一事，现已饬主管处函介本会电化冶炼厂工作，并已迳函张君本人前往接洽。知注特达。顺颂时祺。

弟翁〇〇敬启
四、二十

致蒋丙然[①]函

（1929 年□月）

右沧先生大鉴：

日前接太平洋科学会议关于海洋学来函，兹特抄奉一份，即请察照为荷。即颂大安。

---

① 蒋丙然，字右沧，时任青岛观象台台长。

金开英^① 函

（1935 年 4 月 30 日）

咏霓仁丈尊右：

　　敬肃者。沪滨叩别，忽已将旬日。英本拟上星期六动身北上，兹因管子合同、煤气厂及燃料研究室木器等尚未能决定，只可再行逗留数日。大约本星期五晚预计可起程返平。此间工程迄今日止，时行状况如左：

　　（一）陈列馆。三层楼已在扎铁筋、打壳子。如天不下雨，本星期六日可灌洋灰。首层即办公室，所有壳子均已悉数取下，各处均尚好，并无大毛病。此层砖墙今已砌到二尺半高。

　　二层楼所有洋灰柱子因家叔在京，故嘱裕信打开数处壳子观察，不幸发生数处不甚满意。前日又嘱渠多打开几处，亦不满意，现除经家叔指示裕信如何修理填补外，已切实警告裕信及华盖两公司，第三层不准再有同样事情发生。

　　（二）桥梁。打底脚扎铁筋（此桥可惜不曾用弧形 arch 式，现在已不及改动）。

　　（三）宿舍。屋顶已完全盖好，现在粉刷草柴泥，电线管在装置中。

　　（四）燃料研究室。污水管已装齐，管子合同已签定，照原来数目减少四千二百三十八元（陈列馆八十元，燃料室及厂房四千一百五十八元）。现在各室包价如下：

陈列馆	6780	燃料室	9920	原来总包价 32638
宿舍	7440	厂房	1580	现在总包价 28400
场面工程	2680			减去数目　　4238
新价目	16900	新价目	11500	
原来数目	16980	原来数目	15658	

　　土木工程现在不能进行，非待管子工程大部完竣方能装地板、刷水沙墙等。室内原定木器预算为三千元，现据各方估价，恐将超出此数约一千元，未知是否可增加此数。木器行，京方者均贵，现觅得上海复兴昌木作，其价目比较合适，

---

　　① 金开英，时任地质调查所沁园燃料研究室主任，后任玉门油矿炼油厂厂长。

近已嘱其预备一部分材料来京工作矣。并嘱其先完成几种，再决定大部份木器。

（五）煤气厂。煤气制造，与赵深相谈之下，觉渠甚不明了，故特与之将此事详细说明。昨晨已接到其改正图样，考验后较为完妥。兹特修正交裕信估价，约星期四晨交来。建造地基，因储气罐改大又加一只，故非侵入资源会地界上不可。资源会方面亦愿让地一角，共约一亩左右，现正在协商中。

昨日在君老伯来电，嘱英赴中央研究院谈王学海事。英因现有赵文泯君在接洽中，而此外另又聘请谢喜安君，其势本年度内恐不能再容一留学生。如赵君不能来所，则此事当可重行谈起。所虑者，王君（此人已在申会过）并非学燃料者，而性好燃料耳。闻此人分析工作甚佳，无机化学甚佳，未知资源会矿室已有化验人材否，如尚无此项人员，则是否应为介绍耳？

兹附上四家叔历年来所任各职表一纸，务恳赐阅是祷。专肃。敬请钧安。

晚金开英叩上

四月卅日

致经济部同人书

（1938 年 7 月 29 日）

当此国步艰难之日，文灏与本部诸同人共膺经济建设之重责，国计民生，胥于是赖，思维夙夜，兢惕良深。尝思本部行政职责既在实业之扩展，亦在效率之提高。部中各厅、司、科所掌任务，尤在设立范畴，使经济团体有所率循，筹拟计划，使公私事业克具规模，矢勤慎以从公，挈纲领而前进，提起服务精神，共图行政绩效。文灏自惭轻薄，陨越为忧，勉竭精诚，常自课责，兹愿以要义数端互相砥砺，共策进行，所深望焉。

一、公正。处务精神之公正与否为官厅威信之所系，故人民对于官厅是否信仰，全视官厅办事之能否公正。本部收到文书以请求注册立案、给照、专利、保息等项为数最多。凡此皆为各种经济事业设立及发展上必循之途径，本部处理自应一秉公道，力避偏私。遇有诉愿或请求更正之文件，尤宜悉本法律精神，秉公裁决，毫不顾及亲朋交谊及请托私情，诚以公私分别，轻重显然，稍有良心者决不能因私废公，自失信用也。抑为充分达到妥善处理之目的起见，对于事实真相必须明悉周知，庶案无遁情。对于规定办法，所生实际效果，尤须详思熟计，庶不至惹起意外纠纷。凡此关系，在抗战时期更为重要，盖逼近战线各地方，敌寇侵凌，秩序不如平时，办理尤宜审慎。故本部所定办法，必权衡至当，求事实所能行，而对于事实又妥纳规范，求计划之实现，亦惟如此，始能令告不成空文，政务得见实效。此实为促成效率必具之条件也。

二、勤勉。本部职责重在协助经济事业，协助之道甚多，而以敏捷方法处理文书，使案无积牍，事有成规，实为一般行政人员当务之急。乃查历来习惯，公司注册、矿业给照、专利核定，以及其他因推进事业依法办理之手续，累月经年，未能完竣。在此拖延期间，请托夤缘往往不免，而且时势推移，环境变化，时间消耗，漫无限制，即事业前途亦为之根本动摇。是则官厅之于经济事业，未能促进而反至迟延，清夜问心，何以自解。自今以后，各主管人员务须提起精神，迅速办理，拟稿勿逾定期，会议力求切实，一挽颓风，共图进步。对于来呈不合之处，务应具体说明，俾可易于明了，切勿模棱含混，以致空费光阴。

如有不明手续及程式者，务宜按切事实诚恳说明，必详必尽，俾知式从。其有以前办理习惯需时过久者，并宜拟订改良办法，以期缩短时间，提先办竣。总之，缛节繁文最少意义，精心负责乃见工夫。同人等服务此部，对于法令既应殚心熟研于平时，对于文书尤当妥速处理于临事，此亦愿为勤勉共志勿忘者也。

三、清廉。舞弊营利，法所严禁，同人等束身自好，决不轻犯，无需赘言。惟值此抗战紧迫之时，尤须坚薪胆共尝之旨，物力艰难必须杜绝浪费，生活习惯亦应力趋朴实。方今人民困苦，满目疮痍，一命之士何忍享受逾份，虚糜钱财，即长官督察偶疏，而问心亦宜自愧。兹所特为告戒者，因事实之需要而兼任职务者，不准兼领薪金。如有兼薪而尚未发觉者，应即自行辞却。为生活之需要而购备物品者，务宜力从俭约，勿陷奢侈之恶习，使用国货，勿增对外之漏卮。古人有言，国家之败由官邪也，所谓官邪尤在滥用职权，营私渔利，监守自盗，明知故犯，于情于法，决不姑容。次之慎选贤良，实为当官要务，使事业有良善之人才，然后□关得坚实之基础，切勿为人立事，耗费公币，此义不但当自身谨持，永矢不谖，即对于他人所任之工作，亦不可滥用情面，推荐私人。凡百事业之成功，惟在得人，人之可用与否，全视其能否胜任，而不必问其有无私交，一念之失，往往即为终身之累，念兹在兹，庶其有豸。

四、进取。工作能力因经验而愈丰，而服官久长者则精神、知识又往往流于堕废。驯致年轻者，苦少实际工作之经历，年长者又未老先衰，思想落伍，遂使国少成熟之人才，事无主持之中坚，因循贻误，良可慨叹。目前先进各国经济事业之组织管理各种方法，莫不一日千里，与时俱新，中国惟有努力猛进，迎头赶上，方能造成近代国家，发荣滋长。而所以促使全国事业速用最新方法向前进展者，实为本部应有之责。如果吾辈抱残守缺，故步自封，不具开创之精神，不富奋斗之志愿，萎靡应付，则所有工作决不能挽回艰危，共纾国难。往者不可追，来者犹可及，当此存亡危急之时，决不可更受晏安鸩毒之害。要当振起精神，力求进步，搜访各国发展之成规，参考各省情形之背景，精心研几，就应兴应革之事拟具方案，建议实行。各厅司科并当就主管范围，筹划工作程序，例如土地如何充分利用，矿藏如何加速开发，工业中心如何建立，劳资协调如何促成，办理如何加便，物价如何平衡，皆宜有具体方法，切实执行，庶能向的以趋，日有进步。总期以自强不息之精神，为认真推行之枢纽。数年之后，国防以固，民生以裕，效必可睹。既有耕耘，必有收获，今日正我辈胼胝耕耘之时，不可不加勉也。

　　诚知时艰方亟，种种困难在所难免。然文灏深信，种瓜得瓜，种豆得豆，毫无所种者，自必毫无所获。反之，能力不灭，用一分精神，必有一分影响。办事困难之丛生，亦正见吾辈用力之有所未尽。当此全国一致共同努力之时，团结既具真诚，忠信应能感格。吾辈惟有尽心之所安，竭力之所至，以为职责之所应为。事理当然，毫无疑义。从来一城一旅犹可中兴，况有广土众民，何用自馁。用中感念，奉质同人，策励进行，实所厚望。

二十七年七月二十九日

致孔祥熙①函电（3通）

致孔祥熙函（1942年10月20日）

庸公院座赐鉴：

接奉赐函，抄示委座机密用第六九二九号手令：关于裁员三分之一派往西北从事开发等因。此事窃加核计，意见可分为三点言之：

（一）中央为节省开支及增加工作效率计，应就各机关性质妥加考虑，将非必要之机关、非战时必要之工作设法裁并停止，并将各机关之闲冗职员酌加裁减，以后不得再行滥加。

（二）各机关现用人员之数量并不一律，有依照规定员额用人者，亦有于定额之外用各种名目加添颇多者，故在冗员甚多之机关裁减三分之一自并不难。其在用人并不过多之机关，则骤裁三分之一恐工作不免受其影响。因此裁员三分之一之数目作为大致之标准，自甚合理，而各机关不问原有冗员若干而强令一律照办，则实际上颇需考虑。

（三）西北方面开发及开垦工作，必需有专管机关及负责人员筹定具体办法，派人雇工分别办理，而不宜使中央被裁之人员茫无组织，自行担任。西北原住人民为数无多，且尚有种类及宗教上之分别，不易过于仓促从事，致滋误会。此项形势，凡熟悉西北情形者，皆能了然，故须有妥慎筹划之办法，方能有重要工作顺利推进也。

以上意见，撮要密陈，是否有当，尚祈察核为幸。谨颂钧绥。

翁文灏谨启
十月二十日

---

① 孔祥熙，字庸之，时任行政院副院长兼财政部部长。

致孔祥熙电（1944 年 9 月 27）

译转魏大使伯聪兄，烦译呈孔副院长钧鉴：巧电谨悉，当与王亮畴、张厉生两秘书长面商。对于中美、中英庚款机关暂维现状，勿予裁撤，俟战后再议，职等均极同意，已推厉生兄拟电陈复。惟因国防会曾有议决案，并已由行政院秘书处公函知照，深盼钧座电请王、张两秘书长，将此项办法正式函告庚款机关，俾可知悉。可否，仍候钧示。职翁文灏叩。感。

致孔祥熙电（1945 年 5 月 31 日）

孔副院长钧鉴：密。今晨一中全会蒋主席提任宋公为行政院长，以灏为副。灏向在钧座提携指示之下，对于具体工作勉尽绵薄，副理院事，非所敢望。乃因钧座暂离院务，使灏突任此席。自维铨材，深恐陨越，惶惧非可言喻。惟盼钧座以国事为重，随时不吝指示，庶于暂时勉任之时，稍减疏忽贻误，实所企祷。翁文灏。五，卅一（1945 年）

蓝锹 ① 函

（1947 年 8 月 7 日）

咏霓委员长吾师钧座：

　　窃吾师为中国科学先进中之泰斗，学问道德，国人识与不识，均极钦仰。锹无似曾列门墙，多年亲炙，何幸如之。回忆在北京高师时，先生于授课之余，春秋季多往各地查勘地质，锹常与各同学摄履相从。先生徒步登山，勇气百倍，衷心佩服，匪可言喻，（锹系民国十年夏博物部毕业，其时，先生尚在校教授地质，口讲指画，同学颇有心得，咸感谢教法极高，无不崇拜）今乃忽忽已二十余年矣。自顾驽钝，辜负春风，一无成就。（提起贱名恐已生疏，然倘有机缘叩谒，当甚熟识，因当时坐春风有两载余，全班同学不过二十人，易于认识，陈画吾、张作人即系吾班同学。）自毕业后，本拟赴美留学，嗣因经济发生问题，欲行不果，此后即由王霖之先生介绍，在北平孔德学校任教，后又改任校长，并回闽历任数个中学师范校长，前后垂二十年，现尚任福建省立莆田中学校长，校址在福建莆田县。因毕业后概从事于学校行政，以致学殖荒落，苦无寸进。（多年想赴京趋侍，苦无机会，但同学常以附骥尾为荣，锹亦有同感。）

　　兹有琐事，不揣冒昧，拟恳费神赐为闽千余教师救援，不知可拨忙否？缘最近国内物价飞涨，公教人员待遇虽经多次调整，仍多不足维生活。闽系沿海省份，物价与京沪不相上下，如福州，如厦门，教师只领到第二级待遇，不如京沪执教者之优涯，然尚能勉强支持。最不平者，即榕厦外之其他各县，（闽有六十余县，只榕、厦两市受第二级待遇，余皆定为第四级）均定为第四级待遇。各教师每月所得薪水最多只四十余万，普通只二三十万，而米价通常每百斤在三十万左右，（外县与榕、厦米价相等，其他物价亦相伯仲）以每月所得只足购数十斤米，故人人咸受饥饿，有改业者，有罢教者。现在暑假期间，各校校长及教职员代表麇集省垣，向省府请愿。第一步，请求各县教师待遇应与省城、厦门平等。（教育系全国性，在同省中服务应领同级薪。）省府亦极赞成，但

---

① 蓝锹，时任福建省立莆田中学校长，为翁文灏在北京高等师范学校博物部兼任教授时学生。

权在中央，已据情电行政院，请于此次八月份起，全国公教人员待遇再调整时，特为改善，定为全省各县同级支薪。（全省物价相同，不应榕、厦二级其余皆四级，今各教员个个不能维持生活）惟去电已久，尚未得复，（琼行政院张院长事忙，又情形不明了，故久未得复）大家迫不及待，现已推举省立闽清中学校长黄乃杰为代表，赴京请愿。所虑者，京离闽过远，不明了同人穷困呼号窘状，又恐代表言轻。事关全闽教育者生计，又与教育精神有关，（大家吃不饱，自不能安心教好书）忝在门墙，不避多渎，敬恳代向行政院张院长代为陈情，请命，并为诉苦，恳准俯从所请。此次调整，闻各地域等级将全新规定，闽全省各县教职员待遇务必改为同级，否则闽除榕厦外，全省教育无法维持。先生担当资源大任，日感百忙，本不应以小事多扰，但先生系全国崇拜之学者，平日极热心教育事业，此次在省同人知锵与先生有师生之谊，特促为函恳救援，倘蒙鼎力为进言，俾得改善全闽教育者，实深拜赐，实非锵一人感激已也。草率上陈，罪甚歉甚，祈谅宥。（此事关系全闽教育命脉，切盼援助）如赐援助，并盼迅速。如赐援助，并盼迅速。（日内即再调整，各地域重新定级）结果如何，乞赐复，俾便转布。谨肃。顺叩崇安。

别久，谨附片请安。

受业蓝锵谨呈

八月七日

赐复乞迳寄福建莆田城内省立莆田中学受业收。

乐森璕^① 函

（1947 年 8 月 2 日）

霓公主任委员钧鉴：

敬启者。前冬在渝，偕刘志鹄兄晋谒钧座，忽忽一谈，瞬又年余矣。近维起居迪吉，公私顺畅为颂。

兹有恳者，黔所远在抗战前三年即已成立，惟以人事问题，动荡飘摇，迄无基础。自璕去春接长该所以来，先从罗致人才入手，曾约北大同学刘之远、周德忠、罗绳武诸君加入工作。计卅五年一年中，测黔北、黔中五万分一地质图十二幅，并详测贵筑林东煤田地形，已制成一万分一之地形图八幅。此外，在黔东岑巩发现磷灰岩，颇与滇省昆阳一带所产者颇相类似，分布亦广，惟质较逊，但从此可在黔东震旦系上部地层中特加注意，冀有更佳之矿层。惟今岁有省级财政与中央划分之后，本年度测勘经费二千七百万元，连同本省建设事业费三十余亿元，未蒙中央补助，而被全部剥除，以致黔所半年来野外工作无法进展。若任其长此停顿，则本所实同虚设。当请示本省杨主席与建厅何厅长辑五，均以专赖中央之大量补助殊不可能，不如乘此次行政会议开会之机会，提出筹募地质所建筑设备测勘基金办法，以资解决，当经顺利通过，由本省八十市县量力负担，并由各行政专员、各县县长、各县参议长经手，广为劝募，希能在短期内募集四亿元，以二亿建筑，一亿充实设备，其余一亿生息，专作测勘之补助费。恐有不足，同时分向各方劝募，不如此则黔所之基础无法奠定，而工作人员之研究意志亦无法维持。黔省为璕桑梓，深觉本省地质矿产富有研究价值，其所以不愿离去而另图发展者，盖在此耳。兹特寄呈捐册一份，尚祈我公广为劝募，惠加提倡，尤盼大会能予充分之补助，俾使贵州地质事业之基础得以奠定，全省之调查计划得以完成，重要矿产得以次第开发，则岂特贵州一省之福利，要亦西南及全国之福利也。

再者，国立贵州大学地质系已于去岁正式成立，有学生十余人，由丁道衡、郝颐寿及璕等分任教职。知注特闻，余容续详。专此。敬请钧安。

乐森璕谨上

八月二日

---

① 乐森璕，字季纯，地质学家，时任贵州省地质调查所所长。

与雷特 ① 往来电（2 通）

雷特电（1933 年 4 月 18 日）

美国地质学会提供 350 美元，以助您参加国际地质学大会之用。雷特。地质学会。纽约。

复雷特电稿（1933 年 4 月 19 日）

纽约。地质学会。雷特。对为丁或我本人或者二人共同参加会议提供经费深表感谢。翁文灏。

---

① 雷特，Leite，美国地质学会会长。

与雷震①往来函（8 通）

雷震函（1947 年 5 月 10 日）

咏霓先生惠鉴：

敬启者。魏嵒寿学兄现任台大教授兼工学院院长，以环境特殊，深觉台省教育不易推动，而待遇菲薄，无以仰事俯蓄。此次台湾民变，魏兄身历其境，益感该地生命无保障，其家产亦毁于抗战之烽火，现拟入贵会工作。其学识与为人，想先生知之甚深。

顷承函嘱，特为奉达，敬恳惠予位置，至为企感。专此。敬颂勋绥。

雷震敬启

五月十日

复雷震函稿（1947 年 5 月 17 日）

儆寰吾兄大鉴：

展奉五月十日大函，藉谂一一。魏嵒寿兄学有专攻，精于日文，现执教台大，自可展其所长。兹台省改制，诸待推进，教育自尤为当务之急，嵒寿兄似仍以继续留台任教为宜，以宏为国育才之效。专复，并颂大安。

弟翁〇〇

---

① 雷震，字儆寰，时任国民参政会副秘书长。

雷震函（1947 年 8 月 29 日）

咏霓先生勋右：

　　本月廿日琅函敬悉，弟因事赴沪，致稽裁答，歉歉。关于经济改革方案分组研拟实施办法，嘱开具参政员三人参加工业矿业组一事，参政员方面拟请先生将薛明剑（工业）、吴蕴初（工业）、马乘风（在豫举办矿厂，规模宏大）三位列入。

　　又，弟拟推荐蔡叔厚（原任经济部专门委员，现为经济部计画委员会委员，习电机，返国后办理工业二十余年）及郑翔德（习纺织，现任申新纺织厂第三厂厂长）两位参加。敬请惠予专家或其他名义，邀请与会，俾获发纾其意见，并祈裁督是幸。专复。敬颂勋绥。

弟雷震拜启

八月廿九日

雷震函（1947 年 8 月 30 日）

咏霓先生勋鉴：

　　敬启者。兹有黄君业熙，交大唐山工学院矿冶系毕业，学行俱优，志愿至贵会服务，敬特介绍，拟请惠予派用，至深感幸。专此。敬颂勋绥。

弟雷震拜启

八月卅日

雷震函（1947 年 8 月 30 日）

咏霓先生勋右：

敬启者。兹有长兴某矿山之含有煤矿矿石一块，特为送上，敬请惠饬主管部分予以化验分析，其含煤量之多寡，是否具有开采之价值，便祈示及，毋任感幸。专此。敬颂勋绥。

弟雷震拜启
八月卅日

附矿石一块。

雷震函（1947 年 9 月 9 日）

咏霓先生勋右：

敬启者。先母于廿七年春在原籍殉难，以抗战关系，迄未安葬。谨詹于十月一日家奠，五日告窆。除至亲至友处以书面奉告外，不另发讣文。兹附奉先母事略一篇，敬请惠赐挽章，以光泉壤，存殁均感（惠件尽于九月十五日前送国民参政会）。专此。敬颂勋绥。

雷震拜启
九月九日

挽雷震母亲联（1947 年 9 月 13 日）

雷伯母陈太夫人千古

　　　为枌榆子弟谋簧舍弦歌，百岁树宏规，教化长留小溪口；
　　　是闺阃完人得乾坤正气，十年悲殉难，佳城永镇洞庭山。

　　　　　　　　　　　　　　　　　　　　　翁○○敬挽

复雷震函稿（1947 年 9 月 19 日）

儆寰吾兄大鉴：

　　日前承函送煤样一件，兹已分析完毕，其成分如下：

　　水分 0.38%，挥发物 36.11%

　　灰分 17.13%，固定炭 46.37%

　　硫磺 1.94%，热量 6463

　　依照上表，此煤挥发份为数颇高，易于燃烧，火焰颇长，不易炼焦，其质地于锅炉大致颇为合用。专此奉达。至颂时绥。

　　　　　　　　　　　　　　　　　　　弟翁文灏拜上
　　　　　　　　　　　　　　　　　　　九月十九日

与李春昱①往来函（15通）

李春昱函（1943年7月13日）

咏公夫子钧鉴：

手示奉悉。本所地性探矿室研究所需材料，兹已由李善邦君逐项开列，全体制造约需十五万元，工作计划略有说明。此外尚有地球物理研究概况，系前年李君所述，俟日内缮妥，另行奉呈。谨此。敬请钧安。

生李春昱谨上
七月十三日

复李春昱函稿（1943年8月12日）

庚阳吾兄大鉴：

前接七月十三日大札及附件均奉悉。贵所地性探矿室研究费用，本会可一次补助十二万元，添造三地震仪，至盼从早完成。今后贵所各项地球物理探矿报告，希随时寄交本会参考，对于本会拟办之矿业，并望尽先注重查勘为荷。专此。顺颂台绥。

翁○○启

---

① 李春昱，字庚阳，时任经济部地质调查所所长。

李春昱函稿（1944 年 2 月 13 日）

咏公夫子钧鉴：

钧示敬悉。兹拟订于十五日（星期二）下午六时在资委会晚饭后举行理事会，如钧座是日无其约会，即作决定，则请嘱会中添备客饭约十位。骊先生处或可通知其到会略晚。如须改期，则请留信资委会秘书处。生拟于十四日下午前往，以便通知各理事。惟会后返沙坪坝小龙【坎】者约六七人，拟请钧座届时饬派【车】一送为恳。谨上。敬请钧安。

李春昱函稿（1944 年 4 月 26 日）

咏公夫子钧座：

生自贵阳归来，业已及旬。尔时适值钧座川西视察，未及候谒。前闻尊驾业返渝，又逢尼德汉夫人来碚，兼有其他事，顷不克即行进城。拟俟下月一二日再行趋谒，奉陈一切。敬请钧安。

李春昱函（1944 年 4 月 29 日）

咏公夫子钧鉴：

前上一函，谅已奉达。顷接本所土壤室侯学煜君自贵州盘县来电称，许德佑、陈康、马以思在晴隆（安南）廿四遇匪毙命，详情探报等，不胜惊愕。消息确否，尚等证实。当即复电侯君及吴主席，请为查询。

侯有确讯再行奉陈。谨上。即请钧安。

生春昱谨上
四月廿九日

致李春昱函稿（1944 年 5 月 6 日）

庚阳吾兄大鉴：

　　许德佑兄等遇匪事，兹接吴主席来电，觅兄面洽未成，弟已即去电，一并抄奉察览，并盼兄随时与弟保存接触为祷。此颂时绥。

　　　　　　　　　　　　　　　　　　　　　　　　　文灏敬上
　　　　　　　　　　　　　　　　　　　　　　　　　五月六日

李春昱函（1944 年 5 月 10 日）

咏公夫子钧鉴：

　　昨禀一函，谅已奉达。许君等遇难消息，此间各机关多已闻悉，频来问讯。西南联大且有唁慰电函，故昨日即送稿《中央》《大公》两报，正式发表。许太太闻悉，有似癫狂，但亦无可奈何。今日由城内请到其姻长毕修勺君，或可加以解剧。

　　顷接侯学煜君七日自普安来电称："棺已运到【安】南城。"现时待向贵阳运送矣。熊毅未悉已到筑否，此刻尚无消息。追悼会拟于六月十一日举行。惟不知来得及否，万一来不及，未始不可展期。同仁拟用学会及本所名义发起，不悉钧意如何。生拟趁毕君在碚，与商讨许太太善后，并将报丧通启寄发各方，于星期六或星期日进城，或可于星期一晋谒，商承一切。同仁对将许君等安葬花溪之议，主张甚力，生已致函吴主席及寄梅先生相请，未悉如何。谨此奉陈。敬请钧安。

李春昱函（1944 年 5 月 12 日）

咏公夫子钧鉴：

顷接侯学煜君自普安来函，【述】许君等被难经过甚详，并已捕获匪徒及通谋之挑夫共九人。据悉全案关连二十余人，现拟将侯君函及审讯口供记录整理，即行奉呈。据侯探悉，主使匪首普安县参议会议长易晓兰（逑青）之亲侄易仲三为普安大绅，杀人之枪即系易仲三所给，并分得六千元。易匪在军队任职，现住普安梅花箐（距罐子窑乡公所数里）。可否请钧座密电吴主席（或一面密电谢季骅，使面报吴主席，以免走漏消息），先将易氏叔侄逮捕，因同县政府惮于势力不敢办理也。余再呈。敬请钧安。

生春昱谨上
五月十二日

李春昱函（1944 年 5 月 21 日）

咏公夫子钧鉴：

前托资委会专差带呈一函，谅已奉达。顷再接侯学煜十三日来函称，易匪仲三业已枪毙，伊普安任务业已完成，即将转赴晴隆。又接十九日自晴隆来电："候车返筑转渝"。缉凶一项可谓告一段落矣。侯君措施，可表现其应付之干才。现在第二步工作在如何为许君等筹募眷属赡养及子女教育费，如数目太少，实无济于事。此间同人拟印一捐启，进行捐募，惟由何人出名是一问题。（1）由钧座出名；（2）由钧座、朱骝先、李仲揆、吴达铨（如情愿）诸先生以及地质界同人；（3）由本所或生及建猷。惟后者恐收获微。此间所中同仁自德佑等三人死后均受莫大之打击，金以为生前不获温饱，死后眷属无以为生。为免物伤其类计，善后问题自以尽力为之，方足以慰死者以及自慰。生可以大但说一句话：现在公务人员之所恃以为生者，不外三条途径：一是贪污，二是做生意，三是兼差。而本所无一于此，此所以不堪命他。即以生个人而论，每月除本人伙食零用外，仅余二千余元及米八斗用以养吾之家。除煤水油盐外，每日不能买蔬菜二斤，遑论肉食。其他同人收入较少于生，更无论矣。瞻念前途，恐惶万状。两旬以来，万难填胸，于此不胜自惭能力之薄弱也。谨上。敬请钧安。

生春昱谨上
五月二十一日

李春昱函稿（1944 年 11 月 4 日）

咏公夫子钧鉴：

二日钧示聆悉，谨复如下：

（一）中央研究院总干事一职，生决不能担任。以能力论，院中院外许多老人均作不下去，生对院中情形十分隔膜，更无论矣。以兴趣论，生学习地质，理应作地质工作……万一朱先生直接相询，生亦当以此意谢却。

（二）南开大学复校后，能设一地质系，至所欣盼……（据孙子乾称，美国现有公私地质人员六千余人，但中国迄今仅百余人，实不敷用）……联大、中大、重大三个地质系都不健全，而中山大学、西北大学更为落后，主要原因亦是教师缺乏。生尝与汲清闲谈，谓宜设法罗致几个外国教员。北大之小有成就，葛先生实有功焉。前中大之 Pargar 及 Becker，现时联大之 Miech，在外国均非上等脚色，但在各校比较，均属皎皎。中国教授实在赶不上他们努力，将来南开如成立地质系，能物色一位忠实而热心的系主任，再聘二位外国教授，不数年必可成为国内之地质系。惟南开设于天津，本所则随首都转移，未必常相接近，在合作上不无困难。至于设备，似较易为。故钧座曾两度嘱生出国一行，生亦固有此意，可以延聘的人才，一则注意应添置的设备，不过现时一则以所中事务牵累，一时不易脱身，一则以欧战将近结束时为佳。因欧洲小国于大战之后穷困之际，或不免多有愿往中国来者，且或征购几个穷地质家的私人图书。拟俟明春再决定，未悉钧意如何。关于南开设地质系事，可否下次进城，便中谒访伯苓先生，作进一步之商谈。届时当面谒钧座，请为指示。

（三）经济部部送半价购呢卷，至为欢迎，一俟取到，当即派人往购。

（四）杨克强来信介绍之华侨黄天禄君，似其基础尚不错，惟大面积调查经验尚差，但本将来用得着此项人才，已托克强就近能约与面谈后决定。不过本惯例，年资浅者须从低处着手，彼如愿来，只能予以技士名义，已将此意告克强矣。阮维周编《中国矿产志》之事，生已将钧意转达，并盼其至迟明年暑假结束学程归国。另函徐克勤，请早归来，谅与钧座之复伊电报不冲突也。

李春昱函稿（1945 年 9 月 14 日）

咏公夫子钧鉴：

　　顷闻下周有船开往南京，杨公兆、王翼臣等亦将搭此船东下。本所为看护南京、北平两处所产，似亦应派员前往，因盛莘夫由永安赴京不知何日到也。今早召集重要职员协商，派定高振西前往北平，周赞衡、毕庆昌前往南京。除已报外，特此呈钧座，并恳转知王翼臣、张兹闿两特派员，分别在平、京予以协助为祷。

致李春昱函稿（1946 年 1 月 19 日）

庚阳吾兄大鉴：

　　兹接瑞典国斯文赫定来函，商请帮助资金印刷中亚地图，可作为地质调查所刊物，但须记及彼之著作云云。此项外汇为数较多，目前政府控制外汇更为认真，筹措此数，当非甚易。可否由兄函商北平新经改组之西北科学考察团理事会，筹拟办法，俾可商定函复。兹将赫定来函抄录一份。如何办法，附请察酌见复，至为企荷。此颂时绥。

翁文灏敬上

一月十九日

附抄一件。

附

斯文赫定函 [①]（1945 年 9 月 29 日）

尊敬的翁文灏博士：

来函昨晚收到，即刻给您一个初步答复，包含我对您提案原则上的看法。

我认为您对尤斯图斯·佩瑟斯（Justs Perthes）地理研究所的看法是正确的，自从今年 2 月 19 我 80 岁生日那天以后，再没听到过他们任何消息。虽然他们已经从战争中恢复过来，但我仍然看不出他们会有财力出版像我们计划的 54 张图集那样大的项目。虽然我不太相信，但是美国人有可能纯粹出于对地图集的兴趣，愿意承担这一项目，并提供经费方面的支持。

但是，如您所言，准备和讨论工作程序需要相当长的时间。

显然，地图集的价值是越早发布越好。

我非常高兴您同意我将工作地点置于斯德哥尔摩，如此我可以和其他考查团成员近在咫尺并亲自监督工作。这一点非常重要。只在哥达（Gotha）工作，这是不可能的。如果您能找到帮助我解决经费问题的方法，最困难的事就解决了。

1938 年地图集的计划被安排在哥达时，尤斯图斯·佩瑟斯地理研究所和政府方面都对其感兴趣，特别是沃特·芬克（Walter Funk）博士，超额提供所有工作的资金，总计数量达 300 万拉姆。他们认为我会慷慨地把材料交给他们。瑞典政府不会花这么多钱，尽管他们给了我相同金额的补助金用于出版我们的科学成果。

我立即要做的是确认尤斯图斯·佩瑟斯地理研究所的情况，在认定他们确实无法完成这项工作之前，放弃他们是不公平的。

与此同时，我会向伟大的公司"易达/瑞典平版印刷/瑞典总参谋部所有地图印制机构"，寻问他们编印中亚地图集的价格。您知道，他们非常聪明并且能够制作非常漂亮的地图。

我还要确认，他们最短能在多久完成地图绘制。

现任乌普萨拉大学地质学教授的埃里克·诺林（Erik Norin）博士，必须与尤斯图斯·佩瑟斯地理研究所一道掌控此事。

如果我们能在经费上达成令人满意的共识，我当然会同意您的所有愿望。

当然，中国地质调查所的资助将得到最慷慨的承认。地图集使用英文。我的名字应该与地图集的标题相关联。

您可以放心，我将尽最大力量实现我们的计划，没有人比我更期待取得圆满成功。情况很快就会明了，我会及时向您通报。

尊敬的翁博士，致以我最美好的祝福。

斯文赫定敬启

---

① 该函原件为英文。

致李春昱函稿（1948 年 5 月 5 日）

庚阳吾兄大鉴：

日前弟往北平参加协和医学院董事会议，在会议席中，弟曾正式提出从前得罗氏基金社之捐款协助，由地质调查所与协和解剖学系合作发掘周口店猿人及有关化石等件，所得猿人骨骼全归中国地质调查所之所有，非得所长允准，不得携往国外。事实上系委托 Dr. Black（步达生），嗣后继任 Dr.Weidenreich（魏敦瑞）研究描写。在珍珠港攻袭之前数月，弟当时在渝，深感美日和平亦难久保，故曾致函于其时协和代理院长 Dr.Houton（胡恒德），特允暂行寄往美国暂为保存，俟和平恢复时，即行回返中国。院长对于此事特为慎重，不轻送发，嗣见局面加紧，始装箱。托由美国海军人员，经由秦皇岛运出时，适日军已开始攻势，致难实行。日本投降后，虽经觅寻，迄无踪迹。此项骨骼化石极有科学价值，目前虽有全部模型，但正件似不幸遗失。兹提此事，并非对任何方面有何责备，但责任所在，深盼协和将办理经过情形，依据事实，作一纪录，函寄至所，俾可查考。当时会中议定，事诚可惜，允为照办。兹特专函奉达，请为查照。

又，葛利普教授所遗之女书记 Madame Volange（吴兰芝）现尚留平，昨与北大胡校长面谈，拟由胡君与弟会函行政院张院长，请由院核准校、所，照挂牌示价，向中央银行合结美元六百元，俾可送其返德。此事俟洽有头绪，再为奉告。所中应需国币如有不足，弟当设法补凑，并以奉闻。此颂时祺。

弟翁文灏敬启

五月五日

致李春昱函稿（1948 年 5 月 21 日）

庚阳吾兄大鉴：

兹有数事分述以告：

（一）黄汲清兄拟赴欧美，除参加地质会议等事外，兼注意石油地质，盼得外汇帮助，并闻英国已允往返旅费，为期三月。因此弟已商请中国石油公司，送给黄君治装费国币八千万元，旅费补助，为期一年，合为美金二千六百元（其中一部分可为英镑），并聘黄君为技术顾问，请为转知。

（二）杨克强兄对甘肃恐龙采掘颇为热心，石油公司原想由公司主持采掘，而将大部分化石奉赠于所，以前曾经函达，但近因孙健初兄为石油探勘工作甚忙，迄今未及实行发掘。为两便计，可由石油公司改请杨克强兄前往主持，其事所需款项定为三亿，由上海发一亿，由兰州发二亿，深望兄及杨君能为同意，并盼见复。

（三）美国土壤专家 Thorp（梭颇）来信，言及庆逵兄在美努力工作，而经济甚穷。又接李君函，盼能助以美金五百，俾可于夏间返国。弟思李君为所中重要土壤人员，处境既窘，自宜设法协助，未知所中已否定有办法。兹将 Thorp 来函抄录呈奉，请赐函示为幸。专颂时绥。

弟翁文灏敬启

五月二十一日

附英文抄件。（缺）

李春昱函稿（1945 年 9 月 16 日）

咏公夫子钧鉴：

在君先生地质遗著，察由汲清、建猷二兄整理竣事，现正交人打字及清绘，如何【果】拟在印度印刷，赶于明年一月前出版，则当于十月十日前全部赶完，惟不免略嫌草率。如俟返京后印，则绘图工作或当较佳，亦可于年底完工。嘱以商陈钧座指示进行。敬请钧安。

附 Needham（李约瑟）转来关于在印度印刷情形一函。

与李约瑟①往来函（2 通）

李约瑟函（1943 年 12 月 20 日）

尊敬的翁博士：

几天前，我从兰州乘飞机安全返回重庆。我已立即函谢孙越崎博士，不仅是为了他在老君庙的热情好客，而且他确实给了我实在的帮助，用 K.P.A. 修理我的卡车。我已就油矿冒昧地给他 SUBM 鼓励和建议，而且相信你也会感兴趣。同时，我将尽一切力量尽快支援他们一些基本的研究仪器、设备、化学制品和书籍。在油矿时，我还非常愉快地见到了您的堂弟，出色而年轻的地质学家翁文波博士。

李约瑟敬启

1943 年 12 月 20 日

复李约瑟函（1943 年 12 月 23 日）

尊敬的李约瑟博士：

收到您 20 日来函，感谢给我送来您对甘肃油矿的观察所得。我确信这对 K.P.A. 非常有益。同时，您为争取加强那里的研究所做的努力，也给我以极大的激励。非常感谢您所提及的对我们工作的有益帮助。

翁文灏敬启

1943 年 12 月 23 日

---

① 李约瑟，Joseph Needham，科学技术史专家，时任英国驻华使馆科学参赞。

与李庆逵^①往来函（2通）

李庆逵函（1948 年 4 月 5 日）

咏霓先生：

兹附上本日《芝加哥日报》首幅一段，涉及雷诺在华工作经过，当非事实之全部。而此君词意偏激，更非学人应有意态。

惟吾国累年战争，一切科学上设施，已离现代知识颇远。今后学术工作，势非仰仗于外人之合作不可，而更有望于美国。此项消息之喧腾，当为吾国科学进展一阻碍。吾人谁不爱国，谁不欲自强？但现代建国条件，决非意气热忱之所能蒇事，先生固知之甚深也。

忆昔先生主办地质调查所时，学术工作亦颇得力于外人之合作。吾人间亦颇有困难，要之赖领导者有坚定主见、诚恳意识。而与外人共事诸君，又率能忍耐个人意气，以完成工作为前提。国内少数学术上之成就，实非偶然，其始事之艰，端赖诚信，否则虽才智无所济也。

偶阅报章，殊多感慨，专此剪呈，并陈愚见。此请大安。

李庆逵敬上

四、五日

复李庆逵函稿（1948 年 4 月 13 日）

庆逵吾弟青览：

别来时在念中。兹接来函并及《芝加哥日报》所记有关雷诺积石山探险新

---

① 李庆逵，土壤学家，地质调查所土壤研究室研究员，时在美留学。

闻一则。此事双方商订，兄未经与闻，但迭在报纸闻及消息，其内容如何，自所未及深知。大概观之，雷诺为美国偶然发财之一庸人，并无真实科学之兴趣，亦无信守诺言之品性。而中国方面，学术同人存叨光同行之思想，以致不能真正合作也。专此函复。顺颂旅祺。

翁文灏敬上

四月十三日

致李书华①函

（1936 年 5 月 3 日）

润章先生：

　　接阅大著《房山游记》，至为慰佩。前读《黄山游记》，兹又拜读此著，于记游之中兼考近代著作，并附以地图及照片，实为我国地理学增一基础。作地质工作者，远游广览，最有机会，乃率多无暇旁及，实甚可惜。事虽教□，收效甚鲜。□人之精力矣，能旁启乎。又，前时手示各处温泉之温度之数，此时若能全忆，又荷抄示，至为盼幸。专此。近安。

　　　　　　　　　　　　　　　　　　　　　　　　弟翁文灏上

　　　　　　　　　　　　　　　　　　　　　　　　廿五、五、三

---

① 李书华，字润章，物理学家，时任北平研究院副院长。

李宗仁函

（1947 年 2 月 21 日）

咏霓吾兄勋鉴：

　　接诵二月二日华翰，敬谂一是。客冬十二月间，为适应勘乱需要，期能机动击匪，尝一度控用大部车辆，以供军运，然阅时甚暂。至开滦煤运积滞之主因，良以北宁线秦冶段迭遭破坏，虽竭力抢修，而旋修旋毁，交通多阻。

　　刻辖区军事行动已趋缓和，交通亦呈良好，已饬路局，尽量抽拨车皮转运滦煤矣。专此布复。顺颂勋祺。

弟李宗仁拜启

二月廿一日

与梁寒操^①往来函（2 通）

梁寒操函（1946 年 1 月 17 日）

咏霓先生勋鉴：

兹敬启者。萧达文同志广西容县人，留美化学工程硕士，学有专长，历任大学教授，并在工业机构服务有年，颇富经验。现闻台湾糖厂方面需用化工人员甚多（闻有糖厂四十余所之多），特为函介一言。如承酌予器使，俾得主持厂务，藉展所长，或能不辱使命也。

又，广西大学化学工程教授郑显通同志，亦愿赴台工作，用特附上渠等履历各一件，以备参酌，并希示复为幸。专此。即颂勋安。

弟梁寒操顿首
一、十七

附萧达文、郑显通履历各一件。（缺）

复梁寒操函（1946 年 1 月 30 日）

寒操先生勋鉴：

元月十七日手教，奉悉一是。承介萧达文及郑显通两君赴台工作一事，已抄同各履历，由本会工业处函转台湾区特派员办公处查酌派用。知注特复，即希察照。顺颂勋绥。

弟翁○○拜启

---

① 梁寒操，曾任国民党中央宣传部部长，时任国防最高委员会副秘书长。

与梁敬錞 [①] 往来函（2 通）

致梁敬錞函稿（1947 年 8 月 18 日）

和钧吾兄大鉴：

关于本会中国石油公司甘青分公司所需车辆一案，前经呈奉主席八月八日府字第 12859 号代电内开：已令行政院物资供应委员会转饬，准拨卡车二百辆，希迳洽等因。顷复准贵会八月十一日（乙）物供字第 1367 号代电，略以：已遵饬物资供应局，就由印运沪租借接购卡车内，迅速照数价拨，嘱迳向该局洽明，备价领购等由。

查本会石油公司甘青分公司产油全系供济西北军用，该公司所需上项卡车即以运输此项军油，实与军用无殊，函祈作为军用车辆，遵照主席命令，准予免费照拨，以应急需。

兹介本会许业务委员粹士兄奉访，务希晤洽并鼎助为感。专颂大安。

弟翁〇〇

梁敬錞函（1947 年 8 月 22 日）

咏公委员长赐鉴：

许委员粹士兄来会，奉颁赐书，谨悉种切。关于拨交中国石油公司甘青分公司卡车二百辆一案，承命赞助，免费提用，自当遵办。经面陈俞公，以该项车辆系属租借法案物资，会中最近奉有主席代电，对于此项物资概须备价标买，国防部虽有先拨之例，但亦须经过院准手续，并须补办预算，以为转账，从无

---

① 梁敬錞，字和钧，时任行政院物资供应委员会秘书长。

免费之案。石油公司系营业机构，只有股本而无国家岁出预算，势自无从追加，颇感棘手。再四思维，窃以公司供应军油需要车辆，无力付现，自系实情，如由资委会将此情形呈院，请拨专款，加作公司股本，或呈院饬知中央银行，准予低利借款，由公司分若干年偿还，则于法令、事实均能兼顾。敝会亦当尽力，以符大嘱等语。以上办法未谂钧旨以为如何，尚祈察酌饬办。得间再当诣陈。专肃。祗请勋安。

梁敬錞谨启

八、廿二

与林大闾①往来函（2通）

林大闾函（1947年4月29日）

咏公委员长钧鉴：

顷承荣膺新命，以府委兼长资委会，不禁雀跃，为国称庆。谨此诗一首，另纸写呈，猥以鱼目，唐突潘玙，情不自已，轻用上尘，惟幸大诗家斧正，哂而存之。

窃有言者，战时军需第一，平时民生最要。平津产煤之区，乃开滦专供厂用，从未赋给民间半斤，较日敌占据时尤甚，此何理也。况民命悬于衣食，近煤价胀至战前七八万倍，空舍早有疆冻之苦，但忍痛不克断炊已耳。而棉布、粮食亦奇昂，除粮食非地不生另谋增产购运外，他如节省燃料之炉灶及家庭手工纺绩缝纫机，似宜由钧会广集专材，设法试制，并奖励民间发明，予以专利。

又，手工缝纫机之进口，亦可暂予免税（一切厂品奇昂，小民岂有力购买），其他平民资生之具，亦应分类查明，准此办理。此亦安定民生之一助。窃愿美国之为中国友人者，多设慈善医院、药房及免费学校，较之救济总署为效多矣。此则为生人谋耳。近小民既活不得而又死不得，应由政府制定火葬之法，以免棺埋之费。

所陈虽属琐琐，有关民生者至巨。战祸未息，一切皆趋赴经济崩溃之途，扶危定倾，在公一身。惟愿为国勤加餐卫。

弟北平房产久为军队强占不还且破坏垂尽，种作大风句，所以志慨也。

弟林大闾谨上
四、廿九日

---

① 林大闾，字剑秋，曾任民国北京政府农商部矿政司长。

复林大闾函稿（1947 年 5 月 5 日）

剑秋吾兄大鉴：

顷奉华翰，并承示近作，讽诵再四，钦如接席。弟以疏才，受命于此国步日艰之际，绠短汲深，时虞弗及。乃承藻饰，益深感愧，惟当勉为心力，谋补国事于万一耳。弟此次当于资委会范围以内集中努力。

来书所示各点，均属切要之图，事虽不属本会主管范围，亦当促起有关方面注意及之。专复。藉颂时祺。

弟翁○○

林蔚 ① 函

（1947 年 5 月 20 日）

咏霓先生勋右：

　　敬启者。张君明扬，国立北洋工学院机电系毕业，历任助理工程师、技士等职。其人少年英隽，品学均优，意仰托樾荫，在贵会获有效力之机会，或请派赴首都电厂及马鞍山机器厂，亦可用展其长，故特奉介片言，用备采选。

　　素稔先生奖植后进，必使学能致用。张君既系机电专才，自必乐为援引耳。专上。并颂勋祉。

林蔚拜启

五月廿日

---

① 林蔚，字蔚文，时任国防部次长。

致林则彬①电

（1947 年 12 月 15 日）

高雄港务局林局长则彬兄：灰电诵悉。永洪油轮装载原油驶入港内，经过顺适，诸赖贵局同人努力疏浚，热诚处事。此间正在修整油轮，以期加多运量，甚望共相合作，俾此港益趋繁荣。翁文灏。亥删机内。

---

① 林则彬，时任台湾省高雄港务局局长。

与林献堂①往来函（3通）

致林献堂函稿（1947 年 11 月 14 日）

灌园先生大鉴：

　　日前观光台省，欣挹芝晖。峻德宏昭，久留宗邦之硕望；清词传诵，幸获健升之和鸣。雾峰遥忆，怀仰止于高山；京邑归来，咏屋梁于落月。惟盼藻采，不遗葑菲。专致微忱，敬希惠照。顺颂道绥。

弟翁文灏敬启

十一月十四日

林献堂函（1947 年 11 月 25 日）

咏霓先生大鉴：

　　日前文旌遥临台疆，未能稍伸欢迎之私，清宵自抚，歉仄奚似。莅台中时，辱承枉顾敝庐，畅聆教言，获益良非浅鲜。且蒙惠赐大著，回环雒诵，字字珠玑，声韵铿锵，大有唐人风调，拜受之余，莫名感荷。此后台湾工商经济之发展，有赖先生指导者正多，尚希不我遐弃，时锡南针，藉资韦佩幸甚。专肃敬复。祗颂钧绥。

林献堂顿首

十一月廿五日

---

① 林献堂，名大椿，号灌园，以字行，时任台湾省政府委员。

敬次翁先生光复节感怀原韵，即希斧正：

> 国旗飘扬现高堂，万众欢呼举祝觞；
>
> 共喜弟兄来聚会，不愁山海可为障。
>
> 人民城郭皆无恙，草木虫鱼尽有光；
>
> 抗战八年终胜利，笑他倭寇自矜强。

复林献堂函稿（1947 年 12 月 3 日）

灌园先生大鉴：

昨荷赐书，欣领雅教，后承惠赠台产细席，拜领之余，纫谢无既。弟匆匆游台，时短事多，不获详尽，惟对于台湾同人爱国之诚、服务之勤，见知既切，钦佩至深。至于台岛各大事业，目前尚为精诚修复之时，发展之前途，端赖奋勉于此日。返京后，已电告各主持人员，务必更保俭朴生活，振起积极精神，认真前进，庶能更增功效。惟望卓识大雅，随时见教，庶有式循。

又，弟在台时，成诗数首，其中雾峰之咏，特志尊谭拜晤之雅，敬以录奉，尚祈指正是夺。顺颂道绥。

弟翁文灏敬启

十二月三日

与凌鸿勋^①往来函电（3 通）

凌鸿勋代电（1947 年 5 月 7 日）

南京。谭次长转呈资源委员会翁委员长咏公赐鉴：沈阳车辆厂迭奉院令由交通部接办，厂方迄未移交。勋此次赴沈，熊主任以此见问，嗣由熊公召集勋等及路厂两方主管商讨。熊主任表示，制造机车车辆为重机械工业，经中央设计局拟定原则，应由国家集中经营。该厂制造或修理机车车辆，皆可代交部办理。勋则表示：

（1）交通器材工业本不必由交部自办，故在渝及还都后一切计划，交部对于电信器材、汽车、轮船、飞机等之制造，皆未有所争，独于铁路机车车辆之制造，认为为技术之改进、人才之集中、设备之方便，宜由交部办理。勋忝为中央设计局设计委员之一，曾经陈述，于原则上并未有所决定，更未经政府核定。

（2）交部为统筹各路机车车厂之制造，曾有总机厂之设置，所有计划及预算均在院有案。此次派赴日本之五人委员会，总机厂厂长王树芳为其中之一，正在办理拆迁日本机车车辆制造厂回国设置。

（3）以事实论，交部所得联总机车二百余辆，剩余物资中又购八十辆，中以五十辆分配东北，加以日人经营时代，机力原不缺乏，而东北待修之机车则有三百余辆，目前急要，重在修理而不重在制造。

（4）车辆厂机器为苏方拆去者七十余部，现存机器属于制造性质者仅三四部，现在能力每月制机车二辆，另修一辆，如不制造，则共能修四辆。熊主任即询刘厂长，如两个厂合并，则此厂可增修若干？刘厂长答以可增修四辆。以勋估计，绝不止此。

（5）两厂仅一墙之隔，彼此原亦互通有无，益见合则易荣，分则力弱。

熊主任结论，彼于原则不再表示意见，可由政府决定，嘱将上情向公报告，速为解决。勋以为，交通事业与贵会业务关系至为密切，以往人才，会部两方最盛，为世所称，而精神上之合作无间，更为特色。此案悬搁未决，其中双方不无一部分人事意气之争。窃以为，不宜为此小事致影响两大事业之永久合作，实有迅速解决之必要。勋未到沈时，犹以为此厂大有规模，今事实并不如此，

---

① 凌鸿勋，字竹铭，时任交通部次长、中国工程师学会会长。

尤不值成为问题。勖日间返京，特先电闻，尚祈察夺。凌鸿勋。虞。

复凌鸿勋函稿（1947 年 5 月 10 日）

竹铭吾兄大鉴：

顷谭伯羽兄转示本月七日来电，敬悉一一。关于沈阳车辆制造厂一案，以贵部与本会方面意见略有参差，致久悬未决。顷奉行政院五月九日从日字 17600 号代电转奉主席函示："该厂不必改隶，可责令资源委员会转饬该厂，尽量利用所有设备修配铁路车辆"等因。本案既经主席核示，自应为最后决定，遵照进行。本会接办该厂后，当努力生产，所制车辆、车头当充分供应，务请贵部尽量购用。此事不仅双方可以供求相应，抑且可节省国家外汇，并免向外洋辗转订购之烦。即贵部车辆修理工作，该厂自当尽力办理。贵部与本会业务互为呼应，关系素极密切，今后尤当泯除畛域，力求合作无间，共谋国家建设事业之推进。

吾兄何日南旋？俟返京后当某良晤，面为详谈。先此布达，即请察照为荷。专此，并颂大安。

弟翁〇〇

凌鸿勋函（1947 年 10 月 6 日）

咏公委员长勋鉴：

顷接经济委员会秘书处经秘总文字第一八九一号函，藉悉讨论国营事业管理法草案请由我公召集，至为忭慰。该项草案第十一、十二两条关于规定会计审计事项，日昨工程师学会开会检讨，现行制度所加于建设事业之障碍。主计处庞顾问松舟发言谓，该两条文义较为笼统，并不能限制。现行之会计审计法，不适用于国营事业，是以此次核议国营事业管理法草案，似应对于该两项条文详加研讨，为较具体之规定，方能有所补救。似极有理，特贡所见，藉供参考。何日审查，尚候示知。专泐布达。敬颂公绥。

弟凌鸿勋拜上

十、六

与刘不同①往来函（3 通）

刘不同公开信

咏霓先生有道：

　　近来各地新闻报道，各地政府与军警机关，每不依法定程序，逮捕学生，搜查学生宿舍，风声所播，一若视学生为敌人。此不仅有违学术研究自由之原则，有损高等学府之尊严，且实违背宪法第八条侵犯人民权利之规定。行宪之初，毋得有此！再者，自美国决意扶植资本家及地主后，全国学生基于爱国热情，引起愤慨，遂有游行之举，不意政府竟横施摧残，迭加逮捕追拘领导人等，实出吾人意料之外。若谓学生游行无补于事，则中国近代之进步，宁非基于五四运动？伏念先生亦曾执教大学，对于学生心理，当甚明了，毋庸赘言。查学生抗议美国扶日运动，纯出于爱国热诚，既非仇美，更非企图颠覆政府，实欲唤起大众之觉醒耳。总其所为，舍爱国外，无他说。若谓爱国为有罪，此无异吾人自己否认有国家二字之存在，自此以后，吾人惟有将国家二字由字典中与教科书内，删而去之，使下一代之青年，不至有所谓国家者。不然又何若是其愦愦，竟欲根绝爱国之观念，不使学生有爱国之行动乎！今日之达官贵人实不少当年五四运动之学生，在前日则为是，在今日则为非，又是何等逻辑！其谓今此之学生运动有阴谋家在后策动，此实为错误观念所蔽。唐太宗因快决事，尚且后悔，况错误观念乎！盖吾人对某事之处理，只应问其是与非，不应旁求枝节。假此事为"是"，虽为吾之敌人所策动，亦应赞助之；假此事为"非"，既吾人之亲、吾人之友所扮演，亦应干涉之。宋东坡与君实为莫逆之交，其所仇者乃王安石。及司马主政，议及安石之兵制时，东坡则反对君实，而维护安石，不但朝阁议事，大相径庭，退反私邸，犹连呼曰司马牛、司马牛不已。何今贤之行事，不及昔人之通达耶！不同目击时艰，心所谓危，不忍不告，只知学生之运动，为爱国之表现，不闻其他；即或有幼稚之行动，亦当巧譬而善导之，颜氏所谓循循之诱，

---

　　① 刘不同，时任金陵大学经济系教授。

不亦可乎？若此之摧残，是诚何心哉，其欲速政府颠覆耶？抑不欲世人之有爱国行动耶？念及昌黎惟善人能受尽言之义，敢请先生速饬令各地，不得再逮捕学生，停止搜查，凡已经逮捕者，则立予释放，开诚布公，优游于相信相谅之中，岂不美哉？孔子谓，天下有道，则庶人不议，世衰道危，孟子则有处士横议之叹。禁锢事起，后汉以亡，清议扫灭，宋室不存，凡此皆为前代事。所谓防民之口，甚于防川也，民主国家更不应有此。书生之见，容有当乎？临书屏营，至祈亮察为幸。

弟刘不同谨启

刘不同函（1948 年 9 月 1 日）

咏霓先生有道：

政府此次以学生为匪谍，大量拘捕，旬日以来，各校莫不杯弓蛇影，人心惶惑，教鞭易以警棍，弦歌代以泣哭，黉宫成剿搜之匪窝，课堂是待罪之囚所，诚开历史虐政之新面，莘莘学子，情何以堪？握管陈辞，殊不忍穷想像中之惨剧也。

夫青年学生为人类之鲜花，为国家之主轴，世界灿烂文化，社会之进步动力，莫非青年学生使然。倘人类历史非一部荒诞纪述，均可作为铁证。溯自革命军奠都南京以还，国民党内革命分子渐被淘汰，操政权、尸政位者，多为党棍、买办、官僚、政客、财阀以及其他之极端顽固反动分子，致酿成今日满目疮痍，民不聊生之景象，造成共产党力量膨胀，以武力夺取政权之分裂局面，谁负其责？谁尸其咎？举世之人有目共睹。凡为国民，若非麻木不仁，自甘苟安，犹当力图挽救，而况血气方刚、正义纯洁之青年学生乎？窃以为青年学生以言论行动过问国家政事，乃其国民天职，贤明当局，历不过问。郑人议于乡校，然明请毁之，子产曰："是吾师也。"何以当今时贤，计不及此？查学生之存心，亦无非期政府对政事有所改善而已，用意至善，不可厚非。至谓其中或有共党籍之所谓"职业学生"渗入其中者，想为数亦不多，总不会超过国民党籍之"职业学生"人数，其余大部分则皆纯良正义中立之士，无所谓"共"，亦无所谓"国"，只就事论事而已。顾此辈青年，目睹国事日非，政府之种种措施无一使人满意，故出面批评，出而请愿，蔚为运动。不图政府不自检讨，反偏执此为共党操纵之运动，且所依据之事实，多出自官方学生之报告，而此类报告又多出自同学间私隙之捏造，然政府不审事实，遽尔以"匪"论罪，加以拘捕，施以拷掠，学生们之学业、自由、生命于焉牺牲。际此人权与民主思想发达之世代，出现如此反常现象，实为中华民族前途忧。

诚然，历史告诉吾人，当王朝腐化到不可收拾，而仍欲维护少数集团利益之时，其对付改革、维新、进步分子之手段，皆不惜以最残酷者出之。然李斯焚书坑儒，终难巩固嬴秦之帝业；侯览之杀戮知识分子，反倾覆了刘氏之宝座；贾士道研了太学生的头，然佞臣未见得志；魏忠贤、阮大铖虽扑灭了"邪党""私谋"，却加速了朱明之灭亡；那拉氏剥了湖南牛谭嗣同的皮，然已暗孕了辛亥革命的种子。今日政府胡执迷不悟乃尔？

矧以天下父母之心，无不爱其子女。父母将子女送入国家学校，乃基于对政府之信心，政府应如何管之、教之、养之、卫之，庶副千万父母喁喁之望！今政府未尽公仆之责，反将其子女谤为"匪党"，系之囹圄，千万颗慈爱心肠，宁不在警棍利刃下寸寸碎断耶？世界上之政团多行不仁而能永维不坠者，未之闻也。

此次拘捕工作，据闻亦系先生主司其事，以职责命令所在，先生或有不得不为之隐，然而见智见仁，各有所本，万祈善处此事，无罪学生迅速释放，有罪者从轻发落，讯问过程，须依法律程序，保障人权，莫为冤狱，则为不幸中之幸矣。吾人读圣贤书，参革命事，应本君子爱人以德，圣人待人以宽之旨，发挥中山先生博爱精神以处之，庶不愧为一三民主义之信徒。以德服人，风声所播，不犹愈于以威乎？

秋虎肆虐，炎威逼人，灯下作此书，犹觉不胜其苦。遥想黑暗牢狱中，泣喘于鞭笞下之青年学生，其情其景先生其一念之否欤？伏念先生秉国之钧，已溺之怀，既痌瘝以在抱，对此有关国基之青年问题，必能有以善其后。谨陈愚诚，以待察纳，青年幸甚，国家幸甚。此颂勋绥。

刘不同拜上

九月一日

复刘不同函（1948 年 9 月 6 日）

不同先生大鉴：

　　顷诵惠函，对于青年学子精诚爱护，阅读之下，感喟同深。弟自抚生平，自民国初元以迄二十三年，纯为科学研究专心用力，亦与教育人士有所过从，虽于国家大局深切关怀，而于政派纷纭，绝少过问，亦绝未作担任政治责任之想。自九一八东北变起，国土受倾，衷心震动，复承总统蒋公之招，参谋国是，初拟于经济建设有所贡献，时会所趋，不得已而作今职，自抚才能，实深惭恧。对于教育学术，则因来自其中，时深关切。目前现象，比之抗战以前诚多退步，无可讳言。揆其所以致此者，政局不安，官僚腐败，以致青年学子心怀感愤。尊论所及，自极扼要。但另一方面，衡于国家利害，政府职责所在，不能不酌助教育机关及学校主管，就其尤甚者妥为处理。弟对于爱国学子素极同情，深盼其能专心向学，在各方面为整个国家之进步而努力，因此对于目前学校状况之不安，往往虚掷光阴，尤觉引以为憾，至盼主办学校者以造就后进为怀，扶助青年安心修学。至此次工作，学生间有被捕者，处理要旨务在使无罪学生迅速释放，有罪者从轻发落，讯问过程须依法律程序，保障人权，臭为冤狱。大函所举，为至理名言，政府本怀，决当如此，承办事者亦宜守此勿渝。弟特将来示及弟之复函，均各抄送司法行政部谢部长加以察阅，俾其共晓。专函致复。敬希察照。此颂时祺。

弟翁文灏敬拜

九月六日

致刘攻芸①函（2 通）

致刘攻芸函稿（1946 年 5 月 4 日）

攻芸吾兄勋鉴：

　　关于苏联商务代表处需要房屋事，昨曾面托吾兄代为设法。顷准苏联商务代表史西耶夫来言，外交部现已指定本市西康路一号之房屋，供该代表处租用，惟该屋目前尚为南京敌伪产业处理局所占用，但屋内并无人员居住。现苏联商务代表来京已将一周，迄无办公地点，势非早为确定房屋不可。至恳吾兄转饬南京处理局，即日将该屋交由苏联商务代表处租用，俾该处得以早获办公处所。事属迫切，即盼惠办见复，无任企荷。专此，并颂时绥。

弟翁○○拜启

致刘攻芸函稿（1946 年 6 月 10 日）

攻芸吾兄大鉴：

　　中华自然科学社于战后迁来上海，因以前在沪尚无社址，当于一月中借用威海卫路二十号谢逆葆生房屋，作为办公地点。现原住该屋内之陈公培，已同意将该屋让归中华自然科学社使用，拟请贵局即将该屋全部正式拨给该社，所有手续由该社□办，嘱为函商吾兄，玉成其事。特为函达，即祈察办见复为荷。专此，并颂时祺。

弟翁○○拜启

---

① 刘攻芸，时任敌伪产业处理局局长。

与刘鸿生 ① 往来函（4通）

刘鸿生函（1941年6月21日）

咏霓部长钧鉴：

　　敬陈者。鸿生在渝抱恙，经医诊察，即回港疗治，不得已向张丽门处长陈明，并请代为乞假旋港，未及载谒崇阶，抱罪良深。

　　顷奉钧部密令会字第一一六〇三号，略以中国毛纺织厂经费经最高国防委员会通过，财政委员会审查认为，民营军需工业应予扶助，准拨给廿九年度工业保息费余款一百八十七万元，仍作投资，转部饬遵等因。闻命之下，无任感德。鸿生经年在渝奔走，罔顾艰险，殚精竭虑，原期有利于国。仰体政府开发后方工业，致力抗建事业之推进，重荷钧座多方协助，毛织工厂得以成立，私衷感佩，非可言宣。目下所最感困难者，运输费用奇昂，远非资力所能逮及，而阻碍重重，不获迅捷运达。生产期远，军需孔亟，瞻顾前途，不寒而栗，恐无以上慰政府殷切之期望。每一念及，寐馈难安。现虽购定汽车十二辆，准备自运，惟不敷支配之数甚巨，且购车代价，倍蓰于从前。若以有限之车辆，运大宗机件，往返需时，必多耗资失时，殊非经济之道。前蒙钧座商允西南运输公司代运，旋经统制局制止。现时困难情形，实比前加甚，万不获已，拟呈恳国防最高委员会，饬知西南运输公司，继续代为转运，俾藉以减轻经济负担，而机器亦得迅速抵渝。工厂人员早经部署齐集，将来开制，但求钧部允可，合法利润自当尽先全数赶制军需品，藉副政府扶助民营军需工业之至意。

　　鸿生自入玛丽医院疗养后，经过良好，惟体重已自一百七十磅轻减至一百四十一磅，一俟稍愈，当即遄返渝市，力效驱驰。兹特嘱毛厂董事会秘书陈蔚青君诣前，面陈种切，恳乞俯赐指示，俾得进行有自，实为万幸。专肃。祗颂勋祺。

刘〇〇
三十年六月廿一日

---

① 刘鸿生，著名实业家，中国毛纺织厂公司总经理。

致刘鸿生函（1941 年 12 月 5 日）

鸿生先生大鉴：

　　前承惠嘱转商俞部长樵峰，设法协助中国毛纺织厂运输机器来渝一事。顷接函复：因事关通案，须暂待开放，再行启运。用特抄录原函，送请察照为荷。顺候台祺。

弟翁文灏敬启

十二月五日

致刘鸿生函（194 □ 年 6 月 3 日）

鸿生先生总经理大鉴：

　　顷诵来函，示及西北毛纺织厂增加资金。中国毛纺织厂公司照股额分摊，宜加摊一千一百六十六万六千元，似应照数认足，俾可速为进行等因。此项加股办法，弟甚为同意，拟请即为实行，再向下次董事会议报请追认。

　　专此函复，并颂筹祺。

翁文灏敬上

六月三日

致刘鸿生函（194 □ 年 10 月 1 日）

鸿生吾兄大鉴：

　　中国毛纺织厂股份有限公司，弟尚忝留董事长名义，实因弟前任经济部长时，酌加官股，以资提倡。目前为时已久，实不宜因循不改。兹特辞卸此职，请兄转达，另行选人继任。自发此函后，此项名义并请公司不再使用。至为切盼。

专此。敬颂筹祺。

弟翁文灏敬启

十月一日

刘季辰 [①] 函（1936 年 3 月 16 日）

咏霓夫子大人函丈：

昨奉手谕一是，杨君资助在师五千元一事，系生经手，知之甚悉，只以此等事生不愿宣传，故向秘不宣。

当在师息影大连时，生在平所，值杨在平，与生晤叙。伊询及在师近况，即告以现在大连，并闲谈在师在淞沪任内两袖清风，毫无积蓄，现侨寓大连，想甚艰窘。杨即谓愿资助五千元，以充在师膏火，力促去信。生以伊系粗人，言而无信，视如常事，谩然置之。嗣伊又数度促生缮函，未予缮发。最后被迫无奈，乃向彼切实质询是否确有诚意，如其只为说好听话，生不能在师前失信。伊指天誓日，力示出于至诚。生即为修书，但恐或遭在师斥责，函内力陈系出杨君自动乐助，绝非由生怂恿所致。旋接在师复信，表示愿意接受，但作为杨君借款，容后手头宽裕，仍当筹还，并嘱该款可交天津中国银行收存在师名户。生即清函致杨，请速汇款。不意久未接复，生不禁焦急异常，盖失信在师何以为人，迫不获已，致书鉴衡，说明经过，请就近代为催询究竟。其时生意如杨自食前言，拟由生出资二千，再请鉴衡担负三千，凑成五千数，仍用杨名义拨付，以维信用。嗣接赵复信，谓款已照交津中行，但未提及其中有彼二千元。直至杨赵决裂后，一度晤赵，由彼见告。当杨汇款时，声言：在师系汝先生，汝应分担洋二千元。伊只允从。鉴衡并谓，生于见在师时说明真相。生唯唯否否，为恐在师闻之不悦，始终未敢提及。此次与赵同车到京，在中央饭店，赵言及有一次见在师时，伊已面陈经过。此系本事件经过之实在情形。

生虽稔知内情，顾始终未向杨询及，而杨亦始终未向生一言。不过徐州宝兴厂账房尝以此见告，可以证实赵君所说之非诬。生按：此事在师生前既因鉴衡自陈而明了一切。在赵君亦不图于在师死后得此名誉，如其再事声张，实属无谓。一部廿四史有几页可称信史，天下事大抵如是。即在师在天之灵亦决不愿翻此一段公案。生因师座专函询问，不敢不据实禀闻。生数年来从未向师座

---

① 刘季辰，字寄人，早年毕业于工商部地质研究所，是丁文江、翁文灏的学生。

或他人一提此事，可证生实不愿多说。

敬祈鉴察，勿宣是幸。肃复。敬请钧安。

受业刘季辰谨禀

三、十六灯下

读《独立评论》纪念专号丁大先生一文，内叙在师与杨相识经过并非事实。初中兴公司雇用美籍钻师打钻时，所用钻机系租自福公司。时杨赋闲在焦，即由该公司派往随机看管，并率匠工作。开钻后，吾所派赵君前往实习。赵杨相识自此始。嗣杨与中兴矿经理熟识后，即建议谓伊愿包此工，包价较美人大廉，矿经理虽然其说，顾以不悉杨底蕴，未敢贸然改订。杨乃怂恿赵向在师吹嘘，以期玉成。旋在师向朱桂老进言，辞退美人，归杨承包。时杨犹未与在师谋面也。

与刘廷芳①往来函（2通）

致刘廷芳函（1942年6月5日）

廷芳吾兄大鉴：

中央地质调查所白家驹兄现正编辑《矿业纪要》，弟并促其认真搜集资料。兹特函介趋谒。关于燃料方面材料，务请惠予供给利用为荷。专此，并颂时祺。

翁文灏拜启

六月五日

致刘廷芳函（194□年6月15日）

达生吾兄大鉴：

顷者国民参政员褚慧僧先生来谈，万县武陵附近有大华煤矿，质佳层厚，惟距水道十余里，拟修筑道路，需款协助。此矿实际情形如何，拟请由燃料管理处就近指定人员前往视察报告。褚先生日内即往万县，该员视察时可先往万县川康建设成会谒见褚先生，请其转为绍介。专函奉达，即希察照并颂时祺。

翁文灏敬上

六月五日

---

① 刘廷芳，字达生，时任经济部燃料管理处处长。

致龙丕炎[①] 函（2 通）

致龙丕炎函稿（1946 年 7 月 2 日）

丕炎吾兄大鉴：

久睽教言，正殷怀想。兹读赐函，惠顾殷殷，非同凡响，既佩卓见之明，更欣惠爱之切。

弟于公义，向惟为国努力，不但不为自身略作私图，且决不树植党羽，亦不培植私力，有机负责，则勉竭驽骀，奉辞去职，即洁身而退，以穷书生来当以穷书生死，尤于建设国家资本之地位，更当力避树立官僚资本之陋风。从政十余年来，执此自绳，未敢稍逸。此次因屡奉主座切令，勉返本会，由前之洁身而退者，复当勉负职责。在此国事未安之日，艰苦弥多，至盼时赐指教，俾克互勉共进，至所切祷。

兄在美近时工作如何？行止作何计划？对于事业进行有何意见？并祈惠以见示，尤为企盼。专此函复。并颂时绥。

弟翁文灏拜上
七月二日

致龙丕炎函稿（1946 年 8 月 6 日）

丕炎吾兄大鉴：

七月廿五日来书，敬已诵悉。吾国国内铝矿，滇黔之外，山东及河北二省亦有巨大储量，实为吾国之一重要富源。但其困难在此种矿砂成分富于 Diaspore

---

① 龙丕炎，字范禹，冶金专家。

而极少 Gibbsite 与外国经常所用之 Bauxite[①] 不同，以致冶炼方法必须改正，如何改正炼法，遂为吾国利用资源之一要事。兄于炼铝热心有年，对于此事，能否在美商同专家，设法试验。所有关于矿砂资料，本会自当设法供给也。

又，富于 Gibbsite 之 Bauxite，近在福建沿岸曾有发现，但尚待加详细测勘耳。此颂时绥。

翁文灏敬上

八月六日

---

① Diaspore 为水铝石；Gibbsite 为三水铝矿；Bauxite 为铝土矿。

与卢汉^①往来函（2 通）

复卢汉函稿（1947 年 5 月 24 日）

永衡主席吾兄勋鉴：

接诵四月廿五日致乙藜兄函，敬悉一是。查富民水电厂工程承示惠予协助，至深感纫。惟此项工作所需经费较大，外汇尤一时不易筹集。目前本会拟暂就勘测工作推进，俟准备就绪正式施工时，甚盼贵府投资，合作经营，自当竭诚欢迎。专此奉复。顺颂勋绥。

弟翁○○

卢汉函（1947 年 6 月 7 日）

咏霓部长吾兄勋鉴：

奉读大函，敬悉一是。关于建设本省富民水电厂一案，贵会以此项工程浩大，外汇尤难筹集，拟暂就勘测工作推进，将来施工时盼本省投资办理，至佩荩筹。该水电厂厂址兴建于本省，民生经济裨益孔多。贵会对此项工程推进时，本省当尽力协助。至于投资一层，当视施工时本省财政状况如何，再为决定。专此奉复。敬颂勋安。

弟卢汉谨复
六月七日

---

① 卢汉，字永衡，时任云南省政府主席。

与卢作孚①往来函（3通）

复卢作孚函稿（1947年8月25日）

作孚吾兄勋鉴：

接奉八月六日大函并承示 R. G. Peers （皮尔斯）来函一件，备悉一是。此次台湾电力公司刘总经理晋钰兄赴加洽商借款，Peers 顾问协助甚力，至为欣感，便祈代为致意为荷。专复。顺颂勋绥。

弟翁○○

卢作孚函（1947年11月18日）

咏霓先生惠鉴：

重庆渝鑫钢铁厂经近来积极整顿后，产钢较战时增加，在战时未建造完成之马丁炼钢炉，亦正赶建，最近即可完成，此后产量当更有增加，此可告慰于左右者。惟该厂原料不敷应用，原拟租用四川省府接收之资蜀铁厂，而资蜀铁厂近已由四川汽车配件厂租去。为特函达先生，可否转商贵会主管部门，将贵会所属之临江铁厂及资和铁厂一并租与渝鑫承办，以免该厂原料来源匮乏。先生扶助民间工业不遗余力，谅荷俞允也。如何，尚乞裁示为荷。敬祝健康。

弟卢作孚
十一月十八日

---

① 卢作孚，著名实业家。

复卢作孚函稿（1947 年 11 月 26 日）

作孚先生惠鉴：

　　接奉十一月十八日大翰，敬审一是。承嘱将本会之临江铁厂及资和铁厂一并租与渝鑫钢铁厂承办一节，临江厂可予照租，资和厂尚拟自用，祈烦转知渝鑫厂为荷。专复。顺颂大安。

弟翁文灏、孙越崎拜启

卢子英 ① 函

（1947 年 6 月 19 日）

咏霓先生惠鉴：

　　本年五月十日曾上一函，具言北碚焦油厂房屋及固定设备请拨交四川省府或由地方价购各节，谅早尘鉴。

　　正候示中，接奉何北衡先生转示钧会吴先生五月廿日复彼之函，略谓如宝源与该厂洽购不能成议，即迳与该厂洽商等语。查此间五月十日所发之函，系不知钧会已先有将北碚焦油厂房屋及固定设备拨交四川省府接管之成议，故有上述之请求。而吴先生复函所示必系根据于"请交省府或由地方价购"一语而发，以致引起误会，英实深歉疚。仍恳先生垂察，将所有该厂留存澄江镇各物，按照成议拨交四川省府接收，俾为四川统筹办理建设事业。万分感祷。敬祝道安。

后学卢子英敬上
六、十九

---

① 卢子英，卢作孚之子，时任重庆北碚管理局局长。

复卢独庸函稿

（1947 年 6 月 30 日）

独庸先生大鉴：

六月廿四日大函暨贵公司致本会沪总华字第六五七九号函，均已奉悉。关于配售食糖事，本会台湾糖业公司订有一定办法，贵属宝康糖行所需一部，兹已转知该公司，依照规定办法配售。特函奉复，希即迳洽该公司上海办事处办理为荷。祗颂大安。

弟翁〇〇

致罗家伦 ① 函

（1936 年 3 月 21 日）

志希先生道鉴：

复示敬悉。在君先生纪念基金承中大慨允千元，盛谊极为感纫。兹请地质学会会计钱声骏君携同收据至校领取，敬希嘱由中大主管人员赐交为荷。专此绍介。顺颂教祺。

弟翁文灏谨启

廿五、三、廿一

---

① 罗家伦，字志希，时任中央大学校长。

与胡适等致罗威尔 ① 函（1932 年 2 月）

美国哈佛大学罗威尔校长大鉴：

　　读先生等向贵国胡佛总统之建议，铭感曷已。谨藉申谢之便，将同人等对于贵国暨各文明国之希望一略陈之。

　　同人之希望无他，即以具体行动，保持世界和平是已。盖目前问题已非中日两国争执之短长，而为日本所采之行动，是否危及世界之问题。夫日本占据中国领土，轰击中国国军，甚且炸毁中国民居及文化机关，中国方面生命财产之损失，为量极巨。如此而犹谓非战争，则战争一字，果作何解乎？苟任日本以维持权利为借口，无故与中国开战，则国联盟约、九国公约、开洛格公约俱成废纸矣。同人等不希望世界以助中国之故，与日本开战，自卫之责，中国当有任之。虽在内乱频仍之后，天灾肆虐之余，约条束缚之中，中国亦唯有努力奋斗。今幸举国上下，精诚团结，决定任何牺牲，均所不惜。唯中国为签订上述各项神圣条约之一员，故吾人亦极望各国能履行其所应尽之义务，立取有效行动，以维世界和平。时机紧迫，多一日延宕，则多一日危险。犹忆欧洲大战时，设令一九一四年八月格雷爵士将英国态度向德国作更明确之表示，则空前之流血惨祸，或可不致发生。殷鉴不远，言之惕然。

　　　　　　　　　　　　　　　　　　胡　适　蒋梦麟　丁文江　翁文灏　傅斯年

　　　　　　　　　　　　　　　　　　梅贻琦　袁同礼　陶孟和　陈衡哲　任鸿隽

---

　　① 罗威尔，时任美国哈佛大学校长。1932 年 2 月 27 日《大公报》原标题为：胡适等电哈佛校长，申谢罗氏对日本经济制裁之建议，并望各国采有效行动维世界和平。

与马超俊^①往来函（2 通）

致马超俊函稿（1946 年 4 月 5 日）

星樵市长吾兄勋鉴：

　　资源委员会珠江路办公厅，近照何总司令敬之兄意，借与美军总部应用，以二牌楼美军部现址借与本会，但以面积相差太远，本会不敷应用，以致一时不能腾清。前由陆总部函达尊处，请将现为贵府经管之中山北路凤颐邨全部房屋，拨给本会应用。函祈惠允照办，至纫公谊，并候示复。即颂勋绥。

弟翁○○拜上
四、五

马超俊复函（1946 年 4 月 12 日）

咏霓副院长赐鉴：

　　拜奉惠书，敬悉种切。本市中山北路凤颐村全部房屋早经拨作别用，承嘱一节，歉难照办。有方尊命，敬祈鉴谅是幸。专复。祇颂勋绥。

弟马超俊拜启
中华民国三十五年四月十二日

---

① 马超俊，字星樵，时任南京市市长。

茅以升、侯家源^① 函

（1946 年 2 月 17 日）

咏公副院长赐鉴：

此次美国马主森公司派员来华设计，奉命协同办理，绠短汲深，陨越堪虞，尚乞训言时颁，藉匡不逮。唐君振绪蒙允暂行借调工程计划团工程师职务，更为感激。兹以美国工程师即将来华，本团出发在即，除呈由行政院照案行文外，敬祈先行饬知唐君，克日就道，无任感祷。肃此。敬请钧安。

茅以升

侯家源谨启

二、十七

---

① 茅以升，土木工程学家，时任行政院工程计划团团长；侯家源，字苏民，土木工程学家，时任浙赣铁路局局长兼总工程师。

致农矿部电

（1929 年 11 月 30 日，北平）

　　南京。农矿部钧鉴：钧电谨悉。调查在途者尚有谭锡畴、李春昱在川边汉考附近，黄汲清在贵州毕节一带，恳部再电成都刘主席、贵阳毛主席，饬属切实保护，并转告相机进退，务期安全。所有赵技师抚恤办法，另文拟呈。文灏叩。陷。

与潘仰山^①往来函（3 通）

致潘仰山函（1943 年 2 月 16 日）

仰山先生大鉴：

　　浙灾筹振，事属义举。前承慨允捐募三十万元，无任钦迟。只以遍地灾黎，待济孔亟，该项捐款，尚祈随时陆续见惠，以便转筹振会为幸。特函奉达。祗颂筹祺。

翁文灏

二月十六日

潘仰山等联名函（1945 年 5 月 20 日）

咏公部座赐鉴：

　　上年十月，承钧座召集纺织同仁会商战后建设计划，当经拟订大纲并通过组设中国纺织业建设委员会。仰荷关垂，弥深感纫。兹者战事即将结束，所订战后纺织建设计划亟待积极推动，拟请即将中国纺织业建设委员会迅予正式成立，并请慨允担任主任委员，用资领导，而利推进。切深企祷。肃此布悃。祗颂崇安。

潘仰山	萧松立	苏汰余	荣尔仁	杜月笙	刘国钧	束云章
章剑慧	李升伯	陆绍云	刘鸿升	高士愚	高惜冰	吴味经

五、二十

---

① 潘仰山，著名实业家，时任豫丰纱厂经理。

致潘仰山函（1945 年 7 月 21 日）

仰山我兄大鉴：

　　接奉七月九日台函，备悉种切。查关于新丰机料运输困难，前于六月间已根据大函电询吴主席，请就：一停止进行，将机料就地出售，清偿债款；二或由新省府接管，继续办理。两办法择一决定，以期速谋解决。兹已再将台函各点电请吴主席迅为电复。专此。并颂台祺。

弟翁文灏敬启
七月廿一日

与帕尔默^①往来函（2通）

帕尔默教授函（1933年5月4日）

尊敬的先生：

第16届国际地质大会秘书处向我提供了您的名字与地址，以便为可能经檀香山前往参会的地质学家提供协助。

能在檀香山为您服务，我感到非常高兴。如果您计划经停这里，夏威夷主教博物馆、地质学家格里高利（Gregory）博士愿与我共同向您发出邀请。

假如您愿意接受我们的服务，可否将您抵达这里的时间与船名告知？

地质学教授哈罗德·帕尔默（Harolds.Palmer）敬启

1933年5月4日

复帕尔默教授函（1933年5月30日）

帕尔默教授：

非常感谢您5月4日的来信。我的同事丁文江将乘克利夫兰号（Cleveland）于6月27日自上海启程，前往参会。如果时间允许，他很乐意拜访您或格里高利博士。我可能与其同行，但北平周边的形势如果持续严峻，我将难以成行，目前尚未最后决定。与我们一起工作的法国地质学家德日进博士可能会同舟前往。

翁文灏敬启

① 帕尔默，Harolds.Palmer，美国夏威夷大学地质学教授。

致彭志云①函

（1936年8月3日）

志云仁兄大鉴：

昨奉瑶函，敬悉种切。承示晒印地图办法，自当谨如尊命。惟晒印两项地图计需时间半载，工料千元左右，敝所拟作分期付款，每期二百元，所有晒印地图亦请分期交付。前承贵会晒印各项地图，开奉清单一纸，务饬校阅，以免晒印重复。兹由浙江兴业银行汇寄国币二百元整，并随函附上收据一纸，希即签盖名章，加盖会章，付邮寄还，以便归账。诸琐烦渎，无任歉仄。此复。敬颂公绥，并候回玉。

附清单一份，收据一纸。

弟翁文灏启

八月三日

---

① 彭志云，时任华北水利委员会委员长。

致钱昌照函电（3通）

致钱昌照[1] 电稿（1933年4月24日）

资。南京。钱乙藜兄鉴：育密。太平洋科学会展至何时，竺藕舫君旅费闻可自筹，沈宗瀚君可否由会支五千元，如赴俄则一万二千元。事甚有益，盼予协助。文灏。敬。

致钱昌照电稿（1933年4月25日）

资。南京。钱乙藜兄：沈君赴坎费，垫送五千元，弟极赞成。灏。有。

致钱昌照函稿（1946年4月13日）

乙藜吾兄大鉴：

兹接吴京兄函告，与Preice专家洽谈关于恢复各地煤矿及拟具各矿所需向美国添购之器材清单等情形，并已陪同各专家分赴各重要煤矿作实地之观察。惟察其所开列之各主要煤矿内，一部分尚在共党手中，一部分则经营办法尚未确定。此外，筹划复员并确定其应添器材自非甚易，而实际上已开始生产之各矿，往往需要补充器材，甚为急切，似宜优先办理，以免有误解急需。

又，据告Preice等屡欲来渝，与弟相晤，实则无此必要。彼等留华之日无多，一切可与兄及主管部分妥为洽办也。特函奉达，并颂时祺。

弟翁○○拜启

---

[1] 钱昌照，字乙藜，曾任国防设计委员会副秘书长、资源委员会副主任委员等。

致秦汾^①函电（2 通）

致秦汾函（1935 年 5 月 16 日）

景阳先生大鉴：

　　敬启者。前奉五月四日来函及中英文附件各一，均已奉悉。美国经济考察团此次来平，弟亦参加招待，历次谈话，对于金融、交通及物产方面，均有提及。美国方面所提各项意见，其中较为具体者约在：（一）希望中国减轻美国汽油来华之进口税；（二）希望购买中国之锡，但因云南之锡交通有特别不便之处，故盼粤汉路通后湖南锡矿能更发达。又如，中国能筑铁路自广东经广西以达云南锡矿，彼辈似愿劝美国投资。中国方面所提意见较为切实者，尤在（一）中美电费较中欧为贵，速减低，美人颇表同情；（二）自长沙入四川之铁路甚重要，此节美人未甚表示意见。该团今晚乘车赴汉，特将弟所知该团在北平时之谈话情形，函请台察。顺颂公绥。

弟翁文灏敬启

五月十六日

致秦汾电稿（1946 年 3 月 9 日）

　　上海本会办事处转液委会秦主任委员景阳兄：密。关于美孚、德士古、亚细亚三公司原有在沪设备，经日人移用经证明属实者，自应归还。至于日人所置设备，如出光丸、善石联油槽等，应不在租让之内。特电察照。弟翁〇〇。寅佳机内。

---

① 秦汾，字景阳，数学家，时任全国经济委员会秘书长。

与任鸿隽^①往来函电（4通）

致任鸿隽函稿（1933 年 4 月 26 日）

叔永我兄大鉴：

弟赴美出席国际地质学会，往返旅费，政府方面迭经提商，迄无成议，而实业部更早有不负旅费责任之声明。查弟之中基会研究教席，本应年有设备费（或考察旅费）二千元及助理费一千元，共三千元。二十一年度尚未支用，拟请移作此用，并拟提先支用二十二年度之三千元，共六千元，俾作赴美往返并在美考察之费。特此函请贵会赐准照拨，俾便准备。至为感幸。专此奉恳。祗颂台绥。

复任鸿隽函稿（1935 年 3 月 12 日）

叔永先生大鉴：

顷接贵会^②三月一日来书，询及对于邓植仪先生请求补助出席第三次国际土壤会议旅费之意见。查此项国际土壤会议，前次在俄国开会，敝所曾有通信讨论。此次在英国开会，敝所拟派土壤研究室副主任侯光炯先生出席参加，前曾面陈，并经于前月函致贵会，说明其事。敝所工作范围遍及全国，侯先生又为敝所土壤同人中年数最久、成绩较佳之人，以之代表出席，自颇为适当。至邓先生倘能同往，当亦甚佳，至应否补助，则应请贵会自行酌定，弟未敢妄为论议，尚乞见谅为幸。专颂道安。

---

① 任鸿隽，字叔永，时任中华教育文化基金董事会干事长。
② 指中华教育文化基金董事会。

致任鸿隽傅斯年电（1940 年 2 月 1 日）

　　小东门外灵光街 51 号任叔永、青云街靛花巷 3 号傅孟真二兄：评议会如在三月间开会，则评议员选举各件，对于距离较远之沪、陕各地，宜于本月 10 日至 15 日间发出，而各筹委对于候选人参考名单迄未有具体表示，请兄等速行催询见示为感。弟翁文灏。冬。

任鸿隽函（1948 年 3 月 19 日）

咏霓吾兄左右：

　　顷奉十六日台缄，承示萨本栋兄对于科学社社友中所刊文字不满一节，敬已读悉。查该刊所登某君来缄，仅表示其个人意见，本栋兄硬要科学社负责，未免过分。弟除已请本栋兄作文驳正，仍在该刊登载外，并已告该刊主编人，以后对于采登文字务须慎为选别，以期妥善而维社誉，与来示所嘱若合符节也。见本栋兄时，如承量为劝慰，俾免纷纠，尤为感盼。专复。即颂筹祺。

弟任鸿隽敬启

卅七年三月十九日

与瑞典中国委员会^①往来函（2 通）

瑞典中国委员会函（1924 年 12 月 31 日）

尊敬的先生们：

安特生博士让我们注意到下面的情况：维曼（Wiman）教授和赫尔（Hall）教授已经就归还哺乳动物化石和植物化石的采集品与中国地质调查所达成协议，但是考古采集品还没有达成这样的一种协议。这是因为这些采集品只是在最近几年才引起重视，且大多被安特生保存在北京的缘故。

现在安特生博士要求我们拟定一个有关考古采集品的协议，根据与他的沟通，我们将结果通报如下：

1. 我们对你们和安特生博士就人骨遗骸的归属达成的共识表示理解。安特生博士发掘的人类遗骸应全部移交给中国地质调查所，目前所有的这类采集品都已经在你们手中。

这些采集品包括完整或近乎完整的 178 具人骨，具体如下：

沙锅屯约	40 具
仰韶村	20 具
朱家寨	65 具
辛店	25 具
沙井	28 具
合计	178 具

我们知道安特生博士已经向你们建议，考虑到人骨数量众多，少数几具，比如上述各遗址所出土的二三个个体，在科学研究之后，赠送给我们，以便和我们的众多文物一并展示。我们将非常感谢你们的美意，因为如此则能够更完美地展现这些文化。

2. 我们知道，如同就脊椎动物化石和植物化石达成的协议一样，双方同意

---

① 全称为瑞典支持安特生在华科学研究委员会。此函致丁文江、翁文灏二人。原函为英文。

将安特生及其助手在诸遗址发现的第一套人工制品和动物遗骸留在瑞典。全部采集品的大多数将被送至瑞典做科学的研究和描述，在安特生博士（如他不在或在我们）的照拂下，为中国地质调查所精心挑选一套采集品，目的是给地质调查所一套精美的、尽可能完备的、有代表性的各种不同组合的人工制品。归还中国地质调查所的这套人工制品（包括此前送还中国研究机构的部分），应该尽可能达到有保存价值的材料的一半。

用作展示古人食物的动物骨骼，只有很少部分可以保存，但是我们仍将看到，这批采集品中有代表性的一套也将送还给中国地质调查所。

3. 这批材料的科学研究工作我们将与安特生博士合作，分派合格的专家承担，尽可能短时间内完成任务，以便促成答应中国地质调查所的这套材料及时归还，避免没有必要的拖延。

4. 就科学报告的发表形式而言，我们完全赞成安特生博士的意见，同意所有研究报告由中国地质调查所出版。我们接受此为协议中至关重要的一点，并将竭尽全力协助报告的出版，使之与这些由自身体现出来的别具一格的文化相匹配。但是，我们不能承担万克朗之外的出版和印刷费用。该资金是委员会的成员与丁博士一起从瑞典的一位捐赠者募集的，其中的大部分将用于出版脊椎动物化石和植物化石专刊。

我们注意到，安特生博士已经得到你们的授权，在每次征得你们的同意后，可以用瑞典文出版这些研究报告的简本。

5. 最后，基于安特生博士的建议，我们在此宣布：我们不仅乐见所有归还的化石，也包括所有的考古遗物，既要根据达成的协议精心挑选，还要细心包装并运送至中国。我们的委员会将支付运抵上海的运输和保险费用，并事先通告这些归还物品的发货时间。

委员会将不再负责物品运抵上海之后的费用。

斯德哥尔摩，1924 年 12 月 31 日
支持安特生在华科学研究委员会
古斯塔夫·阿道夫
贡纳尔·安德森　安列克塞·拉各留斯

与丁文江致瑞典中国委员会函（1925 年 2 月 2 日）

尊敬的先生们：

兹特函告，1924 年 12 月 31 日关于安特生博士在华考古采集品处理意见的来函已经收悉。中国地质调查所对瑞典委员会在处理此事中的合作精神深表赞赏，并对你们给予中国科学工作的巨大帮助表示诚挚感谢。

安特生博士转达贵会所提条件之后，我们立即呈报于主管标本采集的农商部。尽管已充分认识到瑞典方面所提条件的慷慨大方，但农商部对于能否许可这些引人注目的、以如此独特的方式展示中国早期文化的重要考古采集品运出境外，依然迟疑不决。在我们的建议下，安特生博士向农商部申明，在既有的协议书上增加某些补充说明，以充分满足中方利益，即所有的文物（Artifact）应尽可能地平均分为两份。其中先行研究完毕的部分，须于自装船之日起两年内归还中国，其余部分亦将在尽可能短的时间内研究完毕，并同意邀请驻斯德哥尔摩的中国公使可以随时查看留在那里的材料并监督协议的执行。

上述补充条款已征得总长认可。我们高兴地通知您，全部事宜现均已获得官方许可。

再次感谢你们。

丁文江、翁文灏敬启

致阮毅成①函

（1948年1月19日）

毅成吾兄大鉴：

　　勤勉从公，夙仰清望。雍容尔雅，欣挹高风。

　　弟因国难迫身之感，偶有谰词寄慨之吟。才非诗人，句自百病，意存纪念，集成一编。惠承齿及，祗益心惭，敬以邮尘，尚希尘教。承示龙泉作剑，尚有能屈之钢，至盼韦质为弦，惠成自绳之佩。专驰寸简，敬祈荃照。顺颂时祺。

弟翁文灏敬启

一月十九日

　　附致《蕉园诗稿》一册。

---

① 阮毅成，时任浙江省民政厅厅长。

与萨凡奇往来函（2 通）

萨凡奇[①] 函（1944 年 10 月 9 日）

翁博士阁下：

兹呈递扬子江三峡计划之初步报告，实为愚从事工程四十年以来之一大快事。愚研究此项计划至为欣幸，盖其所需工作巨大，空前未有，其所产生之利益复为中国切需也。

本报告所述工程事项各节，阁下或无特殊兴趣，因将报告末页所载之临时结论附录于后，兼利其他读者。

附《临时结论》

关于扬子江三峡计划，作者曾亲临工程地带考察，分析五十年流量记载及其他资料，并自航空地图上试定五种方案加以研究比较，兹决定其临时结论如次：

一、扬子江三峡计划水库水面高度定为 200 公尽，可发电力 1056 万千瓦，其中 600 万千瓦为可靠电力，456 万千瓦为次等电力。如上游再建水库，次等电力可全部变成可靠电力。三峡水库可供水 7400 万英亩，以备良田 1000 万英亩灌溉之用；并可储蓄洪水 2200 万英亩，足以控制有记录以来之水灾。此计划如加以航运设备，远洋船可直达重庆，水库面积共计 5400 万英亩，可供城市及工业之用水，并有游览之胜，影响中国前途均甚深切也。

二、扬子江三峡五种开发方案之价值，兹下列估计之价值表如次（价格以美金为单位）：

开发方案	全部造价	研究费地价杂支意外费	筑造期利息	总计
第一方案	86026 万元	13904 万元	14989 万元	114919 万元
第二方案	73075 万元	11961 万元	12755 万元	97701 万元
第三方案	74072 万元	12111 万元	12927 万元	99111 万元
第四方案	69800 万元	11476 万元	12197 万元	93512 万元
第五方案	83590 万元	13538 万元	19426 万元	116554 万元

---

① 萨凡奇，John Lucian Sauage，美国水利工程专家。

三、就扬子江之施工难度与其建造费用是否可取偿于电力、灌溉、防洪、航运、给水及游览等收入而言，电力、灌溉、防洪或航运四大利益之任何一项，似既足以保证扬子江三峡大坝之兴建。

四、利用隧洞以备建筑时排汇江水之用，此开发方式较不用隧洞者造价低廉，防空上亦安全甚多。

五、扬子江计划之全部造价，包括建筑拦河坝、厂房及收购水库用地，不足美金十亿元，以电力安装容量计，每千瓦单价不足美金100元。

六、如计划完成后，电厂尽量供电，可靠电力每度售美金二厘，次等电力每度售美金半厘，仅电力一项每年总收入平均达美金14345万美元，每年平均收入将扣除下列诸项：全部运用维持费用美金640万元，修筑准备费美金229万元，以十五年分期还清利息四厘作基础之摊本基金美金8410万元，共计扣除美金9279万元，每年净收入美金5066万元。

七、本计划电力及蓄水之利益，即每年收入或节省之费用分别毛利及净利两项如下：

电力及蓄水之资力	每年毛利或毛省	每年净利或净省
电力	14345 万元	5066 万元
灌溉	3700 万元	1850 万元
防洪	3824 万元	3824 万元
航运	19250 万元	3850 万元
给水	5660 万元	300 万元
游览	5000 万元	500 万元
共计	51779 万元	15390 万元

八、扬子江三峡计划为一杰作，关系中国前途至为重大，将鼓舞华中华西一带工业之长足进步，将有广泛之职业机会，将提高人民之生活标准，将使中国转弱为强。为中国计，为全球计，建造扬子江三峡计划实属必要之图也。

顾问工程师萨凡奇谨上

一九四四年十月九日

于长寿龙溪河水力发电厂工程处

致萨凡奇函（1947 年 5 月 16 日）

尊敬的萨凡奇先生：

非常遗憾地给您写这封信。谨在此通知您：对这一伟大工程的调查研究活动已中止。我们相信您在这个伟大工程中的经历和您杰出的才华，已给予资委会的工程师们以极大的帮助。

由于中国目前的财政危机，外汇短缺，对所有工程项目，尤其是扬子江调查研究的预算限制变得非常严峻，国民政府已正式决定立即中止所有有关三峡工程的工作。

为此，我分别给您、垦务局局长、W.C. 比蒂先生、恽震先生和徐怀云先生发出电函。

当然，不容置疑，资委会仍希望尽早重启此次工作，目前仅是财务状况改善前的临时中止。

目前正在垦务局工作的中方工程师将立即召回南京，他们的薪水和差旅费将从垦务局扬子江三峡基金中支付。

资委会资金短缺非常严重，对垦务局工程师在收尾工作期间的任何一项节省，均将非常感谢。根据协议第 12 条的规定，未用完或尚未投入开支的资金将返还资委会，这些钱将急需另派用场。

希望尽早收到您的回复。非常感谢您的建议和给予的帮助。

谨致问候及良好祝愿！

翁文灏敬启

附件

1. 致美国垦务局局长函
2. 致 W.C. 比蒂先生函

致美国垦务局局长函

尊敬的先生：

本函系有关 1945 年 10 月 1 日签订的《美国内务部垦务局与中国资源委员会关于编制长江流域工程报告的合约》事。

由于目前财政困难，中国资源委员会无法获取足够的资金来实施长江的工程规划和调查研究工作，因此，中国政府已正式决定上述合约立即临时中止。为此，于 1947 年 5 月 16 日向您发出一份电函，通知您资委会决定临时中止此合约的意图。

对资委会即将中止此项合约我深感遗憾。这是由于极其紧迫的经济形势才把资委会逼迫到这一步。我希望此种非常有价值的关系的中断将只是"运作的临时中止"。因此，资委会要求这只是临时中止而不是终止。财政状况一经改善，本协议将再次积极运作而无需重头开始。但资委会要求为协议终止所适用的所有条款应对临时中止之有关事项有效。

协议第 12 条指出："在任何一方终止合约的情况下，根据本协议第 8 条支付的预付款当时尚未开支或尚未投入开支的任何资金余额应退回资委会。"由于急需外汇，资委会希望尽可能地节省此次经费，因此敬请将收尾工作的开支减少到最低程度；且协议第 12 条规定的 90 天的期限亦望尽可能地缩短，同时还要求尽早将协议开始到目前为止的费用报表提交给我们。

我希望各阶段工作的完成情况能有一个总结。此总结应包含到目前为止已做工作的简要阐述并将文件中所包含的材料列一个标题索引，而且还应有一个将来工作的轮廓大纲，以便本项目下一阶段工作时遵照执行。

目前正在垦务局工作的中方工程师将立即回国。资委会希望从上述垦务局余额中支付这些人员回国的生活补贴和差旅费。

我特此通知您，资委会驻美首席代表恽震先生已被充分授权与您协商并代表资委会按以上原则处理与协议有关的一切事务。

关于比蒂先生的聘任，显然将随着资委会工程师撤离垦务局丹佛技术处而中止。

请接受我们向你们深深的谢意。中国工程师在与垦务局工程师的工作联系中获益匪浅。我们真诚地希望尽早恢复这种关系。非常感谢您的建议和给予的合作。

翁文灏敬启

致比蒂先生函

尊敬的比蒂先生：

我们不得不非常遗憾地通知您，由于目前财政危机和外汇短缺，中国资委会希望立即全部临时中止长江工程报告编制的一切活动。

我们已给您发出了说明此意图的电函。另随函附上一份给垦务局局长的函件副本供您参考。它全面说明了此次工作中止的有关事项。

起初，为了加快和更好地完成此工作，资委会与您签订了合约，请您为之提供建议并协调垦务局工程师和本会工程师之间的工作。现中国工程师将从丹佛撤离，资委会已不能接受您的服务。因此，谨以此函正式通知您，您与资委会的协议在工程师撤离丹佛之日即行中止，最晚不迟于 1947 年 6 月 25 日。

请接受我代表资委会对您卓越的工作所表达的诚挚感谢。

翁文灏敬启

萨本栋[①] 函

（1947 年 7 月）

咏霓先生赐鉴：

　　兹陈者。本院自办理第一次院士选举之筹备工作以来，收到各方提名表已达五十余款，但北大、清华、武大、中大等校尚未及提名，顷已分函催办。察其困难所在，不外各被提名者之旧有著作因战时播迁颇多散佚，一时不易搜集，系属实情。惟前次通告七月二十日为提名截止期，已甚迫近，现拟于七月十八九日察致情形。届时如各著名大学院校之提名表能及时寄到，即当如限办理，免增审查困难，否则拟宜展期一月，致八月二十日截止，以昭慎重。是否可行，附拟展期通告稿一则。敬祈裁示为幸。耑上。祗请勉安。

后学萨本栋谨上

七月

---

① 萨本栋，物理学家，时任中央研究院总干事。

与沈宗瀚^①往来函（2 通）

沈宗瀚函（1933 年 4 月 21 日）

咏霓先生钧鉴：

今午乙藜先生宴叙在京国防专门委员，竺藕舫先生亦在座间嘱弟出席太平洋科学会议，如财政部不能及期发给旅费（每人五千元），望有关系之机关暂垫。弟谓金大未必有此能力，并述及先生曾以此事与乙藜先生商议，亦觉费大难筹。藕舫先生乃转与乙藜先生面商。闻二先生均将与先生函商国防设计委员会可否暂垫旅费。藕舫先生并谓，行期甚迫，嘱弟预备 Application of Science to Agriculture, Mining and Fishery（文稿，以便在会中口头报告。藕舫先生之奖勉，因属可感，而先生上次之热忱□□，尤为铭感。先生对于藕舫先生之提议，未识尊见如何，便请赐示为祷。恭请台安。

弟沈宗瀚谨上
四、廿一

复沈宗瀚函稿（1933 年 4 月 24 日）

宗瀚先生：

惠笺奉悉。嘱事藕舫先生亦来函提及。弟当然赞同，已电商乙藜先生，当可迳洽。会期闻已延缓，缓至何时尚未得悉。专复。敬颂台安。

弟○○○敬启
四、廿四

---

① 沈宗瀚，农学家，时任金陵大学教授。

与侍从室往来函（3 通）

致军事委员会委员长侍从室函（1936 年 2 月 1 日）

案查前准贵处本年一月十一日（收文京字第八三号）抄送条陈一件到院，查其中关于欧美外交上之联络与宣传工作一项，经由院抄交外交部参考在案。兹准该部复称：

"查原条陈内称：'关于欧美外交上之联络与宣传工作，均感不足，宜慎选多方面之人才，作多方面有计划之进行，不宜大吹大擂，而宜切实有效，前所陈对法一点，仅系一方面，其余对美对英对俄等，均须分别进行，以收互相策应之效。'等语。所称对法一节，未识内容如何，拟请密予抄送，藉资参考。"等由。准此，相应函请贵处，将对法条陈一项，查明抄送，以便抄交外交部参考为荷。此致军事委员会委员长侍从室。

行政院秘书长翁文灏

中华民国二十五年二月一日

致军事委员会委员长侍从室函（1937 年 2 月 11 日）

案准贵组本年二月四日京字第一七五一号函，嘱将前送之条陈原件寄还，以便请示查抄对法条陈等由。准此，相应检同原件，送请查收，办毕后仍请送还为荷。此致军事委员会委员长待从室第四组。

计检送原件一份。

行政院秘书长翁文灏

中华民国二十六年二月十一日

军事委员会委员长侍从室函（1944 年 5 月 21 日）

径启者：

据中央训练团党政班毕业学员服务中央地质调查所李善邦等九人上委座呈一件，为许德佑、陈康、马以思等调查黔西地质被匪戕杀，请饬令缉凶，并从优抚恤事。奉谕：交经济部查酌情办理等因。奉此，相应抄同原呈，函请查照为荷。此致

经济部

　　附抄原呈一件。

国民政府军事委员会委员长侍从室第三处启

中华民国三十三年五月廿一日

附

李善邦等呈蒋介石文抄件

　　为呈报本所职员许德佑、陈康、马以思三人奉命调查黔西地质，为惯匪预谋戕杀，请饬令严缉凶犯，惩处地方负责人员，并从优抚恤，以彰法治而慰忠魂事。

　　按本所技正兼古生物研究室主任许德佑、技佐陈康、练习员马以思女士于四月初奉命赴黔西测二十万分之一地质图，于四月十七日抵达盘县，工作三日后，折而东北行，于二十一日抵普安县境之兴中乡（罐子窑），二十二日在附近工作一日，被乡长颜绍黔挽留一日。许君等当询问区内治安情形，乡长云过去治安不好，时常杀人。二十三日许君等行前，许君等请乡长派壮丁保护。乡长未允，并云在辖区绝对无事，伊可负全责。当晚许君等至该乡之五里坪，宿保长叶永昌家。时居于梅花菁（距罐子窑三里）之易仲三，一般呼为易营长，为现任该县参议会会长易晓南之侄，曾于二十二日在罐子窑见许君等行装颇多，且购物多用新钞，乃与五里坪惯匪陇占洪计议行劫，由易匪供给长枪三支、短枪二支，由陇匪约集普安及晴隆（安南）两县匪徒二十余人，分别行事。二十三日曾分在黄厂及花贡两个地等候。殊许君等行至五里坪止宿，未遂所谋。至二十四日晨，许君等出发时，由叶保长永昌代雇匪徒二人，冒充力夫，引导前行。十一时越普安县界达

晴隆之黄厂地方。当时匪徒九人预伏路旁林中，二匪在高处布哨。许君行于匪夫后约二公尺，当被猝击一枪，穿腹毙命。陈、马二君在后，见许已死，即拟奔避，但匪徒鸣枪威吓，无法逃脱，遂至束手被擒。匪徒当将财物抢劫一空，并停陈、马二君，前行二十余里，下午六时许在晴隆县属马路河森林中，首将陈君枪杀，更将马女士长衣尽剥。女士曰：我是大学毕业生，国家官吏，你们都有姐妹，请杀我，勿辱我。匪徒狂悍，置若罔闻，竟被七匪轮奸。女士即云：你们要我死，请给我以长衣，乃从容穿一蓝布大褂，饮弹而死。当许君初被戕后，与匪无关之另一力夫曾与二匪夫分向附近两个县之保甲长报告，如立即追击，陈、马二君当可救释，但迟至二十五日，始派员查案，草菅人命。实不可解。且易匪仲三于二十五日亲至五里坪，收回所发枪五枝，并分赃一万八千元。如保甲长无通匪嫌疑，易匪何至胆大如此。

劫事发生后，适本所研究员侯学煜君在盘县调查土壤，闻讯后立即驰赴普安县，确查详情，一面办理善后，一面设计缉拿匪徒。现已捕获十余人，另有数匪在逃。顷悉主谋易仲三因拒捕格毙，是否确凿，尚待证实。倘该匪漏网，不惟无以正法钧慰死者，亦且贻祸将来。上述各点均系匪徒口供，直认不讳，与侯君在普安及肇事地点截至目前侦询所知，俱属实情。

按许君等三人忠勇从公，为国殉职，殊堪痛惜。许君等家境清苦，身后萧条，或则孤寡无依，横断生计抚育之资，或则衰父弱母，痛失养老送终之嗣。学人厄运曷浩叹。尤以许君，留法归国，入所已近十载，勤奋治学，未尝稍懈，对古生物建树颇多，中外共誉为三叠纪专家，一旦殉职，非特本所之不幸，抑且地质学界无可弥补之损失。今虽功业未竟，抱恨长终，然凡所论述，亦足以遗饷后学。而所遗寡妻孤子，托避异乡，至堪悲悯。孤碃生，年甫四龄，来日就学成人，在在需款接济。学员等均系一介寒儒，丁此财力艰难之际，目击惨状，爱莫能助，此则不能不仰望钧座特予矜恤者也。至该地乡保长等，或知匪不报，或通匪有嫌，危害忠良，实属罪无可逭。地方政府事前姑息养奸，事后动作迟缓，亦有应得之罪。该区基层政治如此腐朽，实属国家之污，贻羞本党。学员等忝列门墙，亲聆教诲，不敢不据实详呈，伏乞钧座体会吾国地质调查之重要，及许君等三人死难之惨，除严饬黔省当局迅缉主犯易仲三及在逃各匪归案，惩处地主负责人员外，并优恤三君家属，以慰忠魂。不胜惶恐待命之至。谨呈团长钧鉴。

中央地质调查所党政班毕业学员李善邦　颜惠敏　丁　毅

王　钰　黄汲清　程裕祺　尹赞勋　周宗浚　曾世英

实业部电

（1935 年 5 月 3 日）

北平兵马司九号。地质调查所翁所长览：案准外交部国字第 4152 号公函开："准法国公使馆四月五日节略，以国际矿学、炼金学及应用地质学会将于一九三五年十月二十至二十七日在巴黎举行第七次会议，法国使馆特邀请我国政府遣派正式代表参加该项学术运动等因。相应函请贵部查核办理见复，以便转复为荷"等由。准此。查该项学术会议我国政府自应派员参加，以资交换学识。惟该所能否派员参加，抑或转饬该所前派赴瑞士等处考察之调查员黄汲清就近代表出席，仰即迅复，以凭办理为要。实业部。江。印。

致实业部矿业司函

（1936 年 2 月 27 日）

迳启者：

接奉贵司来函，嘱指定职员与科长李鸣龢商洽世界动力协会之燃料论文等因。本所兹指定技正兼地质主任黄汲清。遇黄君出外调查时期，亦可与技正兼化学试验室主任金开英接洽。相应函复查照。此致矿业司。

斯文赫定 ① 函

（1926 年 12 月 7 日）

尊敬的翁博士：

基于我们最近所进行的商讨，我乐于就中国地质调查所与我计划中的中亚科学探险合作事宜，提出如下建议，供您参考：

一、我将承担一或两位由您指定的中国地质学家参加我的考察队。这些科学家每人将得到 400 元的置装费，而且他们在野外的一切费用和一半的薪水也由我支付。

此外，如果他们的工作和行为能够令人满意，我准备再付给他们每人 500 元的最终报酬。

这些地质学家将按照您指定的计划工作，但是在野外工作之时，他们应当服从我的指挥。

二、与我同行的还有两位由安特生博士培训的采集考古标本的中国人。为便于工作，我请您为他们提供考察证明。

当地质学家有必需时，这两位采集者也可由他们役使，从事脊椎动物化石的发掘工作。

三、依据中国地质调查所与瑞典王储掌管的中国委员会所达成的未来合作协议，所获得的地质、古生物和考古采集品，将由中国地质调查所和瑞典远东博物馆分享。

四、地质学、古生物和考古学方面的科学成果，将置于您的支配下，由中国地质调查所的期刊发表，《中国古生物志》尤为适宜。在此约定下，我建议做如下安排：

1. 地质、古生物和考古工作的总结，将由相关科学家合作完成，在需要时将供我使用，第一是用于我的探险科普工作；其次是在详细的专著完成之后，关于地质学、古生物学和考古学研究结果的科学综述，也可用不同于已有出版

---

① 斯文赫定，Sven Hedin，瑞典人，著名探险家。

物的方式包括在我的科学出版物里。

2. 如果以不同于《中国古生物志》的形式出版基于我的探险所得材料而撰写的地质学、古生物学和考古学专著，您当免费提供给我 100 份；如果在印刷以前我及时告知了所需数量，我应该还可以成本价得到更多的复本。这些复本不得出售。

3. 如果以与《中国古生物志》相同的形式出版，地质学、古生物学和考古学专著，初始费用（排字、校对、制版等）应由中国地质调查所与我均担。这些专著将同时发表在《中国古生物志》和我出版的科学著作中。为使方便编排，我请求您将探险队在《中国古生物志》上的文章，尽可能地集中于一特别卷中。

4. 负责描述标本的合作者由您和我共同选择。在欧洲科学家参与合作的情形下，他们个人的研究成果可以在欧洲发表。

5. 印刷和复制都必须是高质量的，不允许任何无理的延误影响出版工作的进展。

我很高兴能藉此机会与中国地质调查所合作。尊敬的翁博士，希望能够得到您像对我的同胞安特生博士那样持久的支持和指导，慷慨而诚挚。

您忠实的斯文赫定

又及，如果你们的地质学家能在我与中国地方政府沟通时提供必要的帮助，我将深感荣幸。

致泗水华侨函（4通）

致泗水华侨总会函稿（1929年7月）

泗水华侨总会诸位先生大鉴：

日前因公到泗，荷蒙贵会厚谊殷惓，招待周至，愧惭之余，良深感荷。诸公去国万里，经营实业，成绩卓著，为我民族增光非浅，对于国人远客者，复蒙盛情优待，诸多指教，尤见爱国心长，无间远迩，感谢之余，尤为钦仰。所惜为时甚短，不及饫承教言，回首云天，时深翘企。尚乞规箴时锡，俾资韦佩。肃正鸣谢。顺颂台安。

致泗水华侨团体函稿（1929年7月）

迳启者：

日前因会事至爪，辱承贵会及其他华侨诸团体招待优渥。遇故人于万里，倾尽言欢；仰厚谊于云天，临风寄想。全人等言别以来，均已各返旧职，追思胜游，时深翘企，敬肃芜函，聊鸣谢悃。鸿雁有便，时盼惠教。顺颂公安，并希转致各团体诸公，代为遥谢。

致泗水华侨函稿（1929年7月）

坚成先生大鉴：

泗水小游，饫承优待，既叨郇厨，复聆尘教。武陵源头，几忘世事，蓬莱岛上，仿遇仙人。回首南云，曷胜翘企，忆念感谊，永铭心怀。全人等奉别以来，均已安抵故土，复供旧职，虽云天之遥隔，念胜会兮难忘。谨肃芜笺，聊申葵忱，鱼雁有便，尤盼教言。顺请台安，并颂潭吉。

谨启

致泗水华侨函稿（1929 年 7 月）

文禧先生惠鉴：

奉别以来，已返故国，回忆泗水胜游，诸叨感谊。长途远征，既劳亲邀，广厦乍停，更瞻精筑，引领南云，不胜惓念。全人等回国以来，均已各归所职，回想厚谊殷勤，不胜感铭。用肃芜笺，专鸣谢悃。鱼雁有便，时盼教言。顺颂筹安。

致宋子安函

（194□年 2 月 21 日）

子安吾兄大鉴：

　　接奉二月三日中字第二〇号手示，祗悉一是。中国矿业公司请采四川省巴县新丰场、人和乡两区煤矿案，尚未准省政府咨转过部。经已咨请省府转饬建设厅查明，即行呈转。一俟到部，即当早予核办。专此奉复，祗颂大安。

弟翁文灏拜启

二月二十一日

复苏联地质调查所所长函

（1930 年 6 月 11 日）

尊敬的先生：

感谢您 4 月 8 日和 9 日的来函，使我对贵所有了新的详细了解，希望贵我两所能够继续保持友好关系，并在我们与地质学会共同努力下，展开新的更广泛的出版物交流。贵所所有出版物我们都感兴趣，我们的图书馆将非常高兴地收到您的出版物。

关于您派地质学家来华的可能性，我谨表示热烈欢迎并期待与他们开展愉快的合作。我必须告诉您，从中国的规则和先例来看，外国科学家来华考察必须得到政府特别许可，并与中国科研机构合作进行。因此，我希望事先知道您的地质学家来华调查的确切工作计划，以便向我国政府报告。谨向所有欲来我所陈列馆和实验室从事研究的地质学家，表达我个人的欢迎。

翁文灏敬启

致束云章① 函

（1942 年 9 月 26 日）

云章先生大鉴：

新疆省盛主席倾诚内向，热心建设国家，在边疆之主权，因以克保完整，亦因此中央对于该省建设特为重视。此次新建各厂以及运输器材，以豫丰需资最多，关系特巨，甚望兄鉴此保全边疆昭示诚信之意，妥为主持，俾新省人士深信内地同人竭诚协力。兹托张丽门兄奉访一谈，并盼赐示尊见，商定逐步推进之办法。至为企荷。此颂时绥。

弟翁文灏敬启

九月廿六日

---

① 束云章，著名民族企业家，时任豫丰纱厂总经理。

与孙越崎①往来电（3 通）

孙越崎电（1942 年 8 月 29 日）

翁主任委员、钱副主任委员：委座偕贺主任耀祖、谷主席正伦、胡总司令宗南、罗军长卓英、马军长鸿宾，今日上午十时行到嘉关炼二厂，下午三时莅矿。垂询甚详，并召集主管人训话，犒赏工友一万元，五时半离矿。谨闻。崎。艳。叩。

致孙越崎电稿（1946 年 4 月 23 日）

沈阳行营。孙特派员越崎兄：（日）密。弟定廿四日飞京，以后电讯请均寄京为荷。文灏。卯梗机内。

致孙越崎电稿（1947 年 9 月 25 日）

北平。孙副委员长越崎兄：○密。兄此次北行，对各事业集中推动，为益甚多。弟盼往台湾一行，约为期半月。兄何时返京，盼先见告。翁文灏。申有机丙。

---

① 孙越崎，时任资源委员会甘肃油矿局总经理。

普安县民众谭本学等函

（1944 年 7 月 18 日）

为匪乡长颜绍黔逍遥法外恳请转饬严提归案依法究办由。

  窃查本年四月钧部地质学家许德佑、陈康、马以思三君不幸在晴隆县属之黄厂地方被匪抢劫奸杀毙命，究其为首实系易仲三、谭百忠、颜绍黔三人主谋，人所共知。现易、谭等匪业已伏法，而颜匪尚逍遥法外，死者含冤，公理何在？兹将颜匪对于本案同谋事实列后，恳祈派员详查严办，不但受害诸君瞑目九泉，而地方从此亦幸甚矣。

  （1）颜匪乃谭匪百忠之亲表弟，与易匪尤为莫逆，自幼同学，关系极重，向有勾结坐地分赃事实。此其同谋铁证之一也。

  （2）颜匪身为乡长，在许君等未到之先，县府即令该乡长派人妥为保护，而三君到后，请求派人护送。该匪藐视政令，一味推辞拒绝，并留三君在乡公所住宿一夜，暗与易、谭等匪商议一切谋杀措置，故事不出于该乡境内而出于该乡境外之黄厂地方，意图卸责。此其同谋铁证之二也。

  （3）本案业已伏法之李匪月华，系该乡长之自卫班长，如不事前同谋，为何自己所用之自卫班长亦参加劫杀？此其同谋铁证之三也。

  （4）该匪接奉县府妥为保护之通令，三君遭难后，事至紧急，遂以奸诈过五关送文凭之手段，条令五里坪之叶保长绍华护送，恐难掩饰，复以倒填年月之条令，去威逼叶保长换回前令。叶畏其淫威，即将两次条令呈候视察员观阅在案。此其同谋铁证之四也。

  （5）谭匪百忠被拿获时，身未受伤，在罐子窑上当众供称（数十人共见闻），事前系在颜匪家中计划，事后分金少毡一床及中国详细地图一本给该匪。该匪恐到县府供出实情，遂将谭匪百忠杀毙以灭口，而扬言跳岩毙命。此其同谋铁证之五也。

查本案发生后，该匪知案情重大，已经逃匿，后由其住城内之乃兄颜仿丘用其贿赂之贯技，活动县府中之要人，遂因循缄默。为此谨呈中央经济部部长翁。

普安县民众谭本学　胡兆兰　柏良臣　黄选材

谭绍武　康云洲　王忠明　陈云先　杨书禄

谭梁氏　谭百荣　王兆南　纪南明　孙本荣

孙勉之　贾春廷　唐伯英　张嗣轩　薛贵荣

伍光华　铺保普安裕昌祥

致陶桂林 ① 函

（1948 年 6 月 5 日）

桂林先生大鉴：

　　行宪伊始，受命出长政院，时艰任重，深恐弗胜，乃承藻贺，无任纫感，尚祈时赐箴言，藉匡不逮为幸。专函复谢，并颂时祺！

翁文灏敬启

六月五日

---

① 陶桂林，陶馥记营造厂创始人，时任南京市营造业同业公会理事长。

与太平洋科学会议往来函（11通）

致第四次太平洋科学会议秘书长函稿[①]（1929年2月8日）

尊敬的先生：

您寄给我的小册子收悉，现将随函所附卡片寄回。

我期待作为中国地质调查所的代表参加即将召开的大会。

中国科学社想必已经与您进行了联系。

所长翁文灏敬启

1929年2月8日

福特[②]函（1929年12月13日）

尊敬的先生：

兹呈上泛太平洋学会报告及部分科学家建议于1930年8月在檀香山举行泛太平洋粮食会议的来函。您是否有进一步的补充建议？

有建议将该会议名称改为泛太平洋学会—农业会议，按照议程，关注粮食和粮食保护，并将其作为永久性组织。

您对此有何见教，敬请惠赐。

泛太平洋学会会长

亚历山大·休谟福·特敬启

---

① 原函稿为英文，下同。

② 福特，Ford，时任泛太平洋学会会长。

复福特函稿（1930 年 3 月 5 日）

尊敬的先生：

1929 年 12 月 13 日来函及 P.P.R.I 报告第五卷第一号均已收悉。从地质学的角度来看，土壤研究对农业问题最为重要。我们有关东亚各不同国家和地区土壤特点的知识非常有限。我认为，如果泛太平洋农业会议能够于此特别关注，将会取得有益的结果。

敬启

1930 年 3 月 5 日

福特函（1930 年 10 月 22 日）

尊敬的先生：

兹寄呈《太平洋杂志》10 月号，泛太平洋农业会议的暂定议程刊登在泛太平洋学会报告的第 3 页。会议将于 1931 年在檀香山举行。报告的第 11 页刊有克劳斯博士的两封信，以及关于此次华盛顿会议，希望借此组建一个永久性的泛太平洋农业学会的其他说明。

卡尔阿尔斯伯格先生和檀香山当地的主席弗雷德里克•E. 克劳斯博士正在为此付出大量的时间。

我正准备前往东方和澳大利亚，邀请我们希望太平洋地区参加本次会议的学者。如果您能出席本次会议，请尽快回复我。您对应与会人选有何提议，我们乐于邀请其参加。

希望十月号杂志能使我们保持联系，如果您希望接到我们定期出版的公报，我们不胜欣喜之至。

泛太平洋学会会长亚历山大•休谟•福特敬启

复库克[①]函（1931年7月14日）

尊敬的库克先生：

您6月15日的两封来函，以及S.J.斯科菲尔—德博士所修订的议程均已收悉。

根据您的要求，我将撰写一篇有关"中国煤炭资源"的论文。该论文自然也涉及华南地区，位于广州的两广地质调查所提供了广东和广西地区的最新材料。最近中国地质调查所也在华南地区进行了广泛的调查，完全更新了我们以前的知识。我将尽力在年内将论文寄给您。

关于太平洋的构造，我会准备一篇关于中国海岸构造特征的论文，并将尽可能提供最新的材料。我还将设法提供一篇中国古生物学方面的论文，如果我自己不能完成，我会找一些有资格的专家撰写。

翁文灏敬启

库克函（1931年7月22日）

尊敬的翁博士：

请关注明年在加拿大举行的第五届太平洋科学大会物理科学部讨论的主题。并请您准备一篇"当前太平洋地区山脉构造"为主题的论文，展示贵国的调查结果，并阐述关于这一主题的共同观点。

这是一个可以由太平洋沿岸各国科学家共同参与并作出宝贵贡献的主题，因此已经向各代表机构发出了一般性邀请。我们希望获得一系列论文，全面而翔实地介绍该领域最近的工作。

也特向檀香山的贾格尔博士发出了邀请，以便从加拿大的角度开展共同讨论。

因为物理分会主席布洛克博士非常关注您对这一主题的贡献，希望您能够

① 库克，S.J. Cook 加拿大人，时任第五次太平洋科学会议秘书长。

接受我们的诚挚邀请，撰写一篇关于该主题的论文。正如前函所述，我们希望所有提交的论文都有印本，因此请于年底前提交，以便有足够的印刷时间。

期待您的答复，并提供您的论文题目。

秘书长 S. J. 库克敬启

复库克函（1931 年 8 月 18 日）

尊敬的库克先生：

7 月 22 日来函收悉。根据您的要求，我将撰写一篇关于太平洋地区山脉构造的论文，以便展示我们在中国收集的材料。就此而言，材料相当稀少。因为今年事务特别繁忙，如果我无暇撰写论文，我会约请其他合适专家完成。稍后我将向您提交论文的题目。

地质调查所所长翁文灏谨启

库克函（1931 年 11 月 2 日）

尊敬的先生：

我遗憾地通知您，由于世界局势动荡不安，加拿大政府认为第五次太平洋科学大会不宜在 1932 年举办，因此决定将会议推迟一年举行，具体日期稍后公布。

对于仍乐于受邀并向会议提交论文者，主席和大会执行委员会要求我向家说明，希望您继续论文准备工作，并在完成之后立即提交给我，但无需今年年底之前提交。我们仍希望在 1933 年 6 月底之前收到所有参会论文。如果届时能够提交论文，我们将尽可能在 1933 年会议召开之前审查并打印所有文稿。会期一旦确定，我们将尽早公布议程。

未来有关第五次太平洋科学大会日期及其他具体安排，我们将陆续发送给您。

秘书长库克谨启
1931 年 11 月 2 日

复库克函稿（1931 年 12 月 25 日）

尊敬的先生：

11 月 2 日来函收到，得悉会议已推迟至 1933 年。中国会员对此明智决定深表欢迎。我仍将努力按时准备好论文，并与您保持沟通。

翁文灏谨启

1931 年 12 月 25 日

库克函（1933 年 3 月 25 日）

尊敬的先生：

第五次太平洋科学会议秘书长提请您注意，尚未收到您承诺将向会议提交的论文。

由于希望会议文件尽早及时印发，特请您及时告知何时可以提交或无法提交的确切消息。

库克

第五次太平洋科学大会秘书长

加拿大国家研究委员会

渥太华，加拿大

复库克函稿（1933 年 5 月 3 日）

尊敬的先生：

3 月 24 日来函收悉。很遗憾，除了《中国煤炭资源的新估计》——希望您能及时收到——我已没有时间撰写其他论文。至于中国的铅锌资源，在中国地质调查所的调查报告中可以找到许多资料。李四光先生正在为大会准备一篇关于东亚地质构造的论文。

对于不能出席大会我深表遗憾。中国将派南京气象台主任竺可桢博士和其他代表参加。

翁文灏谨启

1933 年 5 月 3 日

与沃恩 ① 往来函（2 通）

维兰·沃恩函（1931 年 9 月 23 日）

尊敬的翁博士：

谨附呈致各国太平洋学会会长的两份通函。如果您仍然担任中国科学社社长，我将向您寄送正式文本。另寄中国科学社干事长杨杏佛先生副本两份，寄上海徐家汇天文台龙相齐神父副本一份。

希望贵国能提供过去三年中国海洋学活动的相关资料，包括对珊瑚礁的研究，海军水文部门或许一直从事此项工作。

T. 维兰·沃恩（敬启）

于加利福尼亚洛杉矶

加州大学，斯克里普斯海洋学研究所

---

① 沃恩，Thomas Wayland Vaughan，美国地质学家、海洋学家。

复沃恩函稿（1931 年 10 月 23 日）

尊敬的沃恩博士：

　　感谢 9 月 23 日来函及所附致太平洋海洋学国际委员会成员的二份通函。并借此通知大家，南京中央研究院已成立了一个委员会，负责中国参与太平洋科学学会的准备工作。朱家骅博士是该委员会的主席，我也是该委员会的成员。我会将您的请求提请委员会注意。相信在截止日期前，能够汇集中国沿海海洋学的相关资料，并呈送给您。

翁文灏谨启

与王宠惠^①往来函（3 通）

致王宠惠函（1938 年 3 月 12 日）

亮畴先生勋鉴：

迭接朱一民兄灰、蒸两电，关于苏新贸易公司在甘接洽通商一案，弟曾与邹秉文兄面商，以用灰电第二办法较为妥适。弟已函陈孔院长请示，用将函稿抄奉。至一民兄灰、蒸两电，已准分致贵部，谅早荷察及。专此。祗颂勋祺。

附函稿一件。

弟翁文灏敬启

三月十二日

附

致孔祥熙函稿

院长钧鉴：

迭接朱一民兄灰、蒸两电，关于苏新贸易公司在甘接洽通商一案，文灏曾与邹秉文兄面商，以用灰电第二办法较为妥适，用特抄奉灰、蒸两电，敬乞核示。专此，肃请钧绥。

翁文灏谨上

---

① 王宠惠，字亮畴，时任国民政府外交部部长。

致王宠惠函（1938 年 3 月 15 日）

亮畴先生勋鉴：

关于西北对俄通商办法，经于本年十二日奉致一函，并抄附向孔院长请示原稿，谅邀察及。顷奉孔院长函复，决定采用朱主席灰电第二办法。用将来函抄奉，即希惠察为荷。专此。顺颂勋祺。

弟翁文灏敬启

三月十五日

附

孔祥熙函（1938 年 3 月 13 日）

咏霓吾兄部长勋鉴：

三月十二日大函暨朱主席蒸、灰两电奉悉。西北对俄通商，决定采用朱主席灰电所拟第二项办法。除迳电朱主席并令贸易调整委员会分别转饬遵办外，特复查照，并祈转知外交部王部长查照办理为荷。此颂勋祺。

弟孔祥熙启

三月十三日

王宠惠函稿（1938 年 3 月 17 日）

咏霓先生勋鉴：

两奉手书及抄件，均经拜悉。关于苏新贸易公司在甘通商办法，业经遵照函示，分别电请甘肃省政府及电令本部驻甘特派员查照矣。专复。祗颂勋绥。

弟王〇〇敬启

三月十七日

与王宠佑^①往来函（2 通）

王宠佑函（1928 年 11 月 19 日）

咏霓先生台鉴：

　　敬启者。承前理事会公推王子文、李组绅、胡博渊及阁下与弟五人为筹备参与明年日本东京万国工业会议一节，政府曾批交大学院及工商部核议具复。业经大学院及工商部议定，仍由参与该议各团体共同筹商，再行会同办理。至于矿冶工程学会代表，弟除函知王子文、李组绅、胡博渊三人外，请先生由本会选举一二人，犹望早为定夺，并希示复为盼。专泐敬启。祗请台安。

王宠佑顿

复王宠佑函稿（1928 年 12 月 4 日）

佐臣先生大鉴：

　　十一月十九日大函敬悉。明年日本工业会议，敝所亦曾奉令参加。兹致胡博渊先生一函，特录副奉达。即颂台安。

---

　　① 王宠佑，字佐臣，时任中国矿冶工程学会会长。

附

致胡博渊 [①] 函稿

博渊司长大鉴：

明年东京万国工业会议，敝所曾奉大学院、教育部先后函请参加，并与其他学术团体会商办法。查政府指定各团体为科学社、工程学会、中国矿冶学会等。矿冶学会已推举先生为筹备员之一。科学社及工程学会均近在首都，关于敝所者，可否亦恳代表，就近接洽，以便议定办法，呈请主管部院核定。敝所并非纯粹工业机关，似尚无派人出席之必要，对于关系事项，可以酌送出版书报，以资交换知识。但关于矿产及水力二项，日本研究调查之方法及结果，敝所亦极愿参考，如有必要，亦可酌派代表一人。此外弟无甚意见。

再，此事在现在国交状态中，有无变化，自待斟酌。弟因迭接各方函询办法，故特函达，一切尚希主持指示为盼。专此。敬颂政安。

---

① 胡博渊，时任国民政府农矿部矿业司司长。

与王曰伦 ① 往来函（2 通）

王曰伦函（1936 年 1 月 24 日）

咏霓所长钧鉴：

　　前在黔东调查，至镇远，忽匪情紧急无已，乃原途返施秉，继复调查黄平、炉山、平越等县一带地质矿产，最后自平越沿小路调查，于十七日返贵阳。忽有丁先生逝世之消息，初固疑为传闻之误，而苦不得确信。个电复来，不幸竟传闻之真也。鸣呼痛哉！狄听之下，悲悼万分，欲为文以哭之而不善文，欲为诗而吊之而又不善诗，悲衷郁结，以致寝食难安。伏念其生前提携之力，今惟有努力调查与研究，期副其素所望耳。未悉京中已否举行追悼大会并已筹妥永久纪念办法乎？颇系下怀。恨关山之远阻，不得亲身与祭，今睹同游旧景那不使人伤心。兹不自量，拟作一挽联，插用地质，系统名词数个，半为丁先生生前所创用，半为其病殁附近之地点，另张附抄，寄上一阅。惜因不通平仄与声韵，难为工整，如觉可用，敢祈斧削，并使人代书以挽之。

后学王曰伦谨上
旧历元旦

附

挽丁先生联

在君夫子大人千古

　　忆昔随左右，游夜郎，走丰宁，徒步近万里，小子方喜地质得门径；
　　悲今隔幽冥，弃阳新，殁岳麓，同道逾千人，大家齐哭科学丧宸星。

后学泰安王曰伦敬挽

---

① 王曰伦，字叙五，地质学家，时任地质调查所技正。

复王曰伦函（1936 年 2 月 15 日）

叙五足下：

　　惠书诵悉。在君先生遽尔溘逝，诚我地质界最大之损失。其道德文章，尤足为后世楷模。吾辈正宜努力学问，期于将来有所贡献，亦即可以慰死者于地下也。在君遗嘱不发讣不开吊，因此追悼会亦不易大规模举行，仅由中央研究院自为举行一次，地质学会年会举行追悼。至永久纪念办法，地质学会拟有数条，附奉一览。

　　足下远处边陲，地僻匪众，尚祈善自珍摄。此时匪势闻已稍减，工作地方尚祈就较为安全者进行。如何？请随时见示是幸。此复。即请旅安。

二月十五日

与文森特往来函（2通）

致文森特① 函（1943 年 3 月 30 日）

尊敬的文森特先生：

　　受洛克菲勒基金会的资助，中央地质调查所和北平协和医学院于战前共同组建和管理新生代研究室。该室以周口店山洞开掘工作和北京人化石的发现而闻名。这些化石和另外一些新生代出土物，被新生代室和协和医学院的科学家进行了精心的研究，并在医学院，受到了最仔细的保护。中方与协和医学院先前达成的协议是：北京人化石属中国政府专有财产，不许带往国外。但随着中日战争的持续，美日关系日趋紧张。大约在太平洋战争爆发前一年左右，我写信给北平协和医学院胡恒德博士，破例同意他把北京人化石带往美国保管，待恢复和平后即刻归还中国。不过，北平协和医学院当时并未立即采取行动。

　　1941 年 12 月美日两国开战，北京人化石的安全和下落成了有关科学家们的头等心事。去年冬天，我收到了佛腾博士 1942 年 9 月 10 日写来的信。佛腾博士是北平协和医学院的一位教授，负责解剖和新生代方面的研究。他从北平被遣送回国，到了东部非洲之洛伦索。他在信中告诉我，北京人化石连同一部分相关物品起先托付给美国驻平海军陆战队，打算在他们从中国撤退时带往美国。不料，他们尚滞留秦皇岛时，太平洋战争爆发了，这些陆战队员都作了日军的俘虏。此后，这些化石的下落竟杳无音讯。

　　我们迄今尚未公布这件事，是为了避免引起日本人的注意和兴趣。毫无疑问，这些下落不明的化石对于整个科学界来说是无价之宝，我们必须马上找到它们并加以安全保管。本人冒昧猜测，美国国务院和海军部可能会对我们追查这些化石有帮助，因为他们肯定知道当时在秦皇岛或其附近地方的船只的一些情况。谨请先生设法让美国国务院关注此事，看他们能否会同海军部一道采取行动，追查这些化石。相信此事会尽快得到您的关心。

翁文灏敬启

---

① 文森特，美国驻华使馆官员。原函为英文。

文森特复函（1943 年 4 月 27 日）

尊敬的翁博士：

您 3 月 30 日在北平的有关化石和新生代实物托付给美军陆战队的来函已收悉。我已将此事向华盛顿国务院汇报，请他们一有消息尽快通知我。

文森特敬启

致维曼 [①] 函

（1932 年 3 月 15 日）

敬爱的维曼教授：

感谢您的来函。理解您在按先前的约定归还化石样品时所遭遇的麻烦，尤其是您现在还必须重新包装。希望您能够抽出您宝贵时间完成此事，这些化石对古生物学家益处极大，深受欢迎。非常感激您遵守最初的约定，以慷慨精神分配古生物材料的辛苦工作。

前曾去函，因为杨钟健博士进行对比研究的需要，请为我们做一套安特生狝猴标本模型，希望能得到您的帮助。最近我已指示在伦敦制作一套"北京人"头盖骨模型，并寄呈与您。

翁文灏敬启

北平 1932 年 3 月 15 日

---

① 维曼，Wiman，瑞典古生物学家，时任乌普萨拉大学古生物研究所教授。原函为英文。

致翁燕娟①函（20 通）

致翁燕娟函（1937 年 9 月 13 日）

燕娟：

（一）我们家中现在做一地洞，做得很为坚固，是为避弹之用。（二）政府需要现洋，你问母亲，她如藏有现洋（纪念币亦可），最好完全捐给政府，数目若干，来函告我。我想尽我的能力，买一万元救国公债。凡是我们能做于国有益的事，我们都应该做，所以捐现洋是当然应该的。（三）我现任军委会第三部长，管国防工业，故将行政院事辞去。（四）心源已往汉口；心翰因病住湘潭仁济医院，余已电汇一百元，又交心源带去六十元。但愿他早日康健。（五）上海租界危险时期现已过去，故我家仍宜暂居。因南京不免有一困难时期，大嫂即可在上海生产。（六）你们求学事甚不易。南京学校不知何故多不开学，其实战争时期教育必须照常进行，如开学仍应返京读书，否则在上海借读也好。

心鹤成绩太劣，虽说及格，仍须加勉。心钧行为太坏，使我灰心。他们不肯好好做人，必要自己终身吃亏。我真不懂是何理由。你交他们看我此信，仔细想想。你自己的事仍入学较难，但已有高中程度亦足自慰，即便暂缓入学，亦无甚大关系。

弟妹读书的事请你费心筹办，使我可以专心国事。匆匆。即问近好。

文灏
九月十三

---

① 翁燕娟，翁文灏次女。

致翁燕娟函（1937 年 9 月 18 日）

燕娟：

十三日函已悉。日前我寄给你快信，并附三弟、四弟成绩表及借读证，已收到否？

此次抗战，中国将士的壮烈牺牲，忠心为国，真是动天地而泣鬼神。首都方面正在作死守的计画，万一不幸兵临城下，我们仍当尽力防守。那时候势必每天有飞机炸弹来打我们，以死报国自在意中。有至死不屈的精神，方能保存万分艰险的国运。此固我素志如此，但你是否确愿与我同受此苦，你须详细考虑。现在京沪交通尚无甚大危险，来京并非甚难，但到困难的时候，情形便不同了。正惟如此，所以必须仔细考虑，然后决定。万一你定要来，你可乘火车走，并将何时到京先打电报告我，以便我亲到车站去接。

心翰病在湘潭仁济医院，我到京后即电汇一百元，又交大哥带去六十元。昨日电询大哥，心翰病势如何，迄今尚未复电。但愿他早日痊愈，能为国出力。此问近好。

文灏上
九月十八日

致翁燕娟函（1937 年 11 月 23 日）

燕娟：

刻接周先生的快信，始知你的信址是在曾俊千家，即是做申报馆地图的曾世英。他是头等的好人，极努力，极忠心爱国，难得的好朋友。你试与他谈谈，他不善言辞，但是十分勤恳要好的人。你住在他家，我甚心慰。

附寄一油印件，对许多函求做官的人，我劝他们努力于实在工作，比招集太多的人拥挤在衙门内又并不实在工作总较好也。

刻接心枫自重庆南渝中学来函，三弟心鹤不知跑在何处。我昨问教育部中人，他们亦不知该校移向何地，究竟如何，大可担心！你在临大上课的事，可仍向梅月涵、蒋梦麟或杨介甫等接洽，附去介绍片，有用时用之，非必要则不用。

文灏

十一月廿三日

致翁燕娟函（1937 年 12 月 27 日）

燕娟：

接三弟信，始知你已移入临大女生宿舍，地方尚不太坏否？三弟处恐已无钱，请你问明情形，先由你处交他并来函告我为盼。临大功课如何，此处有无其他工作否？亦盼函告。

文灏

十二月廿七

我前有一函致三弟，复呈农校，未知已到否？

致翁燕娟函（1937 年 12 月 29 日）

燕娟：

你廿六日来信及致大哥信，我都看过了。你的努力，你的爱国，虽苦不辞，我极为同情。你的读书以外的工作，极须考虑。诸葛亮年青时自定二句格言："淡薄以明志，宁静以致远。"他一生的胸怀及力量都在于此。个人不应享受太丰，更不应只找享受而不对国家出力。他志在平定地方，兴复国家，却由淡泊的生活，以表现他实事求是的志趣。这是头一句的意义，也是我们所比较容易做的。第二句却更值深思。我们有了远志往往自视太高，有了轻忽的举动，或任便的言论。其实这种举动与言论，往往与忠诚真实的目标有害无益。他的方法是用"宁静"二字自定规矩，自加勉励。这是我们很应学的。学生行动的初旨本为爱护国家，但往往有一部分人另有目的，利用他人的爱国心，做他们私自计画的工具，那是很要小心的。太史公说："人之死，有重于泰山，有轻于鸿毛。"我们为爱国的目的，在非力争不可的关头，努力奋斗，虽死不辞，这就是重于泰山。如果是受坏人的利用，做无聊的工作，即便出力到死，也是轻于鸿毛。就事实上说：（一）你不可随军队走，因为你不能帮助他们，他们不能保护你，如此工作是不必要的。（二）你不可远出宣传，因为你到乡间，言语不通，各处治安不好。你如今做而可做的是：写通俗的文字，劝人爱国家勿做汉奸，劝人守秩序勿乱地方，劝壮丁挺身投军，出力杀敌（此事甚重要，因许多壮丁不肯当兵也），劝有钱的人节省费用，勿买外货，多买救国公债，劝学校老师勿停课，劝全体国民勿灰心。你是擅长于此的，自应用其所长。伤兵医院服务也可以，伤兵固然有时不守规矩，但他们真太苦了，侍候他们是应该的。不但侍候他们，而且对他们说明壮丁为国杀敌是应有的义务，挂红挂彩是战士的光荣。你可对他们讲古代勇士的故事，外国战事的情形，书本上知识，演说给他们听，他们必甚受感动的。这也是宣传，极有实用的宣传。同时你自己也必大受感动。在南京时，你在梦中犹说："许多伤兵，这一个一定要死了！"如此工作于你的康健必有影响。我知你不甘枯坐无事，在此国本动摇的时候，如此吃苦，你是愿意的。

我家子女颇多，你是与我最同志的。我们披肝沥胆地讲我们的主张，我们赤胆忠心地爱我们的国家，年岁虽然不同，志向完全如一。因此我特别疼你，我很望你能继续地与我在一起，常常通信，使我得到做人的安慰。我一生慰心的事真太少了，你不可因你不自爱而使我失了我最爱的女儿。因此我深切地劝你特别自爱，工作尽管工作，但不要忘了"宁静"的教训。

我现在还不能到长沙，但不久总要到的，我极想在长沙见你。我伤风大致好了，我已穿了较厚的绒袍。你有暇多写信来，我一定很喜看的。

文灏

廿六、十二、廿九

致翁燕娟函（1938 年 1 月 2 日）

燕娟：

十二月三十日函已收到。你伤风已愈否？极念。你一人身在外，无人照应，身体务须格外保重为要。政府命我为经济部长，事极难办，是否就职在考虑中。

宪秋事我极为同情，你须宽慰他。人皆在困难的时间最需要他人的安慰。稻麦改进所或是与农业实验所合并，宪秋努力工作，自可保全，我必设法绍介，总有工作可做。他有何意见，请你问明写信告我，我必尽力为他设法。今日较忙，故信甚简短，俟后再讲。

文灏

一月二日

你送我的国民日记刻已收到。我在商务印书馆去买，他们说尚未收到，你居然能为我买得，高兴极了。

致翁燕娟函（1938 年 1 月 13 日）

燕娟：

前接你及宪秋来函，报告订婚，我极欣慰。曾作一快函寄宪秋，但昨阅他的来信，知他已往柳州，我的去信恐已接不到矣。他因家庭隔绝，心极不安，你在此时与他订婚，使他心稍慰，足见你用心周到。

中国与日本和议不能成功，势必继续抵抗，但兵力不足。日军努力进攻，易至湘省。届时形势紧张，交通梗塞，我远在汉口，对你不易照料，因此极为忧心。最好你提先入川，至重庆暂住。彼处中央大学我亦有熟人，你亦仍可往校旁听，与在长沙无异。往川时，由长沙起身，坐汽车往西，经过贵阳，再北向而至重庆。我当特托友人与你同往，路上可以照料一切。

三弟的学校是否决定留在长沙或更移入内地，三弟能否与你同往重庆？尚希询明函告。

我甚盼你们居于安全之地，使我可全力办理公务，不至临时惊惶而仍无办法，故你们能照我的意思，早日入川，实是对我特别帮助。临时大学现亦计画迁往云南，可见事实上真有暂避必要，保全有望青年，亦是于国有益。特先函商，俟有机会当即告知。此询近好。

文灏

一月十三日

致翁燕娟函（1938 年 1 月 16 日）

燕娟：

七日来函已阅悉，并已转交大哥看了。我在六日方接阅你请何伯父携来的信，从此信我知你与宪秋订婚，我十分欣慰，立即写一快信给你们二人，寄交宪秋。现知宪秋二日已起身往广西，如此则我的信一定白寄，你们二人都看不见了。我现做成二诗录写于下：

宪秋、燕娟订婚

遥传尺素自潇湘，知订同心百载长。

兵革中原争角逐，忧危家国共商量。

情怀诚洁应凭女，意志坚贞勉属郎。

相慰相依自此日，时艰弥重意弥昂。

赠宪秋

送君南去柳江滨，藤水漓滩景象新。

邦国全凭人共助，襟怀应与物为春。

苦心自得天相佑，远道互亲意最真。

但问耕耘勤努力，会当收获报斯民。

宪秋处境困难，家报不通，你在此时与他订婚，设法慰藉，足见你的好意，是我所特别慰佩的。日前我遇见荣宗轻（无锡人，有名纱厂资本家荣宗敬之弟），问他张轶欧君的消息，他说他有朋友新从无锡出来，知道轶欧君全家安全无恙，不过不易通信。你可把此事快函告知宪秋，使他放心。

我日前已寄你快函，提议请你先往重庆，读书可入中央大学，与你来信所说傅伯父的意见不谋而合。入川时当然须有人照料，何伯父不久入川，你可随他同往。到川以后的住处，我亦可托人代为觅定，并当为你作函介绍于几个朋友。自长沙西行，先上贵州高原，另有一种风景，过贵阳省城后，改向北行，进入四川盆地，丘陵错落，水道纵横，又是一种风味。长途跋涉，不免稍劳，但得有此旅行经验，亦甚佳事，且在重庆亦可与若干朋友相承认。

我此时应［因］组织新部，规定工作办法，故尚不能即往重庆，但经济部设在重庆川盐银行房内，我俟此间工作略告段落，必当飞往重庆考核部内工作，那时即可与你相见。

我赠宪秋诗内提及"耕耘"与"收获"。古人如曾国藩等曾有名句："不问耕耘，但问收获。"意思就是只问目的，不择手段，也就是说只要目的是正当的，一切手段（连坏的在内）都可用得。我曾反此语说："只问耕耘，不问收获。"意即是说我们做事，照我们的良心，尽我们的力量，成功与否，听其自然，并不因得失关心。也就是说手段必须慎择，即是古人所言"君子有所必为，亦有所必不为"的意思。现在此诗所言，却又是一意，我说，我们只要尽心做事，自然会有成功的。这不但是安慰宪秋的意思，我亦确信物理学中"能力不灭"的规律，在人事亦应适用，力量决没有白费的，我们用了力量，一定会有效果！

大哥赴桂，尚无定期，后再告。即问近好。

文灏
廿七、一、十六

又，我已写信给周赞衡君，托他垫送你二百元，你可往彼洽收。

致翁燕娟函（1940 年 6 月 22 日）

燕娟：

近日敌机不来轰炸重庆，因为日本人正在进行更厉害的工作。他们利用法军大败的机会，想占领安南。安南法国人委曲求全，把中国政府的运输全都停止了。这样敌人又关住我们的一个大门，好像他们从前占取广州与南宁一样，进一步也许他们还要派兵占安南，占住几个地方。所以我们的出路只剩缅甸一条了，无疑的，他们还要继续为难。在这样封锁的形势之下，我们许多物品当然不能自给自足。他们以为如此可以叫我们坐以待毙！

另一方面，也有崭新的希望，美国政府本是民主党的政府，近来忽然加了二个共和党的大人物，司汀生做陆军部【长】，诺克司做海军部长。此二人向来坚决反抗侵略，护持正义。司汀生从前做国务卿，彻底反对日本在东三省侵略，说明美国决不认可，现在又为反对侵略（特别指日本）会的会长，更切实主张援英抗德。诺克司曾为共和党推举候选大总统，向来反对孤立，主张向外奋斗。用这种人做陆海军部长，美国政府的积极方针显然可见了。吾国为便于商洽，已请宋子文亲自飞往美国（此事尚未公开发表），与当局要人共商一切。如此努力，总可有若干结果。我也写信给美国的一二友人，托为出力，希望也略有益处。

近代世界中，一个国家决不能孤立，犹如苦战三年的中国，怎能不请有力的友邦出力相助呢？你在金刚新村，颇有一个意思可以想到。我常以为中国欲建国成功，须有许多种种的建设人才。建设新村亦非容易。金刚新村之所在地，原来是一片荒郊，而且满山坟墓，所以开创之时不但购地，且要迁墓。在迷信的社会里，迁移许多坟墓，向来是项困难的工作。建设成了，住着许多人家，米、盐、煤等生活必要用品，必须行有来源。他们是由公司垫款亟批购备，故定价较低，后来便依照成本出售于住户，因此根本生活不至为难。凡此进行顺利之中，正见擘划经营之效。因此可以想见，事无大小，皆需筹划，方能成功。

中福工程师中从前有一个阎立三先生，他是一个极可靠极有用的人才。我们曾经请他历练了许多具体工作，经验所得，已成大才，所以正想请他做威远煤矿的矿长，不幸他坐民用小轮，在嘉陵江失事而死。贤才中没，最可伤心。他遗有一妻一子，住在金刚新村，我曾前往看视，你可去看看他们。如此家庭，真怜的，那小孩似乎很聪明，但愿才可造就，成为中国的一个人才。你不时去看视慰问，亦可以慰我对此家的纪念。

明日中午丁骕教授结婚了，在沙坪坝园，叫我去证婚。他的未婚妻是朱炳苏小姐，同到我处来过。朱小姐在燕京大学读书，此次一个人独自来到重庆，与丁先生结婚。据他们说，在丁先生未出洋留学以前，已经订婚的。

文灏

六、廿二

致翁燕娟函（1940 年 7 月 5 日）

燕娟：

近来你身体已好否？念念。转交梦非函及照片底已转交。日内为国事艰危，非常忧虑，曾作《杞忧》一律，你看得懂否？

> 惊心动魄望前途，困苦艰辛大可虞。
>
> 诚愿争成公理胜，奈何深感力量孤。
>
> 狂澜虽已三年扼，大厦非能一手扶。
>
> 恐见神州华裔族，陆沉沦落为人奴。

你如应蒋夫人奖金，专心写文，自甚好，借此镇定心思，亦有益。宪秋一年以后之学费未知如何筹法，中华教育文化基金会可请款否？你前从该会林秘书（下缺——整理者注）们在我家住几天，尽也可以，但终非长久之计，你想如何是好呢？而且她们以不与薛院长共同住在西安，恐也有什么困难的理由。可她说带来送你母亲的皮料□一件，我已告她与你通信了。

我好几次寄信给你，都收到么？

文灏

七、五

致翁燕娟函（1940 年 7 月 9 日）

燕娟：

八日来信已收到，你致宪秋函当代寄出。你盼我写信，但我已寄你好些信了，或是送九尺坝中福办事处信差转交，或是由邮局寄北碚邮箱第七号。至今你来信片不提我的去信，诧异之至。请你来信务必告我收到了我的某月某日的函件，使我安心，否则真是开玩笑也。

桥公桥以下我们的防空壕旁曾被炸一次，那日我不在那壕内，我家房子略受影响，客厅房顶的石灰塌下一块，此外并无其他毛病。今天大炸国府路、上清寺，孔祥熙、张群等房屋全炸平了，嘉陵江旁的交通银行亦全炸毁。钱昌照住的房子亦被炸，同住的吴兆洪、孙恭度等皆须移住资源会内，所以我把留在会内的东西都挪回老家，把房间让给他们。当然，会址与我家住房每天都有被炸的危险，充分表显大战时代的状况。这原是战时意中之事，不足为奇的。日前几次大雨，米价略平，人心一慰，都是好事。

近来政府内情变动颇多，许多人感觉不易安心办事。我的方针是重要事务总要全力进行，国事愈危，我们在位的人努力工作的任务亦愈重，在位一天只有尽心尽力，任劳任怨，认真的向前□□。近来星期日也要照常办公，所以我往金刚碑更为不易。你常常写信给我，来信应多写几句，不要只写三四行就完。往来不易，只好靠通信也。

文灏

七月九日

致翁燕娟函（1940 年 7 月 15 日）

燕娟：

你病，我甚担心，病状及马大夫或罗大夫的意见，你须托妹或弟随时写信告我为要。你托鄂生带来之信，最大部分皆已看不出，附上以供一阅。信中大约是讲你的病状，可惜字迹已模糊了。

又，宁波来的上祖父一函盼转呈。天气如此之热，祖父略为旅行固无不可，但为身体安全起见，不出门总是较好，出门总有许多不舒服也。

文灏

七月十五日

致翁燕娟函（1940 年□月 21 日）

燕娟：

国家已到了十分困难的时候，心中非常焦灼，收到诸函均以【已】送去。即询家中都好。

文灏
廿一日

致翁燕娟函（1940 年 8 月 6 日）

燕娟：

送款不易，不得已偶尔为之，只好借用一次。兹附一信致中福董事会办事处主任杜扶东先生，他亦住在金刚新村。你可持此函往他家去一次，向他借纸币四百元正，以作家用。大哥处久无消息，我亦大函，并提及大嫂来渝，只看回信如何。

你对于写作诚有若干天才，既由思想清楚，亦因文笔畅达，能用此长处用心写作，自甚有益，但写作是技术，尚宜有内容，内容有价值然后其文足传。内容在那里，各人意见不易完全一致，我以为，文艺人生。人生真具有价值的部分，能有意义所在，善为发挥，方显文艺的精彩，你以为如何？

下星期日，我或许到铜梁去看新建的纸厂，纸很不坏。如往那边去，便不能到金刚村了。并询近好。

文灏
八月六日

致翁燕娟函（1940 年 8 月 12 日）

燕娟：

　　前星期五敌机大炸城内，我在经济部防空壕内，附近落弹甚多，壕颇受振，弹气喷入洞中。旁边的中国银行新厦受二弹，打穿三层，颇有死伤，我们壕中人皆无恙。是日谢蘅窗先生在半边街，楼梯振【震】断，他自三楼上用绳缒下，亦至经济部壕内来避，人仍安全。昨日，星期日，我本想往铜梁，但因公务改往江南岸。敌机又有八十余架来袭，我在黄山附近的清水溪、海棠溪、浮图关等又被炸颇烈。在如此接连大炸之中，老百姓中死伤仍不能免。此二次死者当逾百余，但抗战精神强固如旧。此种坚持不屈之精神，亦真可佩。但日人压迫安南甚烈，湖北亦仍战争中，广西、云南方面形势亦紧，所以国家之困难正有加无已，我们的工作当然亦随之愈为困苦艰难。在此环境地下，安定人心还为要事，亦大需力也。此询近好。

文灏

八月十二日

致翁燕娟函（1940 年 8 月 21 日）

燕娟：

　　四妹、四弟、鄂生、彩云都住在沙坪坝家内，但南开开学已展迟至十月初，所以四妹弟等还是回金刚碑的好。俟彩云考毕，同行返金刚新村。

　　近来日空军炸击之烈为向来所未有。十九、二十两天，除轰炸机外并另加战斗机一队，所以我国空军抵抗更为不易。因为他们取得宜昌之后，自宜来渝，距离较武汉为近，故以前不能用战斗机者，现在便可使用。不过宜昌至此究尚有相当远距，故日本战斗机在渝市上空最多不过一小时，如果为时过久则所携汽油不足。因此时间限制，故他们不能不迅速飞归。被炸的地方都在热闹市街，昔日市廛殷繁，今则悉成残瓦破壁，情状极为凄惨。且近日落下燃烧弹颇多，故每次大火漫延，毁损更巨。川盐银行顶上昨日受一弹，毁六楼，伤五楼，但四楼以下皆获安全。日人方针显欲以残暴手段动摇我国抗战意志，德军攻英，日军攻我，东西如出一辙，幸我方主持坚定，仍在继续努力。同时有可欣幸者，美国驻日大使曾劝告日本不可武力侵占安南，德国亦不赞成日占安南，缅甸虽禁运武器，但其他物品仍可畅运。苏联对我，仍怀好意。故在此方面我得列国同情，日有孤立之感。目前惟赖特别努力，以支此难关耳。

你文章写成定有相当价值，但抄写字样须求特别清晰，你正楷字写得很好，但行书往往不易阅读，总要使读者易于诵读也。此询近好。

文灏

八、廿一

九尺坝福中办事处恐被焚，故以邮寄。

致翁燕娟函（1941 年 7 月 29 日）

燕娟：

（一）我家中人往往坐中福滑竿至北碚，大约都不给钱，我亦想不宜随便给钱，致乱他们的规矩。但我家劳动他们仆役的事，往往有之。你有便与焦科长面商，我家每个月划一笔钱，交给他们办事处，为犒劳差役之用，亦盼商定若干元为宜。

（二）罗少一大夫是与中兴、华西等公司有关的医生，但我家请教了他，我当发函致谢并酌赠送医药之费。

（三）今天我收到一信，有自称燕卿的叫我为舅父，我想不出此人是谁。原信附去，你在家中询问，能知其家为谁家的人否，并来函告我。此询近好。

文灏

七、廿九

致翁燕娟函（1941 年 8 月 1 日）

燕娟：

今日上午一信，言及姑妈及五婶家事，作信时过于匆促，兹再关言之：姑妈实在宜回居宁波，并无大险，至石塘居住尤相宜，如此则用钱可省。庆远久留美国，不肯回来，以前函言可省钱寄家，又未实行。在如此情形之下，许多人久住上海当然并非善计，我自甚愿对彼继续帮助。前次我在香港函致慧娟时，且曾问她姑母曾收到庆远寄款若干，是否需要我汇款前往，她并未回复。此次来函却大发脾气，但她又并未垫钱帮助姑母，所以我颇怜姑母，但有些怪大姐何以不早与我商量也。兹已电汇一千元（汇费要加二百五十元）。当可暂济目前之急。至于姑母家的小孩教育，我实无暇兼管，即如四妹、四弟等的教育，我亦未曾用心叫他们不渝，我又何能为力。而且目前旅费特巨，负担不易。抗战时期内地困难日益加多，轰炸又烈，他们又不必来此受苦。我家人口较多，大嫂及其二女不久亦来。

我在政府尽良心做事，近时困难甚多，至不得已时，也许只好辞职，以我一人未必能长久的收入，照管许多人的生活日高的用途，今日之慷慨括任，即种下他日不能胜任的惭愧，故量力而行，我亦不敢任便允可。

凡此苦衷，你相知较明，当能了解。五婶家事，我们真觉代为不平，但堂兄弟的夫妇关系，我又何能干涉？人生真有幸有不幸，只好从旁惋叹。我如钱财有余，甚愿对他们量加帮助，至于是否同□□□翁，此则另一问题。我真管不了许多他人家内事也。

文灏
八月一日下午

致翁燕娟函（□年 8 月 31 日）

燕娟：

你的函及宪秋的来件均已收到。清华补助金章程你已看明白了罢？我记得其中规定：留美学生应将请求件送给设在美国的华美协进社收，汇转清华大学审查。管那社的人是孟治，我曾将此名写给你，所以文件是不应送梅校长的。宪秋何不迳送驻美该社而远道寄至重庆？所以请你再看一看，我记忆是否准确，写信告我。如果对的，我当将来件航寄宪秋，在美递送。请你即查函告为要。

文灏
八、卅一

致翁燕娟函（1949 年 9 月 18 日）

燕娟：

你的来信（八、十四）和祖父的信都收到了。我正想念，收信自慰。

台弟身体康健，灵性加多，自是一乐。人类生活的任务是"承先启后"。什么是承先呢，上辈传下来许多影响——或是享乐，或是吃苦，惯常两者都有——我辈都非受着不可，无法逃脱。什么是启后呢，我辈对于后一代的孩子，衷心疼爱，只要他们好，自己吃些亏都是应该，同时自己许多行为，对于将来的他们亦要传给若干影响。如此的代代相传，人类的生活终在继续的向前进行。你想这个看法对么？

最近几天，我在香港遇见了几个人，描写下来，给你知道。我在吃饭的机会，遇到李石曾和他的夫人。李石曾照常的样子。他原会法文，现他也会了一些英文，但用法国口音来念，觉得有些特别。他的太太就是近所在上海结婚的，讲得一口北方声音好国语，可是一个大胖子，又高又大。她的丈夫相比，差得多了。而且她说，她的丈夫血压一百三十度，她却已有二百三十度，高得厉害，但她说始终身体很好。同时亦遇到王宠惠和他的夫人。王宠惠是司法院院长。

他也在香港住着。他的太太身体也真不小，反正丈夫都不易比上。

另一机会，我又遇见张嘉璈和他的夫人。张说：他从上海搬到香港，什么都来不及搬，只搬出来好几千本书，而且多是英文书，所以香港宅中杯碗衣服并皆缺少，只有书到很多，且是静居看书。我问他看什么书呢，他说最近详细阅读1054页的白皮书，昨天方才看完。张嘉璈这种态度，恐为许多人所未想到。他又说，人家都想我专做生意赚钱，其实我向喜看书。自从做铁道部长之后，就把许多铁路业务情形和盈亏及债务，用英文笔记，所以卸职往美后，便著成了这部书，叫 Railway development。这当然是事实。

我又遇见周诒春，他和他的太太住在香港，他是亲自创办清华的人，所以许多清华出身的人，敬尊他为前辈。他的道德和操守，更是中外闻名。但我问他：对农林部长和卫生部长的印象如何。他说，他最感觉当国要人于农林及公共卫生关系重大不能了解，所以将农林及卫生机关当作闲衙门，任便相处，不肯重视。他亦认为，对于工作性质的缺乏了解，就是政府最大的短处。推其原因，实是教育程度尚有不够。这真是明达有识好人的看法。

各人意见虽非都同，但对这种态度总很钦佩。从前做过高雄市长的黄强，他曾请我到他住宅吃饭。房子很好，且有一个书库，藏有二十四史、通鉴、一统志、万有文库、军事书籍，以及好些法文的地理书。他在十九路军，在上海首先与日军作战时，他正做十九路军的参谋长，所以那时许多情形，他都知道，但他并不多说。抗战完竣，吾国派卢汉（现任云南主席）往安南北部接受日军投降，并派黄强帮同办事，所以也有机会知道许多情形。最有趣的是他给我看伍廷芳（有名的外交家，且学问很好）亲笔写的一首诗，我虽不全记得，兹酌为补充，录写如下：风景依稀勃里昂 Brillant（明朗美观），相逢犹忆都叶郎 Two year long（二年前）。平生袍泽士敏土 Cement（友谊甚坚），诗句殷勤古德桑 Good song（佳妙之歌）。中西合璧，好玩得很。

昨天英文报 HongKong Telegraph 书评内，载一美国行销甚广的自传一种，颇有意思。此书已售有二十一万五千份，但并不是传写什么大地位的人。著者名 Thoms Merton，父亲是新西兰人，母亲是美国女人，家穷，在外做事。他生在法国与西班牙交界的比里尼斯（Pylenees）山中。一九一五年生的。他为他的父亲带往大西洋 Bermuda 岛内谋生，旋又移到法国，他就入校念书，受了一些教育，但他常感觉不快乐。所学的要做外交官，他感觉不值得做。他搬到纽约，加入了共产党，主张和平。可是他还是很不高兴，另找路头。什么路呢，他认为神学（Theology）才为正路，于是他想做天主教的教士。但天主教的宗派甚多，作为不同。他考察之后，认清力崇静默的 Trappist 最为相宜。因此他就放弃一切，到 Kentucky［肯塔基州］，加入此种教堂 Trappist monastery，立定愿心，当了教士。这种故事，证明尘世纷纭，许多人心理不宁，要得安心立命之地，最后抛弃尘缘，去做教士。这个行径，与中国的修道，正是同一意义。但是太消极了，决不能人人如此，做人还是要有些勇气的。

写来写去，已写得不少，正值斜日映窗，光辉满地，且吟一诗：长鲜大海正扬波，泛滥沧溟感慨多。灏瀚文词安意志，且从澄静守平和。（此诗兼记旧名。余曾名思溟，字起鲸，后名文灏。诗以寄意。）

宪秋曾自嘉义有信来，收到了，安心工作，极好。此信你看后，如能交彼一阅，亦佳。并颂安健！

永年
卅八、九、十八、（九一八的第十八周期！）

与尹赞勋致魏敦瑞 ① 函

（1941 年 1 月 10 日）

亲爱的魏敦瑞教授：

鉴于美日关系日趋紧张，美国正与中国站在一条战线共同抗日，我们不得不考虑北平新生代研究室科学标本的安全问题。该是寻找一个安全地方保存诸如北京人遗骨、标本模型和各种重要化石等珍贵物品的时候了。根据先前达成的协议，得到洛克菲勒基金会资助的周口店发掘工作，其发掘出的实物必须留在中国，不得出境。一旦美日关系更趋紧张，危及北平协和医学院的处境，最紧要的就是将这批珍藏运到西南交给我们，由我们负责它们的安全。但考虑到从北平送至此地的实际困难，我们准备同意将它们用船运往美国，委托某学术研究机关在中国抗战期间替我们暂为保管，俟战争结束后送还中国。若实施该计划，请您代表中央地质调查所新生代室物色一个合适的美国学术研究机关，并请将一切情况告知我们。我们同样乐于了解您所物色的某个或某些学术研究机关负责人的名字等情况。请与胡恒德博士、裴博士共商此事。我们已给他们二位写过内容相同的信，致胡恒德博士函副本寄上供您参考。如蒙您早日告知有关此事的方案和采取的措施，我们将十分感激。先此敬谢。

翁文灏、尹赞勋敬启

---

　　① 尹赞勋，时任地质调查所代所长；魏敦瑞，Franz Weidenreich，德籍古人类学家，时任新生代研究室主任。

吴培均① 函

（1933 年 9 月 22 日）

咏霓先生大鉴：

接奉手书，敬悉一是。嘱查之件，谨以所得结果为公陈之。

财政部自七月份起，对于实业部全部份经费发四万九千元，其所以不照本年度假预算实行者，原因有二：（1）财政部主张，国库统一，必以实业部预算上所列矿区税及缫丝厂等项收入抵销发款，以符国库满收满支之规定；（2）实业部以中央农业实验所所附设之缫丝厂尚未举办，其收入自不可靠，为数达三十万元以上，声请取销。但该所经费六十万元，包有该厂经费在内，仍然照数发给不可，因此双方争执，相持不下。陈部长提请中央政治会议议定办法，以兹解决。会决议交行政院转饬两部会商，现已大体解决。除抵去一部分收入外，财政部月发十二万元，交给实部，自行支配，所有七八两月财政部欠发之款，并允照发补发，为期当不过远。

贵所本年度经费，年计四万八千元，平均计算，月得四千元，此后照必可照数领得，请公注意。至本年度假预算执行方法，详见主计处印刷品第四十三页。此项印刷品已另包寄，尘请检阅。

乙藜先生系二十日赴庐，此去无多耽搁，不久即回。宋部长大唱其统制经济，如何且观后效。会中各事如常。专肃奉复，敬颂勋绥。

培均谨上
九、二二

关于财实两部交涉及以后发款情形，均当随时注意，快函奉陈。又及。

---

① 吴培均，时任国防设计委员会秘书，后任经济部总务司司长。

与吴鼎昌①往来函电（9通）

致吴鼎昌函（1936年10月16日）

达铨先生大鉴：

　　顷接兵工署俞署长送来筹建广东钢铁厂节略一件，兹照录附奉，即希存备参考。专此。敬颂政祺。

弟翁文灏敬启

十月十六日

致吴鼎昌函（1937年2月15日）

达铨先生大鉴：

　　兹接广东黄主席来函，对于广东钢铁厂筹备委员人选均已指定，特为录奉，即希察阅。专泐。祗颂春祺。

　　附抄函一件。

弟翁文灏敬启

二月十五日

---

① 吴鼎昌，字达铨，时任实业部部长，后任贵州省主席。

附

黄慕松函（1937 年 2 月 4 日）

咏霓我兄秘书长勋鉴：

　　顷奉大函，敬悉一是。广东钢铁厂筹备委员会委员现已改派宋厅长子良、刘厅长维炽、曾市长养甫、顾行长翊群暨陈行长仲璧兼任，并督饬积极筹备，以期早日成立。远承关注，谨以奉闻，并乞便陈院座为感。专复。并颂勋祺。

弟黄慕松敬启

二月四月

致吴鼎昌函（1937 年 4 月 19 日）

达铨先生大鉴：

　　别来维兴居嘉吉为颂。兹抄奉弟发刘季生先生函一件，函中说明弟对于广东钢铁厂事之意见，即希查照为荷。

　　再，全国钢铁厂监督委员会规程业已订定，所有委员人选可否相机陈请院长派定，并候禀裁。专此。敬颂勋安。

弟翁文灏上

民国二十六年四月十九日

同函另致何淬廉、钱乙藜兄。

附

致刘维炽函（1937 年 4 月 □ 日）

季生先生大鉴：

　　香港聚晤，欣挹教言。承交广东钢铁厂筹备委员会函件，均已诵悉。弟对此厂极愿观成，赴英时亦甚盼能与百利公司一为谈及，如得有应为报告尊处之事，弟自愿为奉告。但对于此事，弟不能即为筹委会之负责代表。弟意现在计划中之炼炉格式、机件设备，以及全厂布置等，皆与以后营业有根本关系。尊处应及时适选专材，作为将来负责管理人员，从早至英，一方面与百利公司妥为洽商，一方面即可参观英国各厂，俾增经验。此类人员遇必要时，或可作为负责代表。弟始终处于从旁赞助之地位，不可并为一谈，质之高见，当亦谓然。

再者，赴京接洽报告书内，载有广东钢铁厂钢品种类及数量，此系百利实业公司代表临行时所开送，当时并未及商谈。

又，备忘录内载明，拟请中央第一年补助广东钢铁厂大洋五百元等语。查陈仲璧先生等当时并未提及。以上各事，弟皆不能即为认可。

兹将此函抄致南京实业部吴部长及资源委员会何、钱二秘书长，并希尊处亦转交各委员阅悉，至为幸甚。专此。敬颂勋安。

弟翁文灏敬启

致吴鼎昌电稿（1944 年 4 月 30 日）

限即刻到。贵阳。吴主席达诠兄：密。据中央地质调查所侯学煜自盘县电报，传闻许德佑、陈康、马以思三员在晴隆遇匪毙命。侯君已赶往复查，请兄迅电晴隆县，查明具报。万一不幸遇匪被戕，亦请兄令由晴隆或普安县政府帮助侯君处理后事。至深纫盼。弟翁文灏叩。卅。

吴鼎昌电（1944 年 5 月 5 日）

经济部翁部长咏霓兄：（9930）电敬悉。本案已据本省三区徐专员卯感电及晴隆县府有电称，回日下午中央地质调查所三人在普安县属白沙地方遇匪九人，许君被害，二人被匪架去等情。除已分饬普安、晴隆两县府迅予营救，并对死者妥为处理后事外，特复。弟吴鼎昌。辰支保战。印。

致吴鼎昌电稿（1944 年 5 月 6 日）

贵阳。吴主席达诠兄：辰支保战电敬悉。密。中央地质调查所职员许君被害，陈、马二员被架，承示已分饬普安、晴隆二县府，迅予营救，并对死者处理后事，至感。该所现派熊毅专程赴筑，洽办各事必需款项，弟自必设法筹助。对陈、马二人，盼迅为救释为感。弟翁文灏。辰鱼。

致吴鼎昌电稿（1944 年 5 月 9 日）

限即刻到。贵阳。吴主席达诠兄：密。顷阅中央地质调查所侯学煜自普安函报该所李所长函，内言许德佑、陈康、马以思三员已在晴隆县属黄厂附近遇匪，三员均已被害，尸身具在云云。该员等为公务殒命，极深悼惜。为促起地方官员责任起见，不能不请贵省府对晴隆、普安有关治安人员认明实情，认真惩处。读兄上次发电，可见地方报告并不尽实，不免有推诿或减轻之意。如不整饬，深恐治安更不易保。最好由省府另派专员，就地确查，庶与实况，且示重视之意。目前办法如何？并盼迅电见示为幸。翁文灏。辰齐。

致吴鼎昌函稿（1944 年 6 月 16 日）

达铨吾兄大鉴：

中央地质调查所职员许德佑、陈康、马以思三员在黔西遇匪被害，至极痛惜。在黔善后办法，日前面谈时，承询及鄙见。兹就弟考虑所列，另纸择要开列。自恐尚有未周，仍恳兄察酌办理为幸。兄对黔政筹维推进，极费苦心，而此项事变聚结多人，惨酷侮辱又至达极端，如不认真缉治惩处，不特无以慰已死之三员，亦恐更滋未来之巨患。此则莒筹所及，无待弟之言也。此颂勋绥。

弟翁文灏敬上

六月十六日

吴鼎昌函（1944 年 6 月 18 日）

咏霓部长吾兄勋鉴：

　　十六日大函奉悉。地质调查所许、陈、马三君遇害，实堪痛惜，善后诸端，自应照所示五项办法处理。捕获匪犯已于本月四日在普安县处决，在逃匪犯一俟缉获，仍同样置之，于法决无宽贷。昨接贵阳电话，三君灵柩已起运来筑，惟尚未全至。俟安葬有期，即照所示第一二项办理，请释注。耑此奉复。即颂勋绥。

弟吴鼎昌拜启

六月十八日

与吴有训^①往来函（2 通）

吴有训函（1946 年 4 月 1 日）

咏霓先生道席：

兹恳者。本校工学院亟须添购各项必须机械，以利教学，然以经济支绌，无法着手。最近战时生产局特准各级工业学校可特价申请购置机械设备，亦以经费无着，未能申请。除已专函资源委员会请予补助二千万元外，谨再函恳鼎助，俾能迅予批准，而向战时生产局申购。如蒙俞允，则匪特训个人感戴无已，即工学院全体师生，均拜惠良深矣。如何？乞裁酌示复。渎神先谢。并颂时绥。

弟吴有训拜启

四月一日

与钱昌照复吴有训函稿（1946 年 4 月 23 日）

正之吾兄道鉴：

接奉四月一日手翰，敬悉一一。承嘱由资源委员会拨助贵校二千万元以充实机械设备一节，事关发展工程教育，自当协助。惟是本会经费拮据，颇感支绌，贵校购置该项设置恐亦不易。查本会后方紧缩厂矿，尚有一部分剩余机械设备，可酌为分拨贵校应用。此举所属两便，倘荷赞同，请即将所需设备列单见示，以便酌为捐赠。专此函复，即希察照为荷。并颂教绥。

翁○○

钱○○

---

① 吴有训，字正之，物理学家，时任中央大学校长。

致吴味经^①函

（1945 年 6 月 7 日）

　　查中国纺织业建设委员会，前于卅三年十月间战后民生工业建设计划组会议时设立，并草拟章程，经呈奉委员长蒋核示照办在案。兹复接纺织业主持人员函请从事设立前来，所有组织办法拟先一为面洽。兹定于六月十三日下午四时，在中三路战时生产局会议室会商，相应函达，即希查照，准时惠临为荷。此致吴味经先生。

翁文灏敬启

卅四年六月七日

---

　　① 吴味经，棉纺织业专家，时任中国纺织企业公司总经理。

致吴稚晖 ① 函

（1949 年 3 月 10 日）

稚老赐鉴：

接管卷内阁及前任吴礼卿兄尊札，敬悉一是。吴会计长宪塍现虽年齿较高，但精力充沛，尚堪服务。惟其任用审查案，据主计部来函称，确有困难情形。现已函托庞主计长转商铨叙部通融办理矣。肃此奉复。敬请崇安。

晚翁文灏谨启三月十日

---

① 吴稚晖，名敬恒，国民党元老，任国民政府委员。

致夏光宇①函

（1946 年 3 月 13 日）

光宇吾兄大鉴：

　　二月二十二日手示附李君伯贤履历敬悉。承嘱为李君酌予位置一节，已饬主管部分予以登记，优先延用。知注特复。顺颂公绥。

翁文灏敬启

---

① 夏光宇，土木工程学家，时任中国土木工程师学会会长。

与谢家荣、熊毅 ① 往来电（6通）

致谢家荣电稿（1944 年 5 月 8 日）

贵阳。谢季骅转侯学煜兄：密。顷阅兄致李所长函，知许德佑等三员确已遇匪毙命。为公牺牲，丧我要员，悲愤之至。已加电吴主席，对晴隆、普安有关人员查明实情，认真惩处，并由省府另派专员，就地确查，以防推诿而示重视。所有丧葬事省府不能□□，但为发起见，已电令贵阳资委会运输处，在十万【元】以内凭兄或熊毅借垫支用，即希妥为洽办。翁文灏。

致谢家荣电（1944 年 5 月 13 日）

贵阳。谢季骅兄：亲译。密。据侯学煜函报，许、陈、马三员被劫致死一案，系由易仲三主使、筹枪、分赃。此人为普安易参议长之侄，恐地方官或有瞻顾，请兄即面陈吴主席，迅即拘捕惩办。侯君如在筑，请偕彼同往面陈为要。翁文灏。五月十三日。

与李春昱致谢家荣、侯学煜电稿（1944 年 5 月 13 日）

贵阳。谢季骅兄并转侯学煜兄：密。许、陈、马三员遇颜匪被害后，在黔接洽办理各事甚为妥切。所有事实情形恐吴主席或未尽悉，请兄偕季骅兄面向陈明，并请将罪犯迅速拘办。至仅有较轻嫌疑之人，自宜审查实情，以免冤屈。翁文灏、李春昱。辰元。

---

① 熊毅，土壤学家，时任地质调查所技正；谢家荣，字季骅，地质学家，时任资源委员会矿产测勘处处长。

致谢家荣电稿（1944 年 5 月 18 日）

贵阳谢季骅兄亲译，转侯学煜兄：密。易仲三自应请省府认真缉获，可勒令其叔负责指引交出，盼面见现在代理主席周寄梅先生。兄事毕可返渝面商。翁文灏。辰巧。

谢家荣、熊毅电（1944 年 5 月 20 日，贵阳）

翁部长、李所长：密。元巧三电奉悉。侯学煜十七日晴隆电话谓，易仲三已缉获，侯廿日左右来筑。谢家荣、熊毅。辰哿。

谢家荣、熊毅电（1944 年 5 月 23 日）

翁部长、李所长：密。据侯廿二晚抵筑面告，先后共获匪犯二十人，尚有九人在逃，及嫌疑犯七人，主犯易仲三因拒捕已格毙。荣、毅。辰漾。

熊毅电（1944 年 5 月 13 日）

翁部长、李所长：密。灵柩已运晴隆，安葬何处？如须运筑，省府表示可用逐县运送办法。如何办理，统希电复矿产测勘处转。吴主席即来谕。特闻。

与熊庆来 ^① 往来函（2 通）

熊庆来函（1946 年 1 月 21 日）

咏霓副院长先生勋鉴：

敬启者。本校近年学系扩充，学生激增，校舍甚感不敷，工学院需要尤大。特别言之矿冶系，赖贤者不断指导扶植，设备颇有基础，惟房舍不敷设置，不易展布。兹闻资源委员会所属炼铜厂业已停工，中央机器厂亦缩小范围，拟恳台端由资委会将该炼铜厂房屋暂借与本校，作矿冶系校舍之用，厂内所有设备，自当负责妥为保管。

又，查资委会昆明化工厂出租，其修理间未在出租范围之内，拟请将修理间设备、车床等，一并借与本校使用。兹将修理间机件名称及数量抄单附上，倘承惠予捐赠，尤深感纫。

又，本校矿冶系设备上目前之缺点为电机、热机，倘承资委会由中央机器厂酌予拨借或拨赠一部分，以资充实则幸甚。

素仰贤者致力建设，功在国家，热心教育，名垂士林，而对本校关注尤殷，用敢商请，可否祈赐考虑示复，不胜祷盼之至。专此奉恳。敬请勋安。

国立云南大学校长熊庆来敬启

一月廿一日

---

① 熊庆来，字迪之，数学家，时任云南大学校长。

复熊庆来函稿（1946 年 2 月 11 日）

迪之校长吾兄勋鉴：

　　接诵一月二十一日惠书，附矿冶系概况，备悉种切。承商拨借各厂机器设备事，因昆明电冶厂（即炼铜厂）已划归中央电工器材厂；中央机器厂之电机热机，该厂亦仍需用；昆明化工厂机器经已洽借与云南教育厅各在案。贵校如有需要，请迳向该厅接洽。即祈查照为荷。专此布复。顺颂教绥。

弟翁文〇拜启

与余名钰① 往来函（2 通）

余名钰函（1947 年 12 月 27 日）

咏老吾兄委座勋鉴：

雒诵十二月廿五日发大函，祇悉一是。渥荷爱护，允于困难中设法供应东北及华北生铁，感纫无侣。惟是马丁炉虽能尽量去磷，提硫功能犹感不足。往日华北所产生铁含硫通常在千分之二以上，殊难将钢内含硫提减至万分之五以下，影响品质，还希知照上海营运处，仍以东北生铁供售。闻石景山即将产铁，如能含硫在万分之六以下，自当采用。无厌之请，并希鉴谅是幸。肃复。顺颂勋绥。

弟余名钰谨启

十二月廿七日

复余名钰函稿（1948 年 1 月 9 日）

名钰吾兄惠鉴：

十二月二十七日惠书诵悉。本会配售生铁于贵公司一事，据钢铁事业管理委员会呈称，该会现定华北与东北生铁以一比四之比例配售。如平炉装料以废钢八成生铁二成配用，即使华北生铁含硫达千分之二，其在装料全体内不过加入硫黄十万分之八，当无不良影响等语，请烦察照。现在生铁来源有限，只能就可能配售之数适当配用，以期供需相称，尚希见谅为幸。专此奉复。顺颂时绥。

弟翁文○拜启

---

① 余名钰，民营企业家，时任上海钢铁公司总经理。

致徐永昌^①函稿

（1946 年 4 月 22 日）

次宸吾兄勋右：

　　本会为规划三峡水力发电工程，拟派员调查水库区域，需用渝泸间五万分之一地图。日前曾奉书，乞惠赐所需诸幅各二份。兹再派黄秉维君趋谒，尚祈俯洽为荷。顺颂勋祺。

弟翁〇〇 拜启

---

① 徐永昌，字次宸，时任军委会军令部长。

与徐渊摩 ① 往来函（2 通）

徐渊摩函（1933 年 3 月 27 日）

夫子大人函丈：

前日一禀，计蒙惠察。顷奉快示，敬悉一切。俞建章【款】已由商务汇出。适月三欲寄款回家，即由彼交八十元给李善述。李君收据一张附呈。该款八十元，请托柱臣送交月三夫人可也。杏佛等日来在栖霞附近发掘梁代古坟，昨来电言，发见新石器时代物件，今晨仲揆特往察看，一二日当可知究竟。

今年法国地质学会百年纪念，不悉夫子有意前往否？万国地质学会自吾师参与一次之后，即无适当之人去过。随便派遣，不但不能使知中国近年来之地质事业且将被人轻视。生意此次群贤毕集，吾师应前往一行。师如不往，则推仲揆，用中国地质学会代表名义，款则由平沪粤三所公认，不悉尊见以为如何。仲揆夫人不能与之久离，如欲其前往，恐须其全家三人之川资始得成行。

望楚函言，本拟同德日进赴鲁采集标本，政局忽变，不敢昧然前往，来函询沪所意见。日来商量，亦觉不能一定，不悉吾师有何主张否？肃此。敬请道安。

生渊摩敬上
三月廿七日

顷接舍弟惠甫函言，已蒙吾师允为证婚。甚感。

---

① 徐渊摩，字厚甫，翁文灏早年学生，时在中央研究院任职。

复徐渊摩函稿（1933 年 7 月 6 日）

厚甫吾弟大鉴：

　　法国地质学会百年纪念，闻规模颇大，中国方面如能由仲揆兄代表地质学会前往参加，自为最佳。往来旅费如由平沪粤三所分担，此间自当乐任。为时无几，拟请即向杭方接洽。

　　又，谢君季华现方在法，前接来函，谓尚有五个月勾留，当时曾询其能否临时为中国地质学会代表，然人数不宜多，仲揆亲往，尤见郑重，故甚望其能拨冗一行也。此颂近安。

与严家淦①往来函（2 通）

严家淦函（1948 年 1 月 30 日）

咏公委员长钧座：

献岁发春，敬维政祺叶吉，道履凝庥，引跂鸿仪，莫名凫颂。

敬肃者。兹有陈光裕君，现充钧会沈阳机车车辆制造公司编审课课长。渠闻钧会近拟将该公司人员调往西南及台湾服务，拟恳准予将其调赴南京工作，否则台湾亦可，托职代为陈请。可否之处，敬祈钧裁赐示，同深感祷。专肃。虔叩崇安，并贺新禧。

职严家淦叩上

一、卅

复严家淦函稿（1948 年 3 月 2 日）

静波吾兄惠鉴：

一月卅日大示敬悉。嘱为陈光裕君调派工作一节，经询台湾机械造船公司高总经理仲渝，据复甚愿借重，请告陈君前往迳洽为荷。专复。顺颂勋绥。

弟翁〇〇拜启

---

① 严家淦，字静波，时任台湾省财政厅厅长。

严爽①电（16 通）

严爽、孙健初电（1938 年 11 月 15 日，兰州）

翁主任委员、钱副主任委员钧鉴：密。职等与苏技师前后晤谈五次，关于地质构造、产油地层、储油情形、钻探地点及钻机种类，就已往报告切实讨论，结果皆认油来自下白垩纪、第三纪与白垩纪接触面及两个纪内疏松砂岩，均有储油之可能，故钻机至少须备能钻深八百公尺者二架，一千五百公尺者一架，种类及一切附件，苏技师愿代选配，但购办事须由双方政府交涉。一经商就，机件可于两月内运到。苏技师因事忙，日内乘机返国，不赴矿区。谨电呈，余函详。职爽、初。元。

严爽电（1938 年 11 月 19 日，兰州）

翁主任委员、钱副主任委员钧鉴：密。陕北拆出钻机尚可用，但限于能力，不能钻通各油层，只能暂时利用，等候新钻。张心田君皓离西安，爽与晤后即同孙健初同往肃。职爽叩。巧。

严爽电（1939 年 1 月 11 日，酒泉）

翁主任委员、钱副主任委员钧鉴：密。职与孙健初君于上月敬日赴矿，今日返肃。钻井位置已共同拟定。孙君仍留矿，率员工测绘地质图。冰雪中布篷

---

①　严爽，时任资源委员会甘肃油矿筹备处负责人；孙健初，字子乾，石油地质学家，时任地质调查所技正。

不适用，以蒙古包为食宿之所，正筹建席棚，外涂泥浆，以供急需。矿区公路由玉门县府动员修筑，日内完成，机件今自肃往矿发运。兰州办事处现结束，函电请迳寄肃。苏联钻机何时可到？恳电示，俾便筹划。职严爽叩。

严爽电（1939年6月11日收，酒泉）

翁主任委员、钱副主任委员钧鉴：密。5271电敬悉。采矿机器向苏联购运较为便利，如不得办到，请向美国National Supply Company购燃烧柴油之轻便顿钻机三套，能力1500英尺者二套，能力3000英尺者一套，连套管及附件共美金七万元。向Universay Oil Products Company购蒸馏炼炉一座，日炼原油300大桶，热解炼炉一座，日炼瓦斯油150大桶，价格各美金四万元。运输需时八月，运费国币一百万元，目前救急办法请购二分三分钢板各25吨，二寸铁箍2000英尺，八马力压气机二架，备自制炼炉。计价美金三万五千元，运费国币十万元。另商借中福公司1500英尺新钻机一套，四川油矿探勘处大柴油机、抽油机及发电机各全套。谨复并乞示遵。职爽叩。

严爽电（1939年8月22日，酒泉）

翁主任委员、钱副主任委员钧鉴：密。第一井深达115公尺，因钻具不完备，迭生障碍，无法进口，拟即停凿，将钻机移凿第三井，俟补充机料运到，再行续钻。第二井本月十七日可开钻。第一井最近试油二次，每日出油3000余加仑。矿区原有土洞所出之油，已由县政府奉令禁止私采，归职处接受，日采油30加仑。又在土洞左右开平洞三口，日出油120加仑。现积存原油共计约五万加仑。职爽叩。

严爽电（1939年9月7日，酒泉）

翁主任委员、钱副主任委员钧鉴：密。2261电敬悉。第一井不采油原因：（1）无采油机，如用钻机采油，则不能打新井；（2）3000加仑占400立方英尺容量，储油池赶造不及。每池需砖 5000 块，均从远处运去，附近无制砖土；（3）缺乏套管，油层疏松易塌；（4）采出不炼，易蒸发渗漏，损失甚大，反不如存井中安全。第二井至 15 公尺见水，25 公尺见气，现达 42 公尺，气压颇高，能将油沫泥水冲出井外，预计再凿 30 公尺可出油层。有成喷井之势，职处毫无设备，殊感棘手，所有拨购器材恳饬速运。职爽叩。

严爽电（1939 年 9 月 9 日，酒泉）

翁主任委员、钱副主任委员钧鉴：密。第一井钻机安装就绪，本月十三日用人力从地面下掘，备下套管。二十七日下午深达二十三公尺，距石床约三公尺，原油忽自砂砾中渗出，亟随掘随采。二十八日一昼夜计采 450 加仑，足见此间油量颇富。请催苏联钻机速起运并筹备炼油，以应急需。职爽叩。

严爽电（1939 年 9 月 10 日，酒泉）

翁主任委员、钱副主任委员钧鉴：密。职处用旧套管改容量 120 加仑炼油锅一口，钢板欠佳，颇多裂缝，先装渣油试炼，未出柴油，次装瓦斯油热解，烧至摄氏 160 度及压力 20 磅时，裂缝中走气漏油，因即停止，只炼出汽油四加仑。最后装炼原油，尚称合用。渣油经化验后并无润滑油。职处柴机现以自制瓦斯油充燃料，殊胜舶来柴油。职爽叩。

严爽电（1939 年 10 月 14 日，酒泉）

翁主任委员、钱副主任委员钧鉴：密。第三井深 50 公尺，第四井佳日开钻，第二井及各平洞每日流出油量 800 加仑。现用两炉日夜炼油，每月可产汽油 1000 加仑。孙工程师健初佳日赴兰。职爽叩。

严爽电（1939 年 12 月 25 日）

翁主任委员、钱副主任委员钧鉴：密。新三井深达 55 公尺，油沫颇多。第四井自 156 公尺后井壁坍落加剧，两旬来有退无进，拟即停工，待新钻机运到续凿。第五井择定在第二井东南 160 公尺处，此为石油河较浅之一井，若再凿浅井须移至干油泉。职爽叩。

严爽电（1940 年 2 月 2 日）

翁主任委员、钱副主任委员钧鉴：密。新三井深 140 公尺，前后见油砂三层。捞砂时顺便采油，日可得一百加仑。鉴于已往情形，辄于试油量后井壁常塌落，无法前进，此井拟尽机器能力，一气凿成，最后再试油量。第四井深 30 公尺，已见油花。职爽叩。

严爽电（1940 年 3 月 8 日）

翁主任委员、钱副主任委员钧鉴：密。3072 电谅达钧察。新炼炉现正常开炼，专出汽油，每月产量能有七千至一万加仑，色质均佳。该炉工料费连运费不到三万元，炼剩油中之灯油及瓦斯油，拟赶制 1700 加仑炉提炼，本月底可完成。各井巷近日原油产量每日约 800 余加仑。最近渝来器材车八辆，炼厂初批器材在内，十一日可到矿。职爽叩。

严爽电（1940 年 3 月 28 日，酒泉）

翁主任委员、钱副主任委员钧鉴：密。新三井深达 185 公尺后，井壁倒坍甚力，无法下凿，停钻试油，先于井口装汽门，每日自流油量约 400 余加仑，继用机器打油，每日产量约 1000 加仑。第五井现深 153 公尺，亦因倒坍难凿，油量尚未试。自制汽油炉近能日产汽油 300 加仑以上。职爽叩。

严爽电（1940 年 4 月 12 日，酒泉）

翁主任委员、钱副主任委员钧鉴：密。本月九日晨二时半，距新三井约五公尺处，由地缝内喷油并夹瓦斯。该厂适在汽油下，瓦斯被燃，顷刻蔓延至木制井架，急施扑救，经半小时始灭，井架烧毁，余均无损。现地缝已堵好，该井照常产油。查井口严禁灯火接近，今油在数公尺外地缝内喷出，实出意外。除另文详呈外，谨先电呈。职爽叩。

严爽代电（1940 年 6 月 24 日）

主任委员翁、副主任委员钱钧鉴：奉 6191 电敬悉，自应遵办。查职处原装连续式炼汽油炉一座，每日可制汽油 600 加仑。现新造一炉，亦为连续式，下月中可完成，预计该炉每日可制汽油 1200 加仑。惟现在原油产量每日仅有 1700 加仑，不足一炉之用，因此汽油每日产量亦限于 300 加仑之数。第七井用宜洛钻机凿深 74 公尺，第六井用陕北钻机，现正改装柴油机，日内开钻。萍乡、湘潭二钻机在赶速运输中。钻机多备，则凿井亦多，产油亦当随之增多。动力油料厂热解炉若成，则同量原油可增产汽油一倍。严爽。敬。印。

严爽、金开英电（1941 年 10 月 27 日）

翁主任委员、钱副主任委员钧鉴：密。第八井马日深达 449 公尺，见新油层八公尺。当日晚十点喷油，养日晨四点停止，六小时计产油六万加仑。梗日晚七点半二次喷油，有日晨二点半停止，三十一小时计产油三十一万加仑。如此大量出油，深可庆幸。但炼储又成问题。除电呈孙总经理外，谨此电呈。职严爽、金开英叩。

与阎锡山^①往来函（2 通）

阎锡山函（1948 年 4 月 9 日）

咏霓委员长仁兄勋鉴：

　　三月廿七日复函敬悉。二百五十匹马力煤气发电机图样既系格于合同规定，未便赐寄，拟请贵会代造二部。惟现时交通被阻，运输困难，即能早日制成，亦恐难以即时运并。为期早日运回及明了使用方法，并便于随时修理，拟派专人数员到昆明机器厂实习，并洽办起运手续。至派员到厂用何证明，及该项机器价款若干、何日制成，及一切应履行手续，统请赐复。诸费清神，统希原詧。专此。即颂勋绥。

弟阎锡山拜启

四月九日

复阎锡山函稿（1948 年 5 月 29 日）

百川主任吾兄勋鉴：

　　四月九日惠示奉悉。关于订二百五十匹马力煤气发电机一节，现拟由上海本会通用机器公司承制，兹经该公司报告价格及交货日期如下：

　　一、250 匹煤气机依现在之工料计算，每部国币一百六十亿元（规范见附单）。成交时当再依照当时之工料价调整。

　　二、由前项煤气机直接拖动之 200KVA、400/230V，3Phase，50cycle 发电机及配电板，已向中央电工器材厂询得，现在价格为每套国币一百三十四

---

①　阎锡山，字百川，时任太原绥靖公署主任。

亿零一千万元，成交时亦须依照当时之工料价调整，交货期为定货后十六个月。

三、煤气机之交货因须俟发电机交货后方能在厂中试车，故须在签订合同后十八个月交货。

以上三点如荷同意，即祈派员迳向上海苏州路二一五号通用机器公司洽商办理为祷。专复。顺颂勋绥。

弟翁〇〇拜启

附煤气机说明一份。

与耀华公司董事会往来函（2通）

耀华玻璃股份有限公司董事会函（1946年5月7日）

敬启者：

　　民国卅五年五月七日本公司召开甲乙双方董监事联席会议，根据本公司章程第十一条，一致推举台端为本公司董事长。相应函达，即祈查照为荷。此致翁咏霓董事。

耀华玻璃股份有限公司董事会

中华民国卅五年五月七日

复耀华玻璃股份有限公司董事会函稿（1946年5月13日）

敬启者：

　　兹接五月七日来函，承公推弟为董事长，敬已奉悉。弟自愧谫陋，对于此职甚不克当，惟念耀华事业收复方始，正宜努力经营，续为发展，既承公举，只得暂为勉任。好在经理、协理均已选用有人。目前正当实行恢复销路，以裕转周，并整理炉座，以利制造。遇有要事请随时见商，对于一般事务，由常务董事多为照料，定能循序推进。专此函复，敬祈察照。此致耀华玻璃股份有限公司董事会。

翁文灏敬启

五月十三日

与杨公兆①往来函（2通）

杨公兆函（1934年10月29日）

咏霓我公赐鉴：

　　地事已照本月廿七日函陈办法进行。地价及拆迁费均已由会垫付，现正促已领拆迁费之业户从速迁徙。与财政局交涉，原可如此告一段落，惟建筑蓝图手续日前略有问题。财局因该地路线尚未经公布，犹在工务局设计中，谓暂难发给建筑蓝图，昨经一再交涉，已允通融办理。工务局对于建筑执照之发给，亦感困难。因政治区域之路线计划，须经市府呈请行政院核准备案后，方能公布。又，事实上，仅经过建委会后面基地之路线，经会方催促之后，现可拟定，此外尚多未解决问题。昨经一再交涉，现亦允通融办理。此事尚须向市府疏通，方能不致有其他枝节。大约对市府方面，下星期可以将一切手续办竣。

　　包工方面，现在略有问题。原有估价分建筑与附属工程两部分，建筑计划现虽仍旧，然附属工程则因地势与房屋位置均有变更，故填土与修路工程非从新核算不可。此时与包工人签订合同时，拟仅涉及建筑价格，至于附属工程价，拟俟确定后再行补订附约。昨已通知包工人运料，并经面商工务局局长，准许包工人明日兴工掘土，似此进行，冻冰前之时期尚能充分运用也。

　　此次购地与建筑交涉，实属复杂，盼此后一切能以顺利进行。书不一一，敬请道安。

杨公兆谨上

十月廿九日

---

　　① 杨公兆，曾任国民政府实业部科长，时为资源委员会统计处长，协助办理地质调查所南京所址建设事宜。

复杨公兆函稿（1934 年 10 日 31 日）

公兆我兄大鉴：

十月廿九日来函敬悉。首都市府办事如此不痛快，必须再三疏通，始能勉成，真可浩叹。对于职员住宿房舍，设计会有相当准备否？弟甚盼为地质所在该地内筑一小屋，约可为十人寄宿之用。每人一间，但间份不必太宽，别附会客室一间。旁附余屋若干，为储藏物品之用。此项建筑可否托我兄就可靠之建筑师选定一人（不必投标），代为计画。用款自以极力节省为宜。专此奉商。顺颂时安。

致杨杏佛①函稿

（1929 年 3 月 6 日）

杏佛先生大鉴：

　　昨阅报载，承推举为出席太平洋学术会议总代表，未知确否。窃思前次在东京议决，中国方面愿以中国科学社为代表团体。故此次在爪哇开国际评议会时，中国评议员自以本届科学社社长竺藕舫兄为宜，团体名义及个人学术资格均属适当。前在首都科学社理事会中，弟已提起，恐当时言之未尽，故再函陈主持，勿任藕舫客气为幸。敬颂道祺。

---

① 杨杏佛，名铨，以字行，时任中国科学社总干事。

与杨永泰^①往来函电（2 通）

致杨永泰电（1935 年 10 月 4 日）

奉委座电谕，克兰所拟建设实力中心点之建议，与公共当研究。至采办委托事宜应否在德国设立中国建设部驻德办事处等语。弟意：（一）此事宜专以经济合作为名，在行营附设经济建设局，兼办此事。（二）从速与德代表洽定大纲，然后派人赴德洽定细目，期自明年初开始实行。（三）货物交换暂宜从少，最初二年由中输德总值，每年以二千万至三千万元为限，由德输华，则应至少加倍。未知尊见如何？祈就近陈委座核定赐示。弟拟哿日左右再赴京沪，如能先定方针，届时可与德代表接洽。

杨永泰函稿（1935 年 12 月 15 日）

咏霓吾兄勋鉴：

敬启者。蒙古分区自治一案，阎主任所拟原方案前经在京抄上，计邀察及。兹遵委座批示，由弟根据阎案及去岁春间中政会通过《蒙古自治办法原则》八项暨《蒙古自治政务委员会组织法大纲》，分别修正拟定分区自治原则及分区自治政务委员会暂行组织大纲，暨有关该案之应行处理事件一纸，一并送上，敬祈核正，转陈委座核定办理为荷。耑此。敬颂勋安。

弟杨○○敬上

---

① 杨永泰，时任军事委员会委员长武昌行营秘书长。

与杨继曾①往来函（4通）

致杨继曾函（1941年6月14日）

继曾吾兄大鉴：

　　此次防空洞窒死多人后，技术改进委员遵令成立，商定改良通风办法，需有在煤矿积有经验人员协助执行。闻有张伯平君，现在南桐煤矿任事，会中洽议，拟暂为借用一二月至渝市工作。特为函请同意，并电嘱张君即日来渝参加工作。防空事目前极关重要，暂为借重技术人员以促成效，谅荷台允也。并颂时绥。

弟翁文灏敬启

六月十四日

致杨继曾函（194□年1月28日）

继曾吾兄左右：

　　本月十五日来翰奉悉一切。经饬耐火材料厂即将第一部球磨机拨与钢铁厂迁建委员会应用，将来由迁建会将顺昌所订制第二部球磨机拨还该厂。至迁建会现存未用之机件，能借与耐火材料厂者，亦希我兄派员与该厂郁国城迳商为祷。

　　再，资源委员会待用水泥至为殷切，尊处水泥出产时，对于资委会所办厂矿之急要用途，如荷充分供给则幸甚矣。专此奉复，惟希亮察。即颂台祺。

翁文灏拜启

元月廿八日

---

　　① 杨继曾，字君毅，时任钢铁厂迁建委员会主任委员。

杨继曾函（1948 年 4 月 16 日）

咏公主任委员赐鉴：

久违教诲，弥殷慕思。谨恳者：查钢铁厂迁建委员会所属南桐煤矿，其产品供应炼铁需要，在后方各矿中地位重要。前自张伯平矿长离去后，矿务颇受影响，亟待加强，以谋增产。顷悉张君因时局关系，已自北平撤退，拟请调渠续长南桐煤矿，以资熟手。特函商恳，敬祈俞允示复，无任盼祷。专此。敬叩崇祺。

杨继曾拜启

四月十六日

复杨继曾函稿（1948 年 4 月 24 日）

君毅吾兄大鉴：

本月十六日惠翰奉悉，承嘱调张伯平君仍返南桐主持矿务。吾兄为事择人，原当同意，惟张君自东北撤退后，已由本会调派为湖南宁乡煤矿局副局长。该矿系属新办，张君方始莅任，诸待襄助，积极进行，如遽予更动，殊有未便。拟视以后情形，再为设法调整。专此布复，尚希亮察为荷。顺颂公祺。

弟翁〇〇拜启

四月廿四日

与杨钟健①往来函（4通）

致杨钟健函（1944年7月7日）

克强吾兄大鉴：

顷接六月九日来函，诵悉一切。外国学者积极前进之精神到处发挥，来示所言"我等将来不努力工作，则工作者将不是我等矣"诚为的论。弟自来早有此感，且不但古生物工作为然，一切工作皆当作如是观。彼方之迅速进步，我国之停滞不进，其原因实在此也。中国方面工作机关及人员，自应始终采取积极方针，不可因一事一时之困难而中止而衰颓，且当鼓励后进，以积极前进为终身唯一之主旨。如不如此，势必得到毫无出息、被人轻视之地位。对于外人，宜以（一）认真合作促成进步，与（二）尊重国家，不落人后，二者同时并存。如此，始使他们感觉我们是真正学者，且是上等学者也。对于远东（中国、安南、爪哇等地）猿人（并及原始人类）之国际合作研究，似已成为不可避免之趋向。其理由有二：

大规模有系统之发掘，需用资金为数极巨。此诸地实际上皆不能自行支付，亦实无力自行支付，而美国罗氏基金社已具有热心，大的博物院亦愿得到若干重要标本或模型，且诚意愿使各国具有专长的学者参加工作，并无过分的包揽企图，此其一。

为学术研究言，各地具有联系而不能分解之关系，不能分别进行，不相问闻，且学者方面有若干人，如法国及荷兰国，甚至美国及英国，都希望有机会可以发展，俾在科学进行史上得到宏大可贵之成绩，此其二。

在此形势中，吾国学术机关（尤如中央地质调查所在学术研究中已确有地位者），须取合理态度，俾成为参加工作之重要份子，且在中国范围内并有相当成分之主持意义。从前之新生代研究室，实即为实行此方针而成立，所有具体办法颇可作为以后办法之参证。至尊函所提之具体各事，弟之见解节

---

① 杨钟健，字克强，古生物学家，时任经济部中央地质调查所技正。

述如下：

（一）外国学者来华自极欢迎且愿合作，但相当规模之发掘须以中国正式机关担任之，例如从前之周口店；

（二）中国有科学价值之化石，外国正当科学机关愿得模型或可以分送之复本，中国甚愿酌量赠送（最重要之猿人初人标本则中国盼能全存本国），但外国有意义之物品，中国亦乐为接受；

（三）谷兰阶（Granger）所遗之专门书籍自极有参考价值，未知应出之价值若干，为我们能力所可及否，盼迅即洽商见示，弟必尽力为助；

（四）魏敦瑞从前合作有年，学术甚好，自仍保存友谊关系，至彼以后是否来华，地质调查所不能单方作主，须俟将来协和医学校复校后再为正式商定。

兄在美国对于学术工作参考讨论，当甚有益，充分利用此行机会，以作此后认真进行之准备，为吾国学术更放异彩，实所深望也。

来函及此函之副本，均转送李所长赓阳参阅，并闻。此颂旅绥。

弟翁文灏敬上
七月七日

杨钟健函（1948 年 4 月 9 日）

咏霓先生钧鉴：

前日晤教，未及面陈。数月来之苦痛，昨日适发生生终生所未遇逢之侮辱，使生在地质调查所继续服务不能不作最后考虑。用敢不避唐突，具实伸述。

前以小三儿以严重疾病于年初入中央医院，数月以来用去肆千余万元，是以罗掘俱穷，不得已请求所方允于借支，以为补助。乃李庚阳所长于昨日重新请求之际，大肆咆哮，难以理喻，声称令生滚蛋，且动手打人。此事有周柱臣在场可以为证，不必详为申述，免有一面之词之嫌。

夫以困难请求借支或补助，并非违法之事，而动手打人，实构成刑事处分。士可杀而不可辱，似此情形，何以为继。犹忆美军官打一兵士，美国会为之哗然。在人权昌明之今日，岂尚容此暴戾行为见之于学术机关。生服务此所二十余年，兢兢业业，但求工作方便，向不计其他。乃今兹之事，实难令人默而而息。究竟生听命混蛋与否，实已非生个人去留问题，而有关公务员之纪律，与文人之道德。

生受先生提拔，勉可担任一部工作，弃之可惜，进又不能，歧路彷徨，敢为一陈。专此。即请大安。

生杨钟健敬上
卅七、四、九

杨钟健函（1948 年 4 月 15 日）

咏霓先生钧鉴：

昨由张先生交来示书，并惠借款项，甚感。雪中送炭，备见盛情。惟以已由他处设法弥补，原款已托由张君奉还，不恭之罪，尚乞曲为原宥。来书嘱以学术为重，实获我心。然此可有二解：

其一，学术固重，气节尤要，所中对全人医药本有规定，列为章则，实施有日。此次要求，纯属合理，非法拒绝，受者难堪。况复出以恶言，责令滚蛋，动手伤人，自失体统。复隐忍求安，人将以我只有中央地质调查所为混饭之地，骨格何在。所以立为函知先生，请以地质界前辈资格，为人间存是非，为士林留正气。

其二，先生离所多年，或已不复详悉所内情形，三十年精神仅留躯壳。只就个人所任部分言，新生代研究室早已若存若死，南京部分六年以来未添任何材料，勉在此等情形下工作，亦无前途。外人近批评所事，本有"走一技正添一事务员"之言。故正可见风回船，另寻出路。

生于二十年前受先生一言鼓励（所中困难，但可尽量协助），献身学术，只于【民国】十九年结婚前请求预支薪水，慨蒙允许。二十年来，从未预支分文。今以合理请求，备受非法侮辱，灰心丧气，人情之常。惟有一事可以为先生保证者，即将来无论在何地工作，必仍勉继所学，努力研求，决不负先生期许也。去年为新生代研究室事，所中自食诺言，见笑适之先生。今年为西北采掘事，横生枝节。室内事无大小，难以合理进行，隐忍已久，未敢骤发，无非爱惜此所及多年心血。今或已矣，夫复何言。纸短言长，伏乞先生有以教之。

甘肃采集事，自求不必急于进行，闻健初兄于今夏已有小规模开掘计划，已运来标本方修理完竣，当先作一研究，以别年代与种类，而为未来工作之参考，亦非迟延时间，并以奉闻。专此。请钧安。

生杨钟健上

卅七、四、十五

致杨钟健函稿（1948 年 4 月 21 日）

克强吾兄大鉴：

迭奉手书，至深同情之感。日前走访，拟为面洽，未及晤叙，至为怅怅。人生环境往往不易尽如人意。弟自问此生处境内尚为顺适，但亦曾迭经波折，倍感怆急。试读《蕉园诗稿》内五十自述一首，即可略见梗概。

本所经验，深觉吾人愈到艰困关头愈须立定志向。孟子曰："士尚志。"又曰："三军可夺帅，匹夫不可夺志。"立志既坚，庶可勉克风波，续为学术努力。近时学者中，如发明相对论之 Eistein，因种出犹太，在德时备受纳粹威胁，逃亡至美，认真思考，续有极大贡献，即原子能之工作，亦群推为创始大师。又如居里夫妇，并皆穷窭，居处之地亦不易得，但因立志研学，百折不回，卒能发明真理，为科学上打开极光明之新路。凡此往例，皆吾良师。吾国虽有三四千年之旧文化，而于近代科学则迄今接触无多，基础未固。以较欧洲，虽不至如盖利略时代之因真理而有生命之忧，亦尚未如纽顿时代之为朝野所重。吾人惟有勉谅时势之艰，负起开创之责，筚路蓝缕，庶几近之。

兄之困苦，弟每思及，一如受于自身，凡可为助，极愿尽力。深盼兄能惠驾见过，面为商洽。为确能握晤起见，最好先以电话见约，俾可畅谈也。此颂大绥。

弟翁文灏敬启

四月二十一日

致叶楚伧、曾仲鸣 [①] 函稿

（1938 年 10 月 15 日）

楚伧、仲鸣先生勋鉴：

敬启者。敝部前请行政院转请国府公布《经济部直辖地质调查所组织条例》，业经行政院会议通过，由院呈请国府公布。文官处以该条例系将实业部字样改为经济部，曾函请尊处核示。查敝部直辖各机关组织条例内所载实业部等字样，准分别修改为经济部，业于本年三月奉国防最高会议常务委员第六十二次会议决议，准予备案，自已不成问题。现该所进行事项多待组织条例以资依据，敬希早予核定，至纫公谊。专肃。祗颂政祺。

弟○○○敬启

---

① 叶楚伧，时任国防最高会议秘书长；曾仲鸣，时任国民党中央政治会议副秘书长

致叶恭绰①函

（192□年 3 月 31 日）

玉公总长钧鉴：

　　骖从莅京，走谒未值，嗣闻政躬违和，尤殷企念。

　　昨奉手谕，当于今晨往打磨厂亲为考察。骨长三尺有半，且甚阔大。考之西人考古学说，无论旧新石器时代，其人之大并无大过今人。即近安特生君在河南、奉天、甘肃所采石器时代之人骨，亦并不特别伟大。大人之说，纯出理想，中外古今迄无实证。打磨厂所见者果为人骨，则比例计算全身之高将逾一丈七尺，而其伟大之度，当尤出常理。愚见度之，当系第三纪地层中哺乳动物（如古代犀象之类）之胫骨，专家研究，当能确定种类。果尔，则其大并不为奇。蒙古及山东近年调查所得之爬虫（即所谓恐龙者），其大有倍于此者。询之铜铺附近文古记古玩店铺王君（此骨现归此君经管，视为奇货，索价二千元），谓骨系张家口外喇嘛庙附近所得，去年大水时沟中冲出者。言似可信。盖口外沙地原多中生代及新生代化石，安特生及美探险队均尝采集甚多也。但彼又谓，同时又有头骨一具，额面眼孔均似常人，惟其大过之，现在尚未携京。此或故言之，以证明其为人骨。但无论是否，研究价值并不因其不为人骨而减。当经嘱其将头骨设法一并运京。彼谓不久可到，且俟到时再看。安特生君适往沪，日内返京，当嘱其再为往看，以明究竟，再为报告。

　　顺奉新出报告数种，藉备鉴考。谨颂勋安。

　　　　　　　　　　　　　　　　　　　　　　属员翁文灏谨上
　　　　　　　　　　　　　　　　　　　　　　三月卅一日

---

① 叶公绰，一字玉甫，曾任民国北京政府交通部总长。

与叶公超①往来函（4通）

叶公超函（1948年2月19日）

咏霓先生勋鉴：

　　关于苏联制造原子武器之情形，本部顷接驻苏使馆来电一件，兹特随函抄奉，藉供参考。专此。敬颂勋安。

叶公超敬上

二月十九日

附

傅秉常致外交部电（1948年2月17日）

　　南京外交部：极密。此间外交团军事专家研究，苏联可能制造原子弹之地点，必需具备下列条件：（1）出产URANIUM；（2）有巨大天然水力，可资制造厂之利用；（3）地位偏僻，不易为人探悉。苏联地域虽广，然备上述条件者绝少，惟斜米一地，有此可能。按照苏联往年发表之地图，该处出产URANIUM，地临IRTISH河流，有极好天然水力，且甚偏僻，故该处为制造原子弹理想之地。事前证明，苏联政府坚持我国撤销斜米领事馆，及刘领事最近报告，该处华侨有被驱逐至吉尔吉斯之谣，则外交团之推测，颇足使人相信。傅秉常。二月十七日。

---

　　① 叶公超，时任外交部次长。

复叶公超函稿（1948 年 2 月 20 日）

公超吾兄大鉴：

　　兹承函示傅大使电告，苏联密造原子弹地点以斜米区域最为近似，惠荷见告，至为纫谢。吾国新疆阿山区内，托托海附近，闻产铍、锆等放射能矿□，由苏方支使开采，自亦有关。专复。并颂勋绥。

　　　　　　　　　　　　　　　　　　　　　　　　弟翁文灏敬启
　　　　　　　　　　　　　　　　　　　　　　　　二月二十日

叶公超函（1948 年 4 月 14 日）

咏霓先生赐鉴：

　　日前于电话中洽商周茂柏君事，多承指示，深以为感。弟意周君既不能长期驻日工作，拟改任代表团临时人员，庶不影响其在贵会之任务，必要时仍可短期赴日，协办代表团赔偿及归还物资接收事宜。现周君在代表团所任本兼各职，系属专任，如周君不能长期驻日，贵会拟另行派员赴日，承担周君工作，自无不可。惟以格于编制，新派人中只能以临时人员派充，由本部加委。至周君本人改为临时人员后，其原名义不拟变更。如何之处，敬祈卓裁惠示，以便办理。专此奉达。祇请勋安。

　　　　　　　　　　　　　　　　　　　　　　　　叶公超敬上
　　　　　　　　　　　　　　　　　　　　　　　　四月十四日

复叶公超函（1948 年 4 月 22 日）

公超吾兄大鉴：

　　四月十四日公函奉悉。周茂柏兄以新任台湾造船公司总经理，必须留台策划一切，不易长期驻日。惟赔偿拆迁工作亦极重要，自以有专人办理为宜。现正考虑人选，俟决定后当即奉闻。此新派人员只能以临时人员派充，由贵部加委一节，原则上自取赞同。特函奉复，并颂大安。

　　　　　　　　　　　　　　　　　　　　　　　　　弟翁○○

与叶秀峰^①往来函（2 通）

叶秀峰函（1946 年 1 月 22 日）

咏霓先生赐鉴：

敬启者。本局专员朱家鹏同志，上海人，光华大学化工系毕业，历任中央电工器材厂采运课长、驻海防代表，中央无线电厂业务课长，振济委员会昆明办事处主任兼振济第九工厂厂长等职，并自设开源液体燃料制造厂，制造松香、柴油，开源铜铁铅线制造厂，拉制铜线，对化工机械颇有专长，办厂亦富经验。在此复员时期，接收敌伪工厂需人必多，朱同志勤谨负责，为不可多得之办厂人才。敬祈赐予位置，俾展所长，无任欣感。专肃。敬颂崇安。

叶秀峰谨上
元月廿二日

复叶秀峰函稿（1946 年 2 月 9 日）

秀峰先生惠鉴：

元月廿二日大示奉悉一是，承介朱君家鹏，当予尽先留意，俟有适当机缘，即行函邀借重，藉副雅嘱。先此布复。顺颂勋绥。

弟翁文○拜启

---

① 叶秀峰，时任国民党中央调查统计局副局长。

致易培基^①函电（2 通）

致易培基电（1929 年 8 月 15 日）

农矿部易部长钧鉴：受命技监，至感。惟在平事务难即脱离，学识浅陋，恐误要政，谨恳另简贤能，幸甚。翁文灏。删。

呈易培基辞职函（1930 年）

为请准辞技监职另行简任事。窃文灏自上年九月奉命署技监仍兼地质调查所长，一年以来，任重才轻，时深惶悚。自揣所学，专任一方或尚能竭其驽骀，勉效尺寸，职务过多，恐难兼顾。理合具呈，陈请俯准辞卸技监一职，另简贤能，以重要职，实深幸甚。谨呈农矿部长易。

署技监翁文灏

---

① 易培基，时任国民政府农矿部部长。

与印度地质调查所往来函（3通）

致印度地质调查所弗默 [①] 函（1931年7月18日）

尊敬的先生：

6月19日自西姆拉营地的来函收悉。兹回复如下：除了全国性的中国地质调查所，还有一些省级的地质调查机构也在工作。根据安排，目前广东、广西两省的工作由两广地质调查所进行，但是在两广以及各省地质调查所的工作，与中国地质调查所并没有统一协调的安排。

我将向广州方面了解，他们能否收到您的信件。我将及时把两广各省地质调查机构的地质学成果转呈给您。

所长翁文灏敬启

1931年7月18日

印度地质调查所所长函（1932年8月18日）

尊敬的先生：

您1931年7月致弗默博士函中，表示乐于为地层学辞典提供资料。

您可否告知何时可以完成。我正努力争取在本年底之前完成所有亚洲资料的准备，相信您能在不久的将来提交所在地区的详细信息。

印度地质调查所所长敬启

加尔各答，1932年8月18日

[①] 弗墨，L. L.Fenaor，时任职印度地质调查所。原函为英文，下同。

致霍伦博士 [①] 函（1932 年 11 月 8 日）

尊敬的霍伦先生：

您的第 4261/1752 号来函收悉。中国《古生物学文献目录》正由本所计荣森先生编纂之中，即将完成。因其临时前往湖南工作，预计两个月后才能返回，您所需的资料最早将于明年二月份方可寄呈。

所长翁文灏敬启

1932 年 11 月 8 日

---

① 霍伦，A. M. Hoton，时任印度地质调查所所长。

由云龙 ^① 函

（192□年 10 月 21 日）

咏霓先生大鉴：

　　前奉惠书，以谭君现仍有他项职务未能南行，田君愿照前拟办法，在滇任事一年等由，当因彼时朱君仲翔赴新平调查地质，尚未回省，地质讲习班学生尚未毕业，补助调查在在需人，是以函复，请暂缓决定。现讲习班学生将届毕业，朱君业已回省，亦深望田君来滇相助。兹特照尊电办法，缮具正式合同二份，请台端暨田君盖章后惠存一份，其余一份仍请寄还备案，并希转请田君早为首途来滇。无任欢迎。至所需川资，已托朱君仲翔汇沪，请田君到沪取用可也。田君处，朱君另有函达。诸劳清神，铭感无暨。专此布达，并颂时祺。伫候覆玉不宣。

　　计送上合同二份。

愚弟由云龙谨启

　　附合同

　　兹聘请田奇瑰先生为云南实业司地质调查所技师，特定合同八条如下：

　　（一）云南实业司聘用田奇瑰君为地质技师，其职务为调查云南地质及矿产并教授各种地质功课及实地练习。

　　（二）调查计划及办法应由实业司核定照行。

　　（三）技师聘用期限定为一年，每月薪水滇币二百二十元，自到滇之日起算。除调查旅费核实支销外，概无他项津贴费用。

　　（四）技师由北京至滇，应致送川资滇币三百元，约满回京时亦同。

　　（五）技师每次出省调查后，须将调查所得绘具图说，详细报告实业司，并采集各种标本，以供陈列研究。

　　（六）如有特别事故，实业司或技师如欲辞退时，彼此均须于三个月以前

---

① 由云龙，时任云南省政府实业司司长。

互相通知商定。

（七）一年期内技师请假共不得过一个月，但有重病时不在此限。

（八）本合同缮定二份，实业司及技师各存一份。

云南实业司司长由云龙

云南实业司矿务科科长兼地质调查所所长陈凤鸣

云南地质调查所技师田奇瑰

北京地质调查所所长翁文灏

致俞大维①函（2 通）

致俞大维函稿（1948 年 1 月 7 日）

大维部长吾兄勋右：

本会前以华中、华南各国营事业亟需扩展，曾请联总配拨大量水陆运输工具，如汽车、船只等项，迄未有所洽定。刻闻全国水陆交通工具统归贵部运用，本会各项事业影响所系，尤以华中各煤矿既已积极策进，立有基础，目前煤荒严重，必须首先解除运输上之困难。兹附上向行总请配汽车、船只清单乙份，拟恳惠予拨让，以济华中各煤矿之急用。特函奉商，即祈裁示为感。专此。并颂勋祺。

弟翁〇〇拜启

附汽车船只清单乙份。（略）

致俞大维、沈昌焕②函稿（1948 年 2 月 17 日）

大维吾兄、昌焕吾兄大鉴：

顷曾奉邀明日星期五餐叙，因沈君怡今晚因事赴沪，故拟改为本月二十三日中午十二时半，在敝寓便餐，俾可共为晤洽，敬祈惠临为幸。顺颂勋绥。

弟翁文灏拜启
二月十七日

---

① 俞大维，时任交通部部长。
② 沈昌焕，时任国民政府主席办公室秘书。

俞鸿钧^① 函

（1947 年 12 月 26 日）

咏霓先生委员长勋席：

　　接展十二月十三日资（36）财字第一八六八一号大示，敬悉一是。关于贵会向中央银行透借国币一仟亿元一案，兹准派员携送合约，请签保到部。经分别签保，除将原合约另案奉还外，谨此奉复。并颂勋绥。

俞鸿钧拜启

十二月廿六日

---

① 俞鸿钧，时任中央银行总裁。

与俞济时①往来函（2通）

俞济时函（1948年5月10日）

咏霓先生赐鉴：

敬启者。周君福麟，系第六绥区周司令官嵒之公子，初毕业于中央技艺专科，嗣考进中央大学化工系，已于去年年底毕业，志愿在江浙等处工厂学习。此项人才，想亦为尊处及所属工厂所需要，用为函介，尚请惠赐安置，俾得本其所学，效劳工作。如荷培植，曷胜同感。专此。顺颂勋绥。

俞济时敬启

五、十

复俞济时函稿（1948年5月18日）

济时先生勋鉴：

接奉大函，敬悉一是。承介周福麟君来会工作，无任欢迎。惟本会目前经办东北各事业，因受战事影响，后撤员工亟待安插，一时势难延用。周君所请工作一节，兹先为存记，容有适当机会，再行延揽。

专此布复，敬请亮察。祗颂勋绥。

弟翁〇〇拜上

---

① 俞济时，时任国民政府参军处军务局局长。

与于斌^①往来函（2通）

于斌函（1948年2月13日）

咏霓委员长吾兄勋右：

　　敬启者。向道先生湖北广济人，留学比国，习工矿等科，毕业归国后，先后在各矿及政府机关任职有年，成绩颇优，胜利后回里，赋闲已久。当此建国时期，如此有用人才不宜令闲置，以增国家损失。因特函恳吾兄，在资委会所属工矿各机构内为之留一报效国家之机会，以尽其才而利建设。如蒙录用，则感激者不只向君一人已也。专恳。敬祝公祺。

弟于斌拜启
二月十三日

附向君履历一纸。

复于斌函稿（1948年2月23日）

野声吾兄主教道鉴：

　　接奉大函，敬悉一是。承介向道君来会工作，至为欢迎。惟本会各工矿单位目下因受局势影响，力求紧缩，所嘱一节，兹先为存记，俟有适当机会，容再延揽，敬请亮察为荷。祗颂道绥。

弟翁○○拜上

---

　　① 于斌，号野声，时任天主教南京总教区主教。

与恽震①往来函电（12 通）

恽震电（1945 年 8 月 30 日）

密。重庆行政院翁副院长钧鉴：我国战时损失当取偿于日本之工厂，三井、三菱等电器制造厂如由资委会择优迁来，可节省不少资本。震愿担任此事。敬乞先与美军统帅部及美大使商定原则，并候电示祗遵。恽震。八月卅日。

复恽震函稿（1948 年 1 月 28 日）

荫棠吾兄大鉴：

元月十三来函及卅六年度业务述要，均已诵悉。电工器材事业，得君等公诚推进，已见绩效，营业数额自二十八年之四十余万元增至上年之三百二十余万元（均为战前币值）自已显有进步，定价力求公允，向不过分滥加，尤符国营事业顾全公用之用意。目前通货续胀，物价始高，周转用款不免更需筹划。此时方针，对于电机、电线等主要器具之制造，自宜加意建设，期裕供应，而奠定此项事业应有之基础。同时营业方面，并宜更为推广。华南及台湾等区，需用电器等物为数颇多，似亦宜酌筹供应。至如沈阳厂址，按之实际形势确难发挥者，似只得暂为保管，以俟时机。

兄于此项事业经验优富，烛照甚明，必能妥为布置，以期继为发展。所附资料富有参考价值，拟交业务会综合组参阅汇编。专此。恭颂时绥。

翁文灏敬上

一月二十八日

---

① 恽震，字荫棠，曾任资源委员会中央电工器材厂总经理、资源委员会驻美技术处主任等。

与詹森^①往来函（2 通）

致詹森函（1941 年 1 月 10 日）

尊敬的詹森博士：

鉴于美日关系日趋紧张，很快会危及北平协和医学院的处境，我们非常急于找到一个安全地方来转移目前存放在新生代研究室的实物。这批实物包括北京人遗骨、标本模型和各种化石。它们均极具科学价值，必须尽一切手段妥为保存。我写这封信的同时也给北平新生代研究室的裴文中博士去函，并通过他分别向北平协和医学院胡恒德博士、魏敦瑞教授、葛利普博士以及德日进转交我致以上诸位的信。

为躲避日方的检查，我请求大使先生用最保险的外交邮件方式，帮助我们将此信件包送到北平，若正好有外交官即将去北平，由他捎去也行。如蒙回复，不胜感激。先此敬谢。

翁文灏敬启

詹森复函（1941 年 1 月 13 日）

尊敬的翁博士：

用我们的外交邮件渠道递送您的信件邮包是非常不正规的，不符合我们的规定。不过，我信赖您，相信该邮包内只有与北京人和新生代化石安全有关的东西。我决定接受您 1 月 10 日信中夹寄的待投邮包，准备以个人名义寄给史密斯先生，由他转交裴文中博士。我们也没有特别保险的邮寄方法，但愿该邮包能够安全抵达目的地。

致以最亲切的问候。

纳尔逊·詹森谨启

---

① 詹森，Nelson T. Johnson，时任美国驻华大使。原函为英文。

致张群①函（9通）

致张群函（1936年11月23日）

岳军先生部长勋鉴：

顷奉院长养午机洛电，以英王加冕贺使决派孔副院长，嘱为转告台端通知英大使等因。特此奉达，即希察照为荷。敬颂勋安。

弟翁文灏敬启

十一月二十三日

致张群、朱家骅函稿（1947年6月20日）

岳公院长钧鉴：

骝先吾兄大鉴：

大夏大学及光华大学因物价高涨，开支加大，联呈政府，请准每月补助二亿元，全年共二十四亿元，以资维持。此二校学风颇良，而因抗战所受损失为量特巨，至盼惠念青年待学之切，优奠黉校进行之基，所请补助，赐允照给，实深纫感。专函奉商。敬颂勋绥。

翁文灏拜上

六月二十日

① 张群，字岳军，时任外交部部长，后曾任行政院院长。

致张群函稿（1947 年 7 月 24 日）

岳公院长钧鉴：

英伊石油公司为近东出油最多之组织，近时热心吾国油市，派遣代表视察接洽。其代表人 R. H. Arnold 君上次至京，业经晋谒，现接此君自沪函寄该公司状况说明书三份，托为转送。

兹将此项说明书三册送请察阅，敬祈存照为幸。顺颂勋绥。

附英文三册。

翁文灏敬上

七月二十四日

致张群函稿（1947 年 7 月 31 日）

岳公院长钧鉴：

昨晚面商为供应魏德迈将军所询资料起见，所有说帖似可分为政治及经济两大部门。兹就经济部门拟定纲要一份，附以奉陈，敬恳察核指正见复。又，此项说明须由交通部、财政部、中央银行（及进出口机关）各就主管范围拟具节要，俾可汇编英文说帖，并恳指定集稿日期，知照以上机关照办送交为荷。所有主要方针及生产状况二部分，拟由弟处收集资料拟编。专此。敬颂勋祺。

附一件。

翁文灏敬启

七月三十一日

附

经济部分

甲、主要方针

一、自日本投降至三十五年十月

处理及接管敌伪资产——叙及苏军拆迁东北大量设备

接收美国太平洋剩余物资

接收并修复曾经沦陷各地之生产及交通事业

开放对外贸易，未加任何限制

出售黄金——和缓的管理外汇

二、自三十五年十一月至三十六年二月

施行输入管理制度，试行协助输出

四联贷款扶助生产事业

三、自三十六年三月至四月

实行经济紧急措施方案（加以具体说明）

政府贴补交通事业及京沪等处公用事业

规定酌售若干国营事业办法，停止黄金出售

加紧外汇管制

四、政府改组以后时期

停止政府贴补办法，同时加紧经济管制，稳定物价

控制预算——设立预算审查委员会

全国经济委员会正式成立，筹议经济重要措施方针

厉行节约消费办法

提倡生产及交通建设

乙、分类叙述（叙明具体办法及所得实际效果）

一、生产状况——拟就农业、工业、生活必需品及输出物品，分别说明

二、交通事业——拟就铁路（或并及公路）、水运、海港、空运及邮电分别说明

三、进出口贸易——拟就暂行推广办法及实际贸易状况及数量加以说明

四、金融及财政办法

所拟节要均用英文

致张群函稿（1947 年 9 月 6 日）

岳公院长钧鉴：

　　上次魏德迈将军来华，因语言失态，颇招吾国反感，爱国心深，诚同感喟，但处此世界大势，吾国不可孤立。战后民生凋敝，国力愈艰。美国为联合国之领袖，即英法各邦亦尊为南针，仰其匡助。吾国大计，于自力加勉之外，并宜更得友邦同情，必须自助友助同时实行，方能济此时艰，奠定政局，未可以一人之言行，放弃业已切实相助之美国。近与有识人士如胡适之等谈及，莫不同此心理，并深望当局诸君忍辱为重，大度包容，为吾国在国际上保持适宜之地位。兹接参政员清朝英君来函，叙及魏德迈将军关于中苏友好同盟条约之虑，对于同盟一事反感极深，可见国际现象可为注意者不只一端。实行取消诚，非易行，而利弊所在亦可供参考。

　　兹特抄附此函，奉请察阅。素仰伟识匡时，烛照宏远，国步加艰，更赖大计特慎，敬祈垂察为幸。谨颂崇绥。

职翁文灏敬上
九月六日

致张群函稿（1947 年 10 月 8 日）

院长钧鉴：

　　新疆省政府委员兼建设厅厅长穆罕默德·伊敏来谈关于推进工作之意见，颇为合理。兹将各点分列如下：

　　一、新疆民众对于中央政府仰望甚殷，且鉴于近处苏联边界之区域，因受苏联之协助，生活及文化均显提高，故为安慰人心计，至盼中央政府对于新疆应行建设之事业惠予实际扶助，俾利推进；

　　二、彼深盼中央早行派组建设考察团，按切目前应行重视之事业，妥选专才，前往考洽促进；

三、对于目前应办事业，彼列举农田水利、植棉、设纱厂、开煤矿及设铁厂各项；

四、彼对林前厅长继庸从前在新进行之办法，认为切合当地要需，极为钦佩，其中尤为裕丰纱厂迁新之五千锭设备大半已运至甘新两省，深盼继续完成，其他各项亦可设法实行；

五、在新所需新币资金，新疆省政府定必续予供应，但聘用专材、购运物资，所需资金自必甚巨，深盼中央从优拨款补助，并由各主管机关热心办理，以利实行。

以上各节似均切合实际，颇得要领，特为专函陈报，敬祈察核施行。敬颂勋安。

翁文灏敬上
十月十八日

致张群函稿（1947 年 12 月 6 日）

岳公院长钧鉴：

敬密陈者。职奉主席命，与美国派遣来京专家商洽合作探勘及研究中国铀、钍及其他有关原子能矿物办法，商拟协定草案，业经检同草案，分呈主席及钧座鉴核。兹奉主席府交字第一四四三五号亥微代电："呈暨附件均悉，所拟合作协定草案尚属允当，可准照办，并希密报行政院张院长核定可也。"等因。专此陈报。俟美国正式核定时，再为报请察核。谨颂勋绥。

翁文灏谨上
十二月六日

致张群函稿（1948 年 4 月 13 日）

院长钧鉴：

　　关于美国援华法案内工矿交通建设专款原列美金六千万元，嗣以总数减少，故亦比例核减为四千八百万美元。日前在王副院长处与张总裁及俞部长等会商，佥认为如果核减建设部门，除上海电力公司及粤汉路修复费用外，此外将全无着落，即铁路必需之湘赣烟煤矿，原经美国国务院列入法案者，亦将无款可得，如此分配，势将招致国内之物议，均主仍照原数，不加减削。

　　兹接本会驻美代表陈良辅君自美电告谓，技术团七日与国务院会议，美方主张保留建设项下六千万元原数，足见美方对于实际需要亦能了解。查美国援欧法案，特重欧洲各国增多生产，助其自立。惟我国对贷款分配以消费物资所占独多，虽可救急一时，倘不能与生产配合，一旦用罄，以后则难乎为继。所供物资内烟草一项，现已删去，其他各项以十二个月当易分配，事实上并无减少建设设备之必要。兹复接美国国外经济局驻华总代表 Fowler 来电谓，吾国若以美贷大部份用于购买消费物资，对于吾国经济之改善裨益不多，如能用之生产事业，获益当可更大，并可使美方确信吾国有自助之决心，足征美方人士亦切盼我国对贷款分配能对工矿建设更为重视。又如粤汉铁路倘可得款修复，如无煤矿开发计画配合，无法获得预期效果，故原拟煤矿贷款，实系与交通配合之计画。再则，上海电力公司之贷款配额，所占比例甚大。该公司主要股东为美商，似可迳向进出口银行洽贷，不宜列入援华法案以内。

　　原列之工矿交通建设六千万美元，美方既主张维持，我方似宜仍予照列。对于事关国家整个建设及对外信用，缕陈所见，敬请察核。肃请钧安。

翁○○

致张群函稿（1948 年 5 月 5 日）

岳军院长钧鉴：

前有美国学者葛利普（A·W·Grabau），自民国九年来华，任北京大学教授兼地质调查所古生物学主任技师，至民国三十五年病故，在华任职二十六年，作育人才，研究学术，成绩优良，闻于世界，病故后，曾由钧院特令褒扬，颁给恤金。惟该故教授遗有德国籍女书记 Madame Volange，在该教授生时，侍应扶助，至为得力，目前穷苦无依，因由北京大学及地质调查所商洽，拟共同出资，赠给美金六百元，嘱其乘船返国，自谋生活。拟恳钧座核准，由校所用国币，按挂牌汇率，向中央银行结购美金六百元，以充此用。

专函奉陈。如荷允准，至深幸甚。敬颂勋绥。

胡适、翁文灏敬启

五月五日

与张李芎衡[①]往来函（2通）

张李芎衡函（1948年5月5日）

翁公钧鉴：

　　接奉手示，敬悉钧座已于上月廿四日飞京，翘首南天，不尽依依。先夫莘夫先生在世，辱蒙提携，爱护备至，殉职后复荷厚赠赙金，开会追悼，并代请特恤，筹募用费。人生要素，悉蒙成全，深恩厚泽，永生戴德。芎近晤渝会财处唐科长正邦，据云莘夫四月份薪津，京处制表未经列名，致自四月份起薪津不克在渝支领。实情若何，芎盲无所知，仍恳我公主持，由京会电渝，继续发给，俾维生活。

　　再，京渝两方大会代收莘夫等子女教养费，此刻已有成数，如能先将莘夫方面应得之款早赐在渝拨发，俾便乘此金价较低之际，变成实物存放，尤属获益良多，想亦为我公所乐予赞助者也。如何，盼示。专陈。敬叩钧安并祝合府安泰。

张李芎衡谨上

五月五日

复张李芎衡函稿（1948年5月15日）

芎衡女士惠鉴：

　　本月五日来函奉悉。所有款项各节，兹经查明，叙告如左：

　　（一）资委会应续发莘夫先生四月份薪津，因还都关系，改在南京发放，

---

① 张李芎衡，张莘夫妻子。张莘夫时任东北行营工矿处副处长，1946年1月在接收抚顺煤矿时被杀。

以致延迟。兹正汇发重庆唐科长正邦转奉。

（二）教养金事，截至目前，止就已收捐款数分配莘夫先生应得部分计三千六百万余元之内，资会代收者计九百九十万余元，沪苏浙皖特派员办公处代收者计二千六百万余元。资会代收部分，除已在渝拨奉九百万元外，顷续拨余数九十四万〇一百九十八元，汇唐科长正邦收转，请察收。至沪处代收应汇尊处部分，日内收齐另行汇奉。

兹附捐款清单一份，用备查考。专复。藉颂旅安。

翁文灏

致张可治^①函

（1947 年 7 月 16 日收到）

可治吾兄大鉴：

　　六月十六日惠书诵悉。谭工程师季甫现派在本会钢铁事业管理委员会服务，已嘱其先就本会及兵工署所办重庆附近各钢铁厂如何连系工作办法，详加研究，期能收效更多。谭工程师本会借调暂以一年为期，如需延长，当再函商办理。专此布复。

---

　　① 张可治，时任中央钢铁厂迁建委员会主任委员。

致张嘉璈^①函

（1947 年 1 月 30 日）

公权吾兄勋鉴：

顷奉一月廿六日及廿八日两函，敬悉一是。关于中美金属借款本年二月七日到期，本息延期偿还事，业已遵嘱切实电知本会驻美代表办事处黄组长博文，照与贝淞孙、席德懋两兄洽请美方办理，并将与 RFC 之售货合同予以延期。附奉抄电二件，至祈台察。

又，查上项偿款应付本息截至上年八月七日为止，共计美金 1766023894 元，前经函达贵行。兹复据本会驻美代表办事处电称，上年十一月十三日复经以矿品偿款拨偿一部份利息，计 33036.09 元。是以截至目前，实欠本息美金 17627202.88 元。至于本会运交矿品情形，计业已运达尚未全部由美方化验结价者，有钨砂九百公吨、锑品一千六百公吨、锡品七百公吨，约共值美金 3436411.39 元，业已运出尚未抵美者有钨砂七百廿五公吨，约值美金 1104482.69 元。以上两项，共约可抵偿债款 4540894.08 元，并以奉闻。

专此布复。并颂勋祺。

弟翁文灏拜启

一月卅日

---

① 张嘉璈，字公权，时任中央银行总裁。

与钱昌照致郑葆成 ① 函

（1942 年 4 月 20 日）

葆成先生大鉴：

此次本会派赴美国实习人员业经审查完竣，分二批出发，其第二批须俟第一批人员全部离华后，再为启行。关于冶炼门铁合金部分，已核定为吴道良、安朝俊及丘玉池三君。其中丘君兹定第二批出发，并请台端及杜殿英先生担任导师，盼即与丘君商定在美实习程序呈核，俾便由会接洽在美实习地点后，再为决定行期。以后抵美后，所有实习报告即请台端及杜殿英先生负责审核。

再，丘君并应于五月二十日左右集中重庆。除分函并由会令知丘君外，特为函达，并检奉《赴美人员应行遵守事项》《赴美实习工作须知》及《资源委员会派遣赴美实习人员待遇暂行规程》各乙份，即希察照，切实办理为荷。专颂大安。

弟翁文灏、钱昌照拜启
中华民国卅一年四月廿日发

---

① 郑葆成，时任资源委员会资渝钢铁厂厂长。

与中华教育文化基金董事会往来函
（2 通）

中华教育文化基金董事会函（1935 年 3 月 1 日）

咏霓先生道席：

敬启者。敝会近接广东中山大学农学院院长兼广东土壤调查所所长邓植仪君来函，请求补助其出席第三次国际土壤会议旅费国币三千元。敝会以为，出席国际会议，与各国专家交换知识，藉作自办事业之借鉴，就原则上言，自属要务。惟吾国参预国际事项，无论为纯粹学术或其他性质，俱应通盘筹措，以免有代表之资格不合、人数太多太少之弊。查地质调查所受敝会委托调查全国土壤，业已有年，对于此次国际土壤会议，吾国应如何派员出席，计必有周密之考虑。兹特将邓君来函副本随函检奉一份，敬祈察阅后，将邓君在土壤学上有无贡献，以及敝会应否拨款补助人员出席第三次土壤会议，惠予见教，俾作参考，不胜企祷。

至于尊见无论是否赞同，敝会不向任何方面发表。合并奉闻。专此。敬颂台祺。

中华教育文化基金董事会启
二十四年三月一日

附件

邓植仪致中华教育文化基金董事会函

敬启者：

本年七月第三次国际土壤学会在英国牛津举行。查该会第一二次于美俄举行时未闻有中国代表出席，诚属憾事。虽在一九二七年第一次大会时植仪曾以会员关系被邀出席，惜当时以校务过忙，未克分身，并在南方尚未举行有系统之土壤研究足资报告，故未果赴会。比年以来，贵董事会提倡土壤研究，已在华北、华中进行土壤调查，将使土壤科学在中国得渐有基础，徐图发展，至深欣佩。植仪在华南自民十九年冬创办广东土壤调查以来，除于华南土壤作有系统之研究外，复于去夏北上考察长江、黄河两流域之土壤，对于我国土壤之分布略具概念。现为增进研究之效率并与各国土壤专家接洽及交换知识起见，拟于本年出席第三次国际土壤学会并顺道考察各国土壤，期以四五阅月。素仰贵董事会提倡科学发展文化不遗余力，并常派学者代表出席各种国际学会，用特具函，请求补助出席第三次国际土壤学会旅费大洋叁仟元，俾得成行。至深感祷，并祈示复。谨上中华教育文化基金董事会。

国立中山大学农学院院长
兼广东土壤调查所所长邓植仪
（国立中山大学农学院章）
民国廿四年二月一日

致中华教育文化基金董事会函（1947 年 11 月 21 日）

敬启者：

　　前接函寄酌拨本会基金补助少数大学发展基本科学及举办国外研究补助金建议案，嗣又承寄示司徒雷登董事表示意见函抄本，均已诵悉。司徒董事意见，文灏颇为赞同。兹敬将意见分述如下：

　　一、拨用基金事属初办，盼为数不可过多，视此次办理成效如何，以供以后办法之参考；

　　二、对于少数具有基础之大学，拨助美金宜作为贷款，于一定期限后归还，并可酌收利息（万一不易归还时，可酌为展期）；

　　三、上项美金贷款之用途，以扶助科学研究及试验为主，并用以购置必要设备，其具体办法应预为洽定；

　　四、遇有外国学者能来华暂任教授或指导研究者，可由本会助款聘请，并与国内大学或研究机关洽定合作办法；

　　五、本会对于国内专门学者因参加最新研究工作有出国之必要者，得酌助资金，以利进行；

六、对于出国留学之补助，因限于资金，实有为难，如欲助送，以尽量少数为宜。

以上意见专函奉陈，敬祈察照为荷。此致中华教育文化基金董事会。

翁文灏敬启

三十六年十一月二十一日

中国地球物理学会理事会函

（1947 年 9 月 21 日）

迳启者：

　　荷蒙先生参加本会为普通会员，已经一致能过，热诚欢迎，专此奉闻，敬希查照。兹寄上本会章程、成立大会记录及第一次理监事会记录各一份，并请检收，以备参考。对于会务进行，务祈时惠南针，以匡不逮，无任盼祷。此致翁文灏先生。

中国地球物理学会理事会

理事长陈宗器

卅六、九、廿一

中国太平洋国际学会函

（1934 年 12 月 7 日）

文灏先生大鉴：

　　敬启者。敝会以研究太平洋问题，努力国民外交，增进各民族间友谊及谅解为宗旨，成立以来，业经十载，举行大会亦已五次，所有一切工作谅已久在洞鉴之中。兹查敝会章程第三条第一项"凡赞成本会宗旨由会员五人以上之提议经执行委员会之同意，得为本会个人会员"。先生道德学问社会之所共仰，前经敝会会员委员会公举台驾为敝会会员，复经提交执行委员会审查，一致通过，用特专函奉达，敬祈俯允屈就，俾敝会事工得蒙指导，则不胜感盼之至矣。专此布达，并候德音。顺颂大安不一。

中国太平洋国际学会敬启

廿三、十二、七

与中国西北科学考察团往来函（2 通）

中国西北科学考察团理事会函（1947 年 11 月 26 日）

敬祈者：

本会自民国十六年与瑞典人斯文赫定博士合作，组织西北科学考察团赴蒙古、新疆一带考察以来，历时六载，采获科学材料约数百箱。例如天山恐龙、居延汉简、库车壁画、高昌墓志等项，均为本团之重要发现，早为世界学者所注意。民国二十二年返平后，从事整理研究，已出版《高昌专（砖）集》、《高昌陶集》及《天山东部地图》、《新疆三叠纪之双齿爬行动物》等篇，而大部分尚未整理完竣。抗战军兴，经费来源断绝，此项工作遂归于停顿。胜利后，本团工作人员及采集品陆续运回北平。现拟恢复战前整理工作，已于十一月五日假北平研究院开复员后第一次理事会，商讨本会改组及一切进行事宜。除公推与本会有关之国立学术机关代表人为本会理事及常务理事外，又决议公推先生为本会名誉理事。素仰先生对于学术事业热心，倡导扶持，不遗余力，务祈惠允所请，并希随时指导，无任感祷。专此奉恳，并颂勋绥。此致翁部长咏霓。

中国西北科学考察团理事会

中华民国三十六年十一月二十六日

附会议录一份

中国西北科学考察团理事会会议录

十一月五日下午四时，假北平研究院开复员后第一次理事会。

出席理事：梅贻琦　胡适（梅贻琦代）　袁同礼　马衡（袁同礼代）　徐炳昶
　　袁复礼

列席：黄文弼

甲、报告事项

一、黄文弼报告。略谓：自民国二十四年冬，迁移考古组一部分采集品到西安整理研究。二十七年春，因避敌机轰炸，承清华梅校长协助，运输二十一箱至汉口，存上海银行仓库。嗣由美领事帮忙，提存于隆茂洋行。三十一年，日人接收隆茂洋行，转置伪中江银行仓库。三十三年十一月，盟机轰炸汉口，该仓库被炸，此项存物全遭损失。胜利后，三十五年夏，本人至汉口调查，复在故墟检出四箱，内有佛头七十余具，现存汉口市政府保险库。

又自民国二十六年教育部开美术展览会，征选采集品，计有壁画十方、汉简三盒、漆器、陶范、泥塑等，共装三木箱。展览毕，即存故宫仓库。南京沦陷，敌伪转移至中央研究院史语所旧址陈列。胜利后，由教部接收。三十五年夏，由本人具领检查，完全存在无缺，现仍存中央研究院。并闻日人已将壁画制版付印，维不知存于何所，正探询中。

原存陟山门大街三号之采集品，抗战期中运至辅仁大学存储，今春已运北平研究院，共计四十九箱。内有考古材料二十四箱及地质材料、书籍杂志等。又在北大运回本团刊物等计十五箱，已托书店出售，惟销路甚少。以上就考古组采集品运输及损失言也。本人于今夏来平后，即着手清理存平之采集品，现已完毕，正着手照像、绘图等工作。拟综合南京所存，编为《新疆佛教艺术之研究》一书。

又前已编就《罗布淖尔考古记》，本年夏季估印刷费一亿元。现略将图版减少，字数缩短，以期减少印刷费，并希望早日付印。惟近日物价增加，恐原估之一亿元又不敷用。

二、袁复礼报告。关于地质材料，在抗战期中，交瑞典人顾固伦保存地质材料五十箱。顾氏离华时，交裴文中经手保存。因一再迁移，胜利后仅接收二十七箱，存清华二十四箱，存裴先生处三箱，其余二十三箱尚未查出，不知是否遭受损失。

又，清华代运昆明三十五箱，胜利后运回来又损失两箱，因未开箱，细目不知。

又，恐龙化石原由杨钟健经手，存协和医院约二十一箱，现已移存地质调查所库房保存。

又，代丁道衡存协和医院之地质材料七箱，共八十八箱，连同共所收回七十一箱，总共一百五十九箱。现拟作开箱，检查标签，修理照像等工作。

乙、讨论事项

一、理事会改组案

徐炳昶提议，现理事会经抗战十年之久，其中理事变化颇多，拟即改组，以利推进。梅贻琦、袁同礼主张，先确定机关，再推代表。

决议：确定与西北科学考察团有关之机关如下：

国立北京大学　国立清华大学　北平图书馆　故宫博物院　中央研究院历史语言研究所　中央研究院地质研究所　北平研究院　中央博物院　文化基金董事会　中央地质调查所

以上共十单位。

决议：当场推举各机关代表人为理事者如下：

1，胡适北京大学；2，梅贻琦清华大学；3，杭立武中央博物院；4，马衡故宫博物院；5，李书华北平研究院；6，任鸿隽文化基金董事会；7，李四光中央研究院地质研究所；8，傅斯年中央研究院历史语言研究所；9，袁同礼北平图书馆；10，杨钟健中央地质调查所；11，徐鸿宝；12，徐炳昶；13，黄文弼；14，袁复礼。

以上十四人为理事。

胡适　马衡　徐鸿宝　徐炳昶　袁复礼

以上五人为常务理事。

戴传贤　朱家骅　张继　翁文灏　蒋梦麟

以上五人为名誉理事

二、教育部请款案

决议一：请款十二亿元；

决议二：先电教育部，再补呈文。

电文如下：

南京教育部朱部长钧鉴：本团工作急待推进，拟请补助十二亿元。呈文另寄，特先电恳。敬希照数拨给为荷。西北科学考察团理事会。微。

三、《罗布淖尔考古记》出版问题

决议：俟教育部款到后，即发售预约并先购纸。

复中国西北学术考察团理事会函稿（1947 年 12 月 1 日）

敬启者：

接奉来函，见示近时会议情形，承嘱为本会理事，敬已诵悉。贵会推动学术，倡导研究，材料既富，关系自宏。文灏对于西北考察向极热心，近年来勉承实业，对于甘肃、青海、新疆之图籍、物产，亦曾屡图贡献。本会所属各事业亦多具有关系，其中纯关学术者，如甘肃石油探勘处在甘青交界发现恐龙化石，保存齐全，拟俟明春实行发掘，以此既明同仁之惠念，至愿为棉薄之追随。专函奉复，敬祈察照。此致中国西北学术考察团。

翁文灏敬启

卅六年十二月一日

致中央研究院总办事处函

（1929 年 2 月 21 日）

迳启者：

　　接奉一月十一日贵院会同工程学会及科学社来函，敬悉一切。查日本工业会议会程中，第十九项燃料之研究，敝所前有论文二篇，已经出版，兹姑奉上，请为察办。此外，如需及敝所出版品之一部份寄往陈列，亦当遵办。如另有需及其他参加之处，亦请示遵。此复中央研究院总办事处。

致中福煤矿公司函（2通）

告中福煤矿经理部同人书（1937年2月）

一年以前，我因整理中福煤矿的任务，曾有机会与诸位先生共同努力，差不多有一年的工夫。现在我又奉军事委员会委员长蒋的任命，做中福董事部的董事长，仍与中福煤矿很有关系。在未经整理之前，煤矿中不但职员欠薪，连东西二厂的工资都累月未发，以现在情形与当时比较，自然是改良进步的多了。此种进步，皆是在事同人出力工作的成绩。但凡百事业，因窳败而竞惕小心，因小心即造成很好的绩效，因成功而引起骄矜自满，因自满即引起怠惰的习惯，甚至因过望而失望，减少固有团结合作的精神，如此则自满便是失败的原因。现在是中福煤矿的建设时期，我愿将我的感想写出来，供诸位先生的参证。

过去的二年有余是整理时代。什么叫整理呢？就是避免无理的纷纠，节省非必要的开支，调整管理的方法，努力减低产煤的成本，□□增加运输的数量，占住与扩充重要的市场。总而言之，是要将中福事业引上正当的规道。这种精神，现在仍应继续保持。现行的组织章程中已明文规定。但除了整理以外，在目前这个时代，还要加上许多建设工作。试想中原公司与福公司原来设备都是已很陈旧，最近十余年来，并未有重要的增加，因此旧的东西都已充分利用，毫无余剩，但这些东西是很不够的。试举数例：民国二十四年秋间，李河东厂井下水量忽增，从每分钟八吨加至十六吨左右，原有抽水力量相差甚多，不能应付。矿内水面继长增高，工程人员日夜勤劳，无济于事。嗣后贯通西厂的电力，充分使用福公司旧有的水泵，将抽水能力加到二十四吨，始能渡过此种极大的困难。但很旧的机器，不能经长期无限制的使用，而且事实上烧煤较多，修理较频，决不宜听其自然。又如，矿区以内煤的储量虽大，但大致形势，北限于许多旧存矿井，南限于大水地带，可靠的范围，只有窄长一带。继续开采，则采煤的地方到起煤的井洞相离日远，即运输的时间与费用愈加愈高，不但产量不能增加，而且维持现状亦并不易，因此必须急图挽救。李封大井有复工的必要，东厂附近又应另开新井，诸如此类，都是事实上必不可省的工作。我们不但应为此矿谋一短期的利益，而且更应做成巩固的基础。从这一方面看，在目前工程设备是极重要的工作中心。

当然，组织上及业务上都需要极大的努力，必须在此时间，大家用功，各部分都造成有计划有系统的情形，使整个事业蒸蒸日上，发达到这个丰富煤矿在全国矿业中份所应得的最高地位。惟其如此，所以现在可说是建设时代。这就是说现在的任务，不但是在解除已往的缺点，而且须要造成及促进各部分的优点。

中福煤矿最近的组织办法，是分成董事及经理两大部分，董事长由军事委员会委员长派任，其余董事四人由中福两公司各举二人。经理部的领袖是总经理及总代表，都由董事长遴派。在这个组织之中，中福煤矿仍受军事委员会的重要协助与指导，其目的是要完成以上所说的继续整理与积极建设的两项任务。这个任务中央政府在经济建设的眼光中认为有极重要关系，必须提倡领导，使地方政府、运输机关、就地人士，以及本矿同人，共同一致，负起责任，来贯彻完成。

中福联合办事处是中英合办的事业，【民国】二十二年合资合同，完全依照中国法律订立，自从整理开始以来，各种事业，完全和衷共济，开诚布公，只有互相补充的好处，绝没有丝毫困难。现任总经理孙先生便是前任整理专员，总代表仍是贝先生，一定是继续已往精神，且更能发挥光大，这是毫无疑问的。此外职员的任事，只应该专心一志，为联合办事处工作，绝不存彼此的界限。这正如东西二厂出煤的数量或有不同，但分利的标准，则完全按照合同的规定，绝不使中福两方的利益有任何的增减。利益既已一致，分别自不能存在。所以在这种情形之下，大家工作不但是要合作，而且简直是要全体一致，并无丝毫的分别。这种意义的认识是重要的，因为福公司在豫开矿近四十年，中英两方争则俱伤，合则共利。有许多事实可以证明。现在有合法的合同作基础，有整理的经验作引导，当然更应该向光明的前途长驱迈进，毫无踌躇。

我常想，中国古代以农立国，工业出品为数极微，近代各国则因机械电工的长足进步，与人事管理的愈益精密，工业的关系飞快增加，中国必须迎赶上，从速发展重要工业，方能助长民生，巩固国计。中福煤矿在修、博二县是最大的生产事业，在河南全省是重要的经济基础，在中国全国是最好的白煤，纳最多的运费，实已是一种极大事业。但我们并不能以此自满，试思上海等处何以尚有大量的外国红煤进口？中福煤在好几处市场何以有销路而无可供给，何以不能输出到日本、南洋缺少红煤的地方？从此种种，可见中福的现状并没有达到他应得的地位，而且相差尚远，正需要诸位先生的更加努力。如果不能更进一步，我们便要认为于责未尽，于心有愧。工业是国家经济的基础，我们能办成一种大工业，便是对国家出一个很大的贡献，所以从国家发展方面，我也要切劝诸位先生格外奋勉。

我们董事部对经理部完全信任，我们开会的时候，已核准了总经理所提出的工作计画，我们静候成绩的报告，愿尽我们诚意的援助，但并不为任何非必要的干涉。经理部同人忠诚勤实的精神，我从前曾经领教，此次特将个人的感想奉献诸君，不敢说为诸君猛著先鞭的途中更加策励，但望为同志互相汲引的心内勉作嘤鸣。

致中福公司、英商福公司函稿
（1948 年 6 月 14 日）

敬启者：

顷诵来函，嘱为续任董事长一职，盛意至感。文灏对于贵两公司煤矿事业，初在豫省勉尽整理之责，继在四川期有维持之效，前后为时已及十年，历皆一秉公诚，与任事诸君共为策勉。目前形势不同，文灏对于此职原难久任，不宜更为稽延，甚盼贵两公司惠念衷诚，允予辞卸，另选贤能，继任其事，实深企幸。专此函复，敬祈察照。此致中福煤矿股份有限公司、英商福公司。

翁文灏敬上
六月十四日

致周宪章 [①] 等函

（1946 年 6 月 1 日）

院长谕：办理向日本索偿物资事宜各项有关材料亟待搜集，以便编制清单，提出远东委员会。兹定于本月五日星期三下午三时，在资源委员会会议室，邀请各有关机关会商。至祈指定主管人员一人，届时惠临参加为荷。此致
军政部海军处周副处长宪章
航空委员会周主任至柔
兵工署杨署长继曾
陈可甫先生

翁○○拜启

---

① 周宪章，时任军政部海军处副处长。

与周诒春^①往来函（2 通）

致周诒春函稿（1944 年 4 月日）

寄梅先生大鉴：

此间接中央地质调查所侯学煜自盘县来电，闻同人许德佑、陈康、马以思三人在晴隆、普安间遇匪被戕，已赶往查云云。四月三十日弟接讯后，即急电于吴主席达诠兄，请其迅行电县，查明是否属实，万一不幸被戕，即令县政府帮助侯君妥为处理后事。兹者中央地质调查所嘱熊毅（原籍贵州省）专程至筑面洽，然后转往出事地方。专函奉介。敬祈兄念学者牺牲从公之忱，厚予协助，至为企节。此颂时绥。

弟翁文灏敬上

复周诒春函稿（1946 年 2 月 21 日）

寄梅先生大鉴：

二月十四日惠书奉悉。关于本会中央电工器材厂拟在上海用贵部实验经济农场作为该厂厂址事，承询所需亩数一节。经查该厂以规模较大，所需地面共约七八百亩。据该厂总经理恽荫棠兄见告，已就此事于昨日奉谒面商。吾兄曾言，贵部有将该项农场一千余亩全部留作自用，不拟出租之意。惟该项地临近外洋轮船码头，用以发展工业，实较实验农业更为适宜，不知是否可在上项农场中划出七八百亩，分让本会较大规模之动力电机制造厂，另由该厂协助在其他较为偏僻之区觅定地段，以应贵部实验农场之需。此意如荷赞同，当转嘱该厂在沪人员与贵部驻沪负责人员，就近洽办。特函奉商，尚祈察酌惠复为荷。专此，并颂时绥。

弟翁○○
钱○○拜启

---

① 周诒春，字寄梅，时任贵州省财政厅厅长、省政府代主席，后任农林部部长。

致周至柔^①函

（1946 年 2 月 7 日）

至柔吾兄大鉴：

　　次子心翰前在空军，因赣北抗战，至三穗坠机身亡，遗榇现在重庆南岸放牛坪。敝宅深盼能葬于南京附近空军烈士公墓，敢恳贵会始终惠助，移送前往，加入公葬，以符死者之遗志。遗榇何时移京，并乞先为见告。专函奉商，敬祈察照赐复。恭颂勋祺。

翁文灏敬上

二月七日

---

① 周至柔，时任国民政府航空委员会主任。

与竺可桢①往来函电（6通）

竺可桢函（1928年5月22日）

咏霓我兄道鉴：

　　沪寓一别，倏已两月。宁中现正开教育会议。去年年会所举之太平洋科学会议筹备委员会，于日前在社所开会，拟乘此各学社代表在宁之际，开一谈话会（今晚举行）。此外，委员会并推定天文、无线电、地质、生物等等各组负责之人著作，并搜集论文。地质组推定吾兄为论文筹备委员，正式函件一星期后当可寄奉。今晚结果如何，亦当于日后奉告也。此间大学院方面，社中早有来函，请组织 National Research Council 正式代表，出席于明年之太平洋会议。大学院原已答复，谓时间匆促，不及组织，仍请科学社代表云云。社中开会地点迄今尚未决定，拟于下届理事会提出。

　　吾兄对于上述各事有何高见，尚希示知为感。专此。即颂近安。

弟可桢顿首
五月廿二日

　　附季辰一函，希为转达。

复竺可桢函稿（1928年5月30日）

藕舫吾兄惠鉴：

　　顷奉五月廿二日大教，敬领一一，太平洋科学会议筹备事务已在进行，至为欣慰。不揣愚昧，敬拟目前办法数条如左：

　　一、由科学社发函致荷兰筹备委员会，告以本社已设会筹备，并附委员名单；

---

① 竺可桢，字藕舫，气象学家，时任中央研究院气象研究所所长。

二、美国克利福尼亚海洋学院似亦可复一函，告以中国暂不另组海洋学分会，所有事宜即由太平洋委员会暂行兼理；

三、海洋学材料，如海水盐度、海面测量等，中国海军机关如海道测量局等或有若干，可预为搜集，此间已去问南方，似可由社去要；

四、下次太平洋科学会议中，农学一项特为重要，尊函列举各组中未及此门，未知已推人担任否，可否商由农学社推定一人加入委员会；

五、科学筹备似以搜集材料为要，质重于量，论文篇数不必太多，担任征集诸君似应注意于此，如接到较多时，亦宜酌加审查。

以上一得之见，陈备采考。

寄人函已转交，彼适已拟具办法奉陈指教，并已着手进行。敬复。专颂道安。

拜启

致竺可桢电稿（1933 年 2 月 25 日）

南京。北极阁气象台。竺藕舫兄：太科会何日开？乞示复。文灏。有。

竺可桢函（1933 年 3 月 22 日）

咏霓我兄大鉴：

昨接惠书，藉悉一一。今晨适得加拿大科学会议复函，知会期确定在六月一日至十四日，该会书记并询我国代表人数及姓名。兹将来函重要数段重录寄奉，尚希察入。大作汇到后即转去。惟会中言明须三份，而寄去者只一份，如尚有复份，希迳寄该会。经费能拨若干，尚无确息。匆匆。即颂近安。

弟竺可桢

竺可桢函（1933 年 4 月 21 日）

咏霓我兄道鉴：

　　前上芜笺，计可达尊览。弟于日前赴沪，与蔡先生及杏佛商定，科学会议代表出席旅费，暂由各代表服务机关垫付，日后如财部拨发，则可归还。出席人选以寄论文者为限，计：济之、农山、雨农、右沧、步曾、沈宗瀚、凌道扬君、兄及弟九人。其中服务机关科学社与金陵大学决无力垫付。吾兄既须出席地质学会，曷弗提早旬日。如购欧美联运票，则虽在五月起程，亦可照夏季减价。济之因历史研究所正在移迁，恐不能成行。沈宗瀚颇愿往，未识国防会能为暂垫付旅费否？今晨晤农山，弟嘱其由静生出资派人，渠允于日内来平（或派寿振黄），与步曾一商。弟轮票尚未定，拟乘五月廿三号自上海起程之 Goft 轮，但须于六月五日抵 Settle. 吾兄何日起程，希示知。

　　今日复得加拿大 Cook 海电一通，索中国方面关于科学应用于农业、矿业、渔业之报告 Application of Science to Agriculture，Mining and Fishery，为大会讨论重要问题之一。农业方面，弟已托沈君作一报告。关于矿业方面，未识吾兄尚有暇作一简单之报告否。匆泐。即颂近安。

弟竺可桢顿首

复竺可桢函稿（1933 年 4 月 24 日）

藕舫吾兄大鉴：

　　赴坎出席费，弟前已函商钱乙藜兄，为兄代筹六千元。顷奉四月廿一日赐笺，敬悉一是。兄费所由中央研究院沈自筹。沈君宗瀚由防会方面暂垫旅费一节，当已电商钱乙藜君，当可迳洽。

　　再，闻该会已延期，不知延至何时，盼随时见告。顺颂著祺。

弟○○○敬启
四、廿四

与朱家骅往来函电（21 通）

朱家骅、段锡朋[①] 电（1932 年 12 月 16 日）

北平新平路一号。翁部长咏霓先生礼鉴：惊闻太夫人仙逝，噩耗传来，不胜哀悼。我兄至孝性成，尚希节哀，勉襄大事。惟教部事务重要，务恳大事办竣，南下主持，移孝作忠，党国为重，并乞示期，无任盼祷。特电奉唁。弟朱家骅、段锡朋叩。

致朱家骅函（1936 年 10 月 1 日）

骝先先生惠鉴：

敬启者。卓君励之比京大学算学硕士，兹欲上谒台端，藉承教益，特为介绍，即希赐予接谈为幸。专上。并颂勋安。

弟翁文灏敬启

十月一日

附

卓励之，现年卅二岁，四川华阳县人，民国十五年卒业于上海震旦大学理科。十七年任第二集团军测量少校教官，十八年至廿二年任北平中法大学孔德学院讲师，兼民国学院外文学院教员，廿二年由中比庚款委员会派遣赴比利时，廿四年考得比京大学算学硕士学位，论文题为《面积积分之研究》，成绩列为优等（Distinction），今年九月返国。

---

① 朱家骅，字骝先，时将卸任教育部长（由翁文灏接任），转任交通部长，后任中央研究院代院长等；段锡朋，时任教育部次长。

须至履历者。

朱家骅函（1936 年 10 月 13 日）

咏霓吾兄大鉴：

卓君枉顾，业已晤谈。辱承惠介，至纫雅意。惟各处均患人满，一时苦无机会延揽，容当留意设法，藉报谊命。嵩复。祗颂勋安。

致朱家骅函（1936 年 12 月 9 日）

骝先先生大鉴：

敬启者。田君稷丰，曾任湖南湘乡、益阳等县县长有年，著有循声。前由湖南省政府何主席介荐并由宋鹤庚君致函院长保荐。又接外交部陈次长来函推毂，当为之转介于国选总事务所派充干事。近因会期延展，事务所紧缩，该员改为停薪留资。现欲赴浙，于县政有所效用，拟先在京赴承尘教，尚希惠赐接洽为荷。专此函介。敬颂勋祺。

弟翁文灏敬启
十二月九日

致朱家骅函（1937 年 2 月 17 日）

骝先先生主席勋鉴：

敬启者。前介翁君赞平，学历均富，计承藻鉴。翁君现以望泽甚殷，由杭来书，嘱为再向左右力予说项，期早见用，藉免困顿。情况极为可念，辄以转达，尚希察办为幸。专上，并颂勋绥。

弟翁文灏敬启
二月十七日

致朱家骅函（1938 年 4 月 5 日）

骝先我兄大鉴：

兹抄奉适之复电一件，请察阅。日内拟奉访，一谈德事。专颂勋安。

弟翁文灏上

四月五日

附

胡适电（1938 年 4 月 4 日）

支电悉。端升有日（廿五）曾电复雪艇，云鱼（六）赴英候晤骝先，惟请勿加名义云。乞查此电何以未达。现端仍鱼起程，灰到英。留英法，候骝先。适仍留美。又，适、端均有雪艇化密。适。支。

致朱家骅函（1938 年 4 月 5 日）

骝先我兄勋鉴：

顷奉手书并附电稿，已如尊见电商适之兄，俟得复后当即奉闻。专此。顺颂勋祺。

弟翁文灏敬启

四月五日

致朱家骅函（1939 年 6 月 20 日）

骝先吾兄勋鉴：

　　本部派员查勘西南各省水道，报告业经加以整理汇编刊印，用特检送一册，以备参考。即希察存为荷。顺颂勋绥。

弟翁文灏拜启

六月二十日

　　附《水道查勘报告汇编》第一集一册。

朱家骅函（1939 年 7 月 1 日）

咏霓吾兄大鉴：

　　二十日惠函及所附《水道查勘报告汇编第一集》一册均已收悉。贵部对于西南水道之整理，惨淡经营，可以概见，卓识荩筹，至深钦佩。除留存参考外，特函复谢。顺颂公绥。

弟朱家骅拜启

朱家骅函（1941 年 4 月 23 日）

咏霓吾兄勋鉴：

　　兹有申振民同志，北平师范大学毕业，曾参加党务工作有年，现任青年团西京分团部书记。此次来渝出席青年团代表大会。人极精干，深得总裁器识，迭蒙召见，勖勉有加。刻申同志拟自费出国深造，惟请领出国护照必须政府因公派遣。可否念其劝学之殷，由贵部酌予名义，以全其志。至希惠詧见复为荷。专恳。敬颂勉祺。

弟朱家骅顿首

三十年四月二十三日

致朱家骅函（1941 年 4 月 28 日）

骝先吾兄赐鉴：

承函示，申振民君具有器识，自费出洋，盼由本部酌予名义云云。查本部及所属机关派员赴美，均曾豫行声明出外公务，签奉委座核定。近时又奉规定，须先至党政班受训后，方能起程，手续更增繁重。现时中美往返机位无多，非有公务者每多向隅。申君出国事，是否即须实行，尚希转商再为考虑为幸。专函复叙实情，尚祈谅察是荷。敬颂时绥。

弟翁文灏拜启

四月二十八日

致朱家骅函（1943 年 5 月 5 日）

骝先吾兄大鉴：

时刻至尊寓，为时略早，惟弟于下午二时在中央政治学校定期讲演，须即启程前往，以致不及再谈，至为歉仄，并乞转电叶、傅诸君为幸。此颂日绥。

弟翁文灏敬上

五月五日

朱家骅函（1944 年 6 月）

咏霓吾兄勋鉴：

关于本院派员报聘英美学术机关一案，经评议会议决，暂定四人，院内服务与院外服务评议员各占半数，其人选由议长、秘书、总办事处决定之，记录在卷。此项人选似宜早日确定，以便呈请主席核准后再行定期出国。以弟管见，在院内服务之评议员似以陶孟和和竺藕舫两先生为宜，至在院外服务之评议员，日前曾商请吴正之先生偏劳一行，未荷同意，可否即请李润章、曾叔伟两先生担任。未念尊意如何，至希裁夺示复。

再，人选商妥后，是否尚须分函各评议员征求同意，示请。

弟朱骝先敬礼
三十三年六月

致朱家骅函（1944 年 6 月 14 日）

骝先吾兄惠鉴：

大函敬悉。中研院派员访聘英美之人选，尊拟诸君，弟均同意。惟事实上竺藕舫兄有浙江大学，李润章兄有北平研究院，各有具体责任，恐不易远出，似宜更为准备他人。庄长恭（化学）、华罗庚（数学）两君均学有专长，未知可为候补之选否。至各评议员方面，俟决定后，似可函告知照，无须候其复函同意。尊见以为如何。此颂时绥。

弟翁文灏敬上
三十三年六月十四日

致朱家骅函（1945 年 2 月 12 日）

骝先部长吾兄勋鉴：

本局外籍顾问专家现正陆续来华，招待处所亟等觅定。据闻两浮支路中印学会会所房屋设备甚佳，吾兄主持会事，甚盼惠予协助，俾能租用，实深感谢。如蒙俞允，所有该屋卫生设备，当由本局自行按［安］装。专函奉商，如何之处，仍盼示复为荷。祇颂勋绥。

弟翁文灏拜启
二月十二日

朱家骅函（1945 年 2 月 16 日）

咏霓吾兄勋鉴：

本月十二日惠札敬悉。关于租用中印学会会所房屋以为贵局外籍顾问招待处一事，重以尊嘱，原当照办，惟学会房间有限，除留数间办公外，余已租与教育部作招待来渝教育界全人之用，致无余屋可以出赁。务祈亮詧是幸。嵩此奉复。顺颂台祺。

弟朱家骅顿首

朱家骅函稿（1946 年 3 月 30 日）

咏霓吾兄勋鉴：

吴仁镜君，交通大学土木科毕业，原在湘桂路工程处服务，敌侵桂柳时，派在后方任拆毁桥梁工作，迨步行至渝，已误保送出国就学之期，乃于去岁二月投长寿万溪河水力电气总厂，为设计工程。其人希望早得出国机会，敬希特别关拂，并转知长寿总厂黄处长，予以留意，曷胜感幸。专此奉介。顺颂勋祺。

弟朱家骅顿首
三月卅日

复朱家骅函稿（1946 年 4 月 23 日）

骝先吾兄勋鉴：

接奉三月卅日大函，为吴仁镜君希望出国事，敬悉一切。吴君既努力好学，将来如有机会，自当使其达到目的。

除转知黄处长外，恐劳锦注，特函奉复。祗颂勋绥。

弟翁○○

致朱家骅函（1946 年 11 月 11 日）

骝先吾兄大鉴：

舍弟文澜前在北洋医学院从事教授，嗣在津地专心诊疗。兹因台旌过津，深思晋谒，面陈北洋学院复校意见，敬祈接见赐示，至为企纫。崇颂勋绥。

弟翁文灏敬上
十一月十一日

朱家骅函（1948 月 1 月 6 日）

咏霓吾兄勋鉴：

上月廿四日惠书并件，均经奉悉。关于联总 Krivor 参加联教组织，在华办理文化合作一事，前已由部电复同意。又经与各有关方面洽询，均认彼办事尚能认真，似可予以同意。承询敬复。顺颂勋祺。

弟朱家骅敬启
元月六日

朱家骅函（1948 年 7 月 21 日）

咏霓先生勋鉴：

　　本月十七日手教奉悉。承示东北学生李维申等四人拟转台湾大学一节。查台大系采通读制，暂不招收内地学生。因内地前往学生必须住宿校内，此一例一开，台籍学生必将要求同等待遇，则须添建二千数百人之宿舍，恐非目前财力所许耳。尚此奉复，并祈亮詧，转达前途为幸。祗颂勋安。

　　　　　　　　　　　　　　　　　　　　　　　　弟朱家骅启
　　　　　　　　　　　　　　　　　　　　　　　　七月廿一日

致朱清淮①函

（1945 年 6 月 12 日）

清淮吾兄大鉴：

    兹准国立交通大学方面来函，该校工业管理系二年级学生共十五名，拟自本年八月一日起至九月底止，入厂实习，藉获实际经验素。仰贵厂办理认真，足资观摩，盼能接受学生三人参加实习。嘱为绍介前来，用特专函奉介，至祈察洽惠允，并迳商具体办法，同深感荷。专此，并颂筹祺。

弟翁文灏拜启
六月十二日

---

① 朱清淮，机床工业专家，时任职资源委员会中央机器厂。

致驻英公使馆函

（1929 年 2 月 21 日）

敬启者：

世界力源会议去年在伦敦举行燃料会议，闻由贵馆派员出席参加，所有会议结果及情形敝所深欲知悉。如有何种印刷品，敬希赐下一份，如有专门报告必须价购者，敬恳代购寄下，价款寄费均当如数奉达不误，或用 cash on delivery 方法邮寄亦可。敝所研究中国燃料，刊物颇多，英国专门团体中如有交换等事，均所欢迎，并此函达。敬希示复，至纫公谊。此致中国驻英使馆。

致资源委员会同人电

（1947 年 5 月 4 日）

兹中枢改组，文奉令重长。本会关系国家事业至巨，十余年来诸同仁胼手胝足，艰苦缔造，幸已规模初奠。惟兹事业大，端赖诸同仁协力同心推进。当此国步日难，前途维艰之际，尤须持以坚忍，加紧以赴。至盼各就职责，分程并进，俾建设大业早观厥成。特于受命之初，略颁数语，幸各深体斯志，躬身实践，是所至盼。文灏。卯。印。俭机丙印。

与邹鲁^①往来函（2 通）

邹鲁函（1946 年 1 月 24 日）

咏霓先生勋鉴：

　　兹有友人张君汉良，留法十年，研读化学，得有博士学位，回国后任教亦十年以上，在平亦尝办理化工厂数处，现任川大化学系主任，对于工业极感兴趣，特为介绍于执事。近如平津、青岛接收化学工厂，需人办理，必能胜任愉快也。专此。即颂勋祺。

弟邹鲁启

元月廿四日

复邹鲁函稿（1946 年 2 月 27 日）

海滨先生勋鉴：

　　接奉元月二十四日大函，敬审一是。承介张君汉良，甚表欢迎，已交资源委员会登记。需要时尽先洽用。专肃奉复，敬请察照。顺颂勋祺。

弟翁文灏拜启

---

① 邹鲁，字海滨，时任国民政府委员。

后　　记

　　2019 年是翁文灏先生诞辰 130 周年，为此特将近年来陆续收集的翁文灏先生与各方往来函电汇集出版，以为纪念。除小部分已在相关文集中收录外，大部分函电此前未曾公开发表。函电集的编辑出版工作，得到各方面的大力支持和帮助。在此对所征引文集编者与函电史料提供机构的支持，表示真诚的谢意。翁文灏先生的家属翁维玲女士积极支持，张英先生慷慨资助；团结出版社领导慨允出版，责任编辑张茜老师积极推动，认真审校，张晓杰老师也为此做出努力；研究生喻乐、蒋铁鑫、席卿循、吴顺等亦给予了多方协助，编者在此均表示诚挚的感谢。

编　者
2019 年 3 月 5 日